Otto Helmut · Liebe und Kattun

Roman

Otto Helmut

Liebe und Kattun

Das Geheimnis um eine alte Stadt
und ihre Bürger

VERLAG W. LUDWIG

ISBN 3-7787-2026-0

Satz und Druck: Ilmgaudruckerei Pfaffenhofen
Printed in Germany

Umschlagentwurf: Ilmgaudruckerei Pfaffenhofen

Inhalt

Vorwort

Die Menschen dieses Buches waren lange vor uns, sie waren unter uns, oder sind es noch heute.
Meine Vorfahren, meine Brüder, meine Nachkommen, meine Mitmenschen, ich selbst könnte es sein.
Sie stehen uns nahe und sind es doch nicht in Wirklichkeit. Das Buch schöpft aus dem Leben, Zeitgenossen haben daher Vorbild und Anregung gegeben. Ähnlichkeiten mit Lebenden und Toten sind aber nur zufällig, niemand soll sie auf sich beziehen.

Der Verfasser

Die Vorgänger

Um die Mitte des 16. Jahrhunderts betrat der Webergeselle Hans Sebastian Sellmayer, ein junger, gutaussehender Mann, die Höhen über dem Städtchen Hoynhausen.
Er legte seinen Ranzen auf den Boden, ließ sich auf der Wiese nieder und betrachtete sinnend den freundlichen Ort, der mit wehrhaften Mauern und lustigen Türmchen befestigt war. An der höchsten Stelle mit Blick auf das Tal erhob sich eine Burg mit einem eigenartigen vielknöpfigen Turm, wie er nur in diesem südlichen Teil deutschen Landes angetroffen wird.
Hans Sebastian öffnete seinen Knappsack, verzehrte die Reste des Proviants, den ihm die Meisterin seiner letzten Arbeitsstätte, weit unten an dem großen See mit dem Blick auf die hohen Berge, zugesteckt hatte. Er wollte wieder zurück in seine Heimat, aber kurz vorher hatte er erfahren, daß sein Vater gestorben sei, nachdem ihm seine Mutter schon vor etlichen Jahren vorausgegangen war.
Was soll's, niemand erwartete ihn mehr zu Hause, das Wanderleben hatte er allmählich satt, und er sehnte sich nach einer festen Bleibe. Warum nicht hier, unweit des Dorfes, wo er als Sohn eines Bauern geboren worden war; in dem kleinen Städtchen, umgeben von Wiesen, Wäldern und ausgedehnten Flachsfeldern, deren Blau zu ihm herüber leuchtete?
Gedacht und getan. Er schnallte sein Ränzel wieder um und stieg hinunter zum Stadttor. Weber gab es in dieser Gegend überall, und gelernt ist gelernt, er hatte sich vielerorts gute Fertigkeiten angeeignet und war gewohnt, fest zu arbeiten. Auch wohlwollende Empfehlungen konnte er vorweisen.
In der Stadt ging es lebhaft zu. Ein Fest fand statt, ein großes Ereignis für Stadt und Umgebung, es sollte die Erinnerung an die Erhebung Hoynhausens zur Freien deutschen Reichsstadt vor dreihundert Jahren festhalten. Die Hauptstraße war umsäumt von Menschen, Musik ertönte, und unter Trompetenklängen und Trommelwirbel zogen Hunderte von Kindern in zierlichen Uniformen hinauf zum Festplatz, wo unter schattigen Bäumen alles für ein festliches Gelage hergerichtet war. Die Bierfässer standen bereit, Würstchen wurden gebraten, und auf der Mitte des Platzes war eine Tanzfläche aufgebaut.

Hans Sebastian schloß sich der Menge an und ging mit ihr hinauf zur Burg. Die Stimmung dort belebte sich bald. Die Kinder verließen mit ihren Eltern das Fest, aber die Jungen, saubere Burschen, meist Handwerker und lustige Schwabemädle mit blonden Zöpfen und blauen Augen, erwarteten die Aufforderung zum Tanz. Die ließ auch nicht lange auf sich warten, und bald drehten sich die Paare um die Wette.
Hans Sebastian, als Fremder und nach langen Wandertagen nicht gerade zum Tanze gerüstet, stand etwas abseits und betrachtete das bunte Treiben um sich her. Seines guten Aussehens war er sich bewußt. Während seiner Wanderjahre hatte er Erfahrungen und Erfolge auf allen Gebieten gesammelt. Neben seiner Arbeit war es ihm aber stets Bedürfnis auszuspannen und das Vergnügen nicht zu kurz kommen zu lassen.
Da glitt wieder ein Paar an ihm vorüber, das Mädchen, kräftig und gesund, wenn auch mehr stämmig als schlank und rank, fesselte ihn irgendwie, sie war ihm schon aufgefallen, als sie unten am Markt am Brunnen stehend die fröhliche Kinderschar an sich vorüberziehen ließ.
Nun wurde sie von ihrem Begleiter an den Platz zurückgeführt. Ehe ein anderer herannahen konnte, verbeugte sich Hans Sebastian wohlgesittet und bat um den nächsten Tanz. Sie sah ihn etwas überrascht an, sein Äußeres war nicht gerade festlich, doch sagte sie nicht nein, und ihr Gesichtsausdruck verriet nicht, ob sie nun gerne oder aus Höflichkeit der Aufforderung des jungen Mannes entsprach. Indes der Tanz ging vorzüglich und machte beiden Teilen Spaß.
Er erzählte nun einiges von seinen Wanderjahren und der Absicht, sich vielleicht als Webergeselle an Ort und Stelle zu verdingen. Es dunkelte bereits, der Tanz wurde lebhafter, der reichlich genossene Alkohol regte an, ließ ursprüngliche Zurückhaltung verschwinden und sorgte für Freude und Ausgelassenheit. Beim zweiten Tanz, zu dem er sie aufforderte, nachdem er immer mehr Gefallen an dem Schwabemädle gefunden hatte, sagte sie ihm, sie heiße Anna Barbara, sei die Tochter des Färbermeisters Wurst in der Mühlengasse und helfe ihrem Vater in der Werkstatt und ihrer Mutter im Haushalt.
Sie verstanden sich recht gut, und beim dritten Tanz meinte sie: „Wenn Sie wirklich in Hoynhausen bleiben wollen, so wenden Sie sich doch an unseren Nachbarn, den Webermeister Mair. Er ist schon alt und braucht eine zuverlässige Hilfe, denn er wird es wohl nicht mehr lange schaffen können".

Hans Sebastian übernachtete in der Herberge zum Weber. Nachts ging ihm so manches durch den Kopf. Sollte er nun sein Wanderleben endgültig aufgeben? Würden auch ihm ein gesichertes Einkommen, Heim und Familie beschieden sein? Anna Barbara ging ihm nicht mehr aus dem Sinn. Waren das nicht Wunschträume? Sie als Bürgerstochter, er als Handwerksgeselle! Warum aber hätte sie ihm nahegelegt, sich beim Webermeister Mair zu bewerben, wenn er ihr gleichgültig wäre? Kommt Zeit, kommt Rat!
Am nächsten Morgen begab er sich in die Mühlengasse. Sie war der Sitz vieler kleiner Handwerker, Weber, Färber, Tuchscherer, Müller und Schneider. Es herrschte ein buntes Treiben dort, am Flüßchen, das sich hindurchschlängelte und die Wasserkraft für viele Betriebe lieferte. Enten tummelten sich, Frauen wuschen ihre Hemden, und Handwerker nebst Gesellen nützten das Wasser zur Verarbeitung ihrer Erzeugnisse. Das Haus des Webermeisters Mair war bald gefunden, er selbst, ein bereits betagter und etwas kränklicher, aber freundlicher Mann, war nach kurzer Unterhaltung bereit, Hans Sebastian in Arbeit zu nehmen.
Es dauerte nicht lange, so machte sich dieser immer unentbehrlicher, und nach Ablauf eines Jahres war es Herrn Mair infolge seines zusehends schlechter werdenden Gesundheitszustandes, ein Anliegen, die Last der Arbeit und der Verantwortung mehr und mehr auf die jungen Schultern seines Gehilfen zu laden. Nachdem die Nachfolgeschaft geregelt war und auch die Weberzunft ihr Einverständnis erklärt hatte, übernahm Hans Sebastian unter seinem Namen die Weberwerkstatt.
Die Färberei des Herrn Wurst befand sich einige Häuser weiter, sie lag in einem idyllischen Blumengärtchen, das die Tätigkeit weiblicher Hände unschwer erkennen ließ. Ein reger geschäftlicher Verkehr zwischen dem Weber und dem Färberhaus bestand schon immer – wen wunderte es, wenn nun Hans Sebastian jede Gelegenheit wahrnahm, um hinüberzugehen? Anna Barbara war nicht überrascht und keinesfalls ungehalten darüber. So ergab ein Wort das andere, jede Unterhaltung zog eine weitere nach sich, dem ersten Spaziergang folgte der zweite, und dann kamen immer mehr und immer ausgedehntere.
Sind zwei Menschen einander zugetan und tragen beide den Wunsch in sich, ihr Junggesellentum aufzugeben und ihr Glück in einer Familie zu suchen, und sollten die äußeren Umstände dem nicht im Wege stehen, so wird es nicht schwer für sie sein, zusammenzufinden. Dazu bedarf es we-

der Romantik, noch Sentimentalität oder krisenhafter Zustände, es ist das natürlichste von der Welt – vorausgesetzt, daß nicht schon anderweitige ernsthafte Beziehungen bestehen oder bestanden. Das war hier nicht der Fall, und nach einem Jahr waren die beiden ein Paar.
Kein großes Ereignis – und doch war es der Ursprung der weitverbreiteten Familie Sellmayer in Hoynhausen und der Beginn der bekannten Textilindustrie in dieser Stadt.
Der Anfang war leicht, die Fortführung schwer, große wirtschaftliche Erfolge wurden von schweren Krisen abgelöst. Auf Reichtum folgten Armut und Ruin. Familienglück, Sicherheit und Zufriedenheit wurden nur zu oft durch tragisches Mißgeschick zerstört.
Der Ehe entsprangen zwei Söhne: *Johannes* und *David.* Nach der Geburt des letzteren wollte sich ganz gegen den Wunsch der Eltern kein weiterer Nachwuchs mehr einstellen. Eine so kleine Familie war ungewöhnlich, denn kinderreiche Familien galten den Bürgern der Stadt als selbstverständlich. So fehlte es nicht an Getuschel bei der Nachbarschaft. Gewollte Beschränkung der Kinderzahl galt als unfein, die damit verbundenen Unbequemlichkeiten wollten die Männer auch gar nicht auf sich nehmen, soweit sie nicht unabwendbar waren. Aber alle Maßnahmen dagegen, Hinzuziehen des Wundarztes, des Baders, des Kräuterweibleins und die Einnahme aller möglichen Wässerchen nutzten nichts. Dabei blieb Anna Barbara kräftig und gesund und behielt ihr blühendes Aussehen viele Jahre. Hans Sebastian nahm es von der leichten Seite, hatte es doch auch viele Vorteile, nur für eine kleine Familie sorgen zu müssen und eine Frau zu haben, die ihm jederzeit zur Verfügung stand: in Haus und Hof, in der Werkstatt, im Büro und nachts im Kämmerlein. Johannes trat in die Fußtapfen seines Vaters und bemühte sich erfolgreich, den von diesem begonnenen Tuchhandel weiter auszubauen. Ein solider Handwerksbetrieb ist nicht zu verachten, aber Sellmayer Vater und Sohn wollten höher hinaus.
Wer zu Wohlstand und Ehren gelangen will, muß nicht nur selbst schwer schaffen, sondern auch andere für sich arbeiten lassen. Eine alte Regel, von vielen erkannt, doch nur von wenigen durchgeführt. Dazu gehört eben ein gewisses Etwas, mag man es Ehrgeiz, Initiative, Wagemut oder Zielstrebigkeit nennen. Daß großer Fleiß dazu gehört, versteht sich von selbst, denn ohne ihn nützen die besten Ideen nichts. Johannes verfügte über diese Eigenschaften, auch gesunder Menschenverstand und prakti-

scher Sinn waren ihm zu eigen. Das genügte, um ihn bei durchschnittlicher Begabung zu Ansehen und Wohlhabenheit zu führen.
Er heiratete die Weberstochter *Therese Klein*, die ihm fünf Kinder schenkte. Als er auf der Höhe seines geschäftlichen Erfolges stand und sich größten Ansehens bei der Bürgerschaft erfreuen konnte, traf ein schwerer Schicksalschlag ihn und seine Vaterstadt.
Die Pest war ausgebrochen, vernichtete ganze Familien, lähmte das Geschäftsleben und brachte unsägliche Leiden über die Stadt. Die Kunde von ihrem Herannahen beunruhigte schon lange vorher die Bevölkerung. Gerüchte durchschwirrten die Straßen: In der Nachbarstadt sollen schon mehrere Menschen an dieser Seuche erkrankt sein. Die Zugänge der Stadt wurden streng bewacht, alle Fremden mit argwöhnischen Blicken verfolgt, die Schulen geschlossen: jeder blieb, wenn es die Verhältnisse irgendwie zuließen, in seinen vier Wänden.
Es war mitten im Dreißigjährigen Krieg, der schon schwer auf der Stadt lastete: Plünderungen waren an der Tagesordnung, das Vieh wurde weggetrieben. Die Gegenwehr beherzter Bürger richtete nichts aus und Hungersnot stellte sich ein. All das müßte dazu beitragen der Seuche ausgeliefert zu sein, wenn sie in die Stadt einfallen sollte. Das ließ nicht lange auf sich warten: Eines Tages gellte der Schreckensruf durch die Straßen und Gassen: Die Pest – die Pest!
Im Hospital erkrankte ein Mann mittleren Alters, der sich in der Stadt aufhielt, von Haus zu Haus zog und den Leuten seine Waren: Süßigkeiten, Zucker und Zimt, Pfeffer und andere Spezereien zu billigen Preisen verkaufte. Kalter Schauer schüttelte die Bewohner der Stadt, wußte man doch, daß jeder zweite von der Krankheit befallen, qualvoll leiden und zugrunde gehen würde. Ganze Familien starben dahin. Es fehlte an Hilfe.
Nur wenige getrauten sich in die Nähe der Pestkranken, schon sah man immer öfters die Totenwägen mit ihrer grausigen Last hinaus vor die Stadt zum Pestacker fahren, wo später die Pestkapelle zum Gedenken an das Schicksalsjahr der Stadt errichtet wurde.
Die Hälfte der etwa 4000 Bürger der Stadt Hoynhausen fielen der Seuche zum Opfer. Auch Johannes Sellmayer und seine Frau wurden von der Pest befallen und starben kurz hintereinander. Sohn Andreas bemühte sich ohne Furcht um die Eltern, und seine junge, aus vornehmem Haus stammende Frau, pflegte sie aufopfernd, erleichterte ihnen die letzten

Tage und drückte ihnen die Augen zu. Es war wie ein Wunder, daß sie und ihr Mann von der Krankheit verschont blieben.
Der Dreißigjährige Krieg und die Pest wirkten sich unheilvoll aus, mit ihnen kamen Elend, Hunger und Krankheit. Die Geschäfte lagen darnieder, das Textilgewerbe war besonders betroffen. Von über 400 Webemeistern waren nach Beendigung des Krieges nur noch ein Drittel vorhanden. Ebenso erging es allen damit zusammenhängenden Nebenbetrieben und den Flachsbauern. Armut und Not kehrten fast in allen Häusern ein.
Johannes Sellmayers Sohn *Andreas* übernahm das väterliche Geschäft und mußte alle Kräfte einsetzen, um nicht nur die eigene Firma über Wasser zu halten, sondern als Weberzunftsobmann auch anderen mit Hilfe, Rat und Tat beizustehen.
Die Ausfuhr nach dem Süden kam nahezu gänzlich zum Erliegen, und auch im eigenen Land fehlte es an Geld zur Anschaffung selbst des Notwendigsten. Dazu entstand neue Konkurrenz durch ausländische Tuche, namentlich aus Schlesien. Auch mußte mit viel Mühe verhindert werden, nur unverarbeitetes Garn auszuführen. Die Hoynhauser Barchent- und Bombassinweberei, worunter man aufgerauhte oder mit Baumwolle vermischte Stoffe verstand, kam wieder zu Ehren und fand im Ausland rege Nachfrage. Um alles mußte sich der Weberzunftobmann kümmern. Schwierige Verhandlungen ergaben sich auch mit den Behörden, die durch allerlei Verordnungen, wie Festsetzung von Höchst- und Mindestpreisen, Webevorschriften usw., die Geschäfte eher lähmten als förderten. Doch der Erfolg lohnte seine Bemühungen. Es ist ihm zu danken, daß Hoynhausener Leinen auch im Ausland zu einem Qualitätsbegriff wurde.
Andreas hatte drei Frauen, die erste war Tochter eines angesehenen Webers, die beiden anderen entstammten als Senatorstöchter dem wohlhabenden Bürgertum, ein Zeichen für die Anerkennung, die sich Andreas in seiner Heimatstadt erworben hatte. Aus diesen Ehen gingen zwölf Kinder hervor, sie sorgten zusammen mit den vier Geschwistern von Johannes für die Verbreitung der Familie Sellmayer in dem kleinen Städtchen.
Ein ganz anderes Schicksal war Johannes Sellmayers Bruder David, Andreas Onkel, beschieden. Seine außerordentliche Begabung fand die Aufmerksamtkeit der Lehrer. Eines Tages erschien der Pfarrer bei seinem Vater und erreichte, daß David nun das Gymnasium in der Landeshaupt-

stadt besuchen, und später an der Universität zu Wittenberg das Studium der Theologie aufnehmen konnte.

Seine Gelehrsamkeit erweckte bald das Interesse seines Lehrers, eines hochangesehenen Mannes, der sich organisatorisch um den Protestantismus verdient gemacht hatte und durch seine Schriften berühmt wurde. David fand auch Aufnahme in der Familie seines Lehrers und schließlich ergab es sich, daß er dessen Tochter zur Gattin gewann. Er wurde Hofprediger und ließ sich später in Österreich nieder. Die schwierigen Verbindungsmöglichkeiten ließen zwangsläufig diesen Zweig der Familie Sellmayer bald in Vergessenheit geraten, wie es das Schicksal so vieler Angehörigen war. Daß aber die Familie auch Anlagen zur Gelehrsamkeit hatte, zeigte sich hier zum ersten Mal und bewies sich in vielen Fällen bei nachfolgenden Generationen.

Andreas' Sohn *Michael* folgte seinem Vater. Er gab die Weberei auf und befaßte sich nur noch mit dem aufblühenden Tuchhandel. Zwei Frauen aus den alteingesessenen Geschlechtern Kohlschmidt und Hagmüller schenkten ihm acht Kinder. Sein Sohn *Andreas* und sein Enkel *Maximilian,* die den Tuchhandel weiterhin günstig entwickelten, bekamen durch deren Ehefrauen Teichle und von Wendeler, Töchter höherer Beamter, Verbindungen mit alten Hoynhausener Familien.

Maximilian hatte in seinen beiden Ehen einundzwanzig Kinder – in dieser kinderreichen Zeit, wenn auch nicht allüblich, so doch nicht ungewöhnlich –. Die Kindersterblichkeit war allerdings außerordentlich hoch. Seuchen, Infektionskrankheiten und Verdauungsstörungen rafften viele Kinder, meist schon im ersten Lebensjahr dahin. Bei der armen Bevölkerung war die Kindersterblichkeit noch bedeutend größer als bei der wohlhabenden Bürgerschaft, die ihren Kindern ärztliche Behandlung, Arzneien, ausreichende Ernährung und Pflege angedeihen lassen konnte. Immerhin ist es erstaunlich, daß von einundzwanzig Kindern nur vier in den ersten Jahren starben. Von den siebzehn Überlebenden wurden neun selbständige Kaufleute, manche erhielten Ehrenämter als Senatoren, Stadtgerichts-Assessoren, bürgerliche Hauptleute, einer wurde Jurist. Andere wiederum verließen die Stadt, um sich in Augsburg und in Frankfurt am Main niederzulassen. Die vier überlebenden Töchter heirateten Bürger Hoynhausens oder der Nachbarstädte. Nur zwei Söhne blieben unverheiratet, der eine brachte es nur zum Kaufmannsdiener, der andere verstarb in höherem Alter als Taubstummer im Hospital.

Die drei ältesten Söhne dieser Generation: *Samuel, Karl* und *Johannes* verstanden es, den Textilhandel ihres Vaters durch ein Hand-in-Hand-Arbeiten zu weiterer Blüte zu bringen. Sie gründeten zusammen mit ihren Schwägern und Verwandten eine Handelsgesellschaft, die Hoynhausener Barchent und Bombassine auf auswärtige Messen brachten.
Die Weber wurden meist in billiger Baumwolle entlohnt. Da sie aber bar bezahlt werden wollten, beschwerten sie sich beim Rat der Stadt, und es kam zu harten Auseinandersetzungen. Kartellpreise für Ausfuhren wurden festgesetzt, und auswärtigen Kaufleuten wurde der Handel mit einheimischem Barchent untersagt. Der Absatz Hoynhausener Stoffe hielt sich auf ansehnlicher Höhe. Die Einführung des Kattundrucks brachte eine weitere Belebung. Über 300 Webemeister waren nun in Hoynhausen ansässig.
Ohne behördliche Eingriffe ging es allerdings nicht. Es erhob sich ein Kampf gegen fremde Rohkattune. Der Rat verbot Einfuhr, Druck und Färbung ausländischer Webewaren. Um die Mitte des 18. Jahrhunderts wurde den Kaufleuten zugunsten der Drucker verboten, in Hoynhausen hergestellte Rohware auszuführen. Als aber der Absatz Hoynhausener Druckstoffe nachließ, verbot der Rat der Handlung von Samuel, Karl und Johann Sellmayer den erfolgreichen Leinwanddruck. Dafür wurde ihnen die Einfuhr auswärtigen Rohkattuns zur Bleiche in Hoynhausen zugestanden.
Doch auch das erregte Unruhen und Tumulte bei den Webern. Hier kam es zum ersten Mal zum Streit zwischen Webern und Händlern, der für lange Zeit weiterschwelte.
Die Brüder Sellmayer gründeten eine Mühle zum Glätten und Färben der Stoffe. Schon damals erhob sich der Wunsch nach einer eigenen Hoynhausener Cattun-Fabrique (Baumwoll-Fabrik). Sehr lebhaft waren die Handelsbeziehungen zwischen Hoynhausen und Italien. Venedig lieferte Baumwolle gegen schwäbische Leinwand. Eine Faktorei zur Ausgabe von Baumwollgespinsten wurde in der Umgebung errichtet, die schließlich 279 Spinner beschäftigte. Niederlassungen entstanden in Venedig. Johannes wurde dort Konsul, seine Söhne bekamen den Adel verliehen. Samuels Sohn *Andreas* übernahm mit seinem Bruder *Simon* das inzwischen zu immer größerer Bedeutung gelangte Handelshaus.

Andreas Simon Sellmayer, der Herr

Das Leben des Andreas Sellmayer unterschied sich von dem seiner Vorfahren in vieler Hinsicht. Jene suchten sich ihre Frauen aus der Hoynhausener Bürgerschaft, meist aus wohlhabenden Handelskreisen. Um diese Zeit gab es in Hoynhausen nicht weniger als vierzig Familien des Namens Sellmayer. Viele Ehen wurden innerhalb dieser Familien geschlossen, dabei vereinigten sich nicht nur entfernte Verwandte, sondern auch Vettern und Basen ersten und zweiten Grades, oder sogar Onkel und Nichte. Aber neben Trägern des Namens Sellmayer waren von diesen Verwandtenehen ebenso Nachkommen weiblicher Sellmayer betroffen, die in gleicher Weise in Hoynhausener Handels- und Beamtenkreise eingeheiratet hatten. Wohl kam es nicht zu selten vor, daß Söhne und Töchter dieser Familien aus der Reihe tanzten, in benachbarte größere Städte oder aufs Land zogen. Da indessen die aufstrebende Stadt viele Möglichkeiten bot, blieben die meisten lieber in ihren sicheren Mauern, anstatt sich andernorts einem unbestimmten Schicksal anzuvertrauen. Damit hatte jedoch nichts zu tun, daß viele junge Söhne Hoynhausener Familien in die Fremde zogen, sei es um Schulen oder Universitäten zu besuchen oder um in fremden Kaufmannshäusern die Kenntnisse für ihre spätere Tätigkeit in den elterlichen Geschäften zu ergänzen und ihren Gesichtskreis zu erweitern.
Zu diesen gehörte auch *Andreas*. Seine elterliche Leinengroßhandlung stand mit einem bedeutenden Textilunternehmen in Venedig in langjähriger freundschaftlicher Verbindung. Andreas sollte einige Jahre dort tätig sein, um auch die Verhältnisse in Italien kennenzulernen, das für Hoynhausen immer größerwerdende Bedeutung gewann. Es ergab sich, daß ihn sein Chef schätzen lernte und ihn auch in die Familie seines Bruders, eines reichen Bankiers, einführte. Dort lernte er dessen siebzehnjährige Tochter Isabella kennen und lieben, und führte sie schließlich als Braut nach Hoynhausen, wo er ihr ein schönes Heim bieten konnte. Er hoffte ihr alle Wünsche der Jugend nach Glück und Geborgenheit erfüllen zu können.
Andreas war ein typischer Sellmayer, drahtig, beweglich, mit den charakteristischen stahlblauen Augen. Isabella vertrat den ausgesprochen südlichen Typ mit dunklen Augen und schwarzen Haaren. Sie war eine schöne, üppige, aber nach deutschen Begriffen fremdländische Erscheinung. Eine

ansehnliche Mitgift brachte sie in die Ehe. Im Bewußtsein dessen und von zu Hause her verwöhnt, war sie entsprechend anspruchsvoll. Sie gab viel auf Äußerlichkeiten und hielt es für angemessen, sich durch modische Kleider, wie sie in Hoynhausen im allgemeinen nicht üblich waren, von den Frauen anderer Handelsherren zu unterscheiden. Damals entstand das Sellmayersche Doppelhaus am Marktplatz mit allem Pomp, den die Zeit zu bieten vermochte: Eine große breite Front mit mehreren Stockwerken und einer Reihe breiter Fenster, zeigte zum Marktplatz. Hinten umschloß der Bau einen großen Hof, in den Räume für die zahlreichen Dienstboten – Köchin, Mägde, Hausmeister, Kutscher – und die Stallungen mündeten. Über dem Torbogen der Einfahrt war das Wappen des Geschlechts Sellmayer zu sehen.
Während es Isabella liebte, in ihrer schönen Kutsche durch das Städtchen zu fahren oder bei Gelegenheit auch zu längeren Ausflügen in die Berge oder in Nachbarstädte, zog es Andreas vor, mit einem Knotenstock versehen, in der damaligen Tracht der Hoynhausener Bürger, mit langen, sorgfältig gepuderten Haaren, durch die Stadt zu wandeln oder zu reiten, und vielen Bekannten und Verwandten, denen er fast auf Schritt und Tritt begegnete, freundlich zuzuwinken. Ein namhafter Künstler malte sein Konterfei, auf dem er seinem Zeitgenossen, dem „Alten Fritz", verblüffend ähnelte. Er war unbestritten eine allgemein bekannte und beliebte Persönlichkeit der Stadt.
Isabella hatte eine Schwester, Lucrezia, die, vielleicht aus Langeweile, des öfteren ihre Schwester in Hoynhausen besuchte. Sie war apart, ein dunkler Typ wie ihre Schwester, aber zierlicher, etwas kränklich aussehend. Als Kind sollte sie lungenleidend gewesen sein. Davon war sie genesen, doch ihr zurückhaltendes Wesen, die mangelnde Fähigkeit mit anderen Menschen vertraut zu werden, und die Neigung zu depressiven Gemütsstimmungen war ihr eigen. Sonst unterschied sie sich nicht wesentlich von anderen Mädchen, und wer sie nicht näher kannte, machte sich keine Gedanken um sie.
Der junge Kolonialwarenhändler Fromm, Sproß einer Hoynhausner Kaufmannsfamilie, machte ihr allerlei Komplimente, wenn sie in seinen Laden kam, aber all seine Bemühungen blieben unbeachtet. Ihr Sinn ging höher hinaus, und einen Partner, wie sie ihn sich vorstellte, gab es wohl gar nicht.
Als Isabella ihr zweites Mädchen geboren hatte, kam Lucrezia wieder

nach Hoynhausen, sie scheute die weite und beschwerliche Reise nicht, um ihrer Schwester behilflich zu sein und ihr Gesellschaft zu leisten. Diese Abwechselung war ihr nicht unerwünscht.
Die Familie Sellmayer besaß damals neben ihrem Stadthaus noch ein Landhaus vor der Stadt, wie es bei den begüterten Familien Hoynhausens üblich war. Es lag ganz versteckt unterhalb eines Hügels am Ufer der Seelach, die den Betrieben der Stadt die notwendige Kraft lieferte: Mühlen, Sägen, Schmieden, Hammerwerke und andere Werkstätten verdankten ihr die Existenz. Auf einem waldigen Pfad gelangte man zu dem unteren Eingang, durch eine kleine Pforte, die selten begangen wurde. Ein Weg durch dichte Hecken führte an einem kleinen See mit Ruderbooten vorbei. Im Sommer spendeten Rosen, Tulpen, Hyazinthen eine liebliche Blütenpracht. Duftender Flieder, Goldregen und Jasmin umrahmten das Häuschen und reichten bis hinauf zu einem Balkon, der bei all dieser Pracht kaum mehr zu sehen war. Im Innern bot eine Reihe geschmackvoll eingerichteter Zimmer mit einem Speisesaal auch zahlreichen Gästen Platz.
Hier verbrachte Isabella mit ihren Kindern den Sommer. Ihr Mann war tagsüber in seinem Kontor in der Stadt. Lucrezia liebte ihre dreijährige Nichte Marie über alles. Wenn sie sich mit dem Kinde im Garten aufhielt, am See plätscherte, Blumen pflückte oder Ball spielte, war sie glücklich und völlig unbeschwert.
Da ereignete sich folgendes: Lucrezia ging mit ihrer Schwester und der kleinen Marie an der Seelach spazieren. Ganz plötzlich und unvermittelt ergriff sie das Kind und warf es in den Fluß. Lähmendes Entsetzen – Schreie und lautes Weinen alarmierten die Dienerschaft, die herbeilief, ohne helfen zu können. Wenig später wurde das Kind tot aus dem Wasser gezogen. Lucrezia warf sich hin und wälzte sich auf dem Boden.
Am nächsten Tag konnte sie nur immer wieder versichern, sie wüßte nicht, was in sie gefahren sei, eine unheimliche Macht zwang sie zu dieser furchtbaren Tat. Die Familie war zunächst ratlos. Was sollte sie tun? Der Tod des Kindes konnte nicht verheimlicht werden, eine Leichenschau war unerläßlich, die Behörden mußten verständigt, das Kind begraben werden. So wurde ein Unglücksfall vorgetäuscht.
Die Mutter war untröstlich und verließ tagelang nicht mehr ihr Zimmer. Senator Andreas Sellmayer getraute sich kaum mehr unter die Menschen, Scham und Trauer erfaßten ihn. Lucrezia wurde in apathischem Zustand

vom Arzt ins Hospital gebracht. Völlige Unzurechnungsfähigkeit, geistige Störung und Bewußtseinsspaltung wurden ihr bescheinigt. Man verbrachte sie später auf Nimmerwiedersehen in ihre Heimat. Doch die Zeit lief weiter und heilte die Wunden.

Nochmals wurde Andreas Simon aus seiner beruflichen Tätigkeit gerissen, als sich in Hoynhausen, dem sonst so friedlichen Städtchen, ein Raubmord ereignete. Zwei alte Frauen der Familie Sellmayer wurden in einem etwas abseits gelegenen Hause erschlagen und beraubt. Der Täter, ein rückfälliger Landstreicher, wurde gefaßt und dem Gericht übergeben, dem Sellmayer vorstand. Für diesen war die Entscheidung, auch im Hinblick auf die Schreckenstat in der eigenen Familie, sehr schwer. Es lag eine abscheuliche Tat vor, für die keine mildernden Umstände geltend gemacht werden konnten. Die öffentliche Hinrichtung war unvermeidlich. Und dennoch kamen Andreas Simon vielerlei Bedenken:

Gab es wirklich keine Gründe Nachsicht zu üben? Der junge Mann war völlig heruntergekommen, hatte kein Heim, keinen Menschen, dem er sich anvertrauen konnte, kannte weder Vater noch Mutter, mußte frieren und Hunger leiden. Doch waren alle Besserungsversuche auf Grund früherer kleinerer Vergehen umsonst. Eine Eingliederung in die Gesellschaft, die Gewöhnung an eine geregelte Tätigkeit waren aussichtslos. Aber war er verantwortlich für seine Andersartigkeit, für seine Verbrechen? Das eine indessen stand fest: Sein Leben war verwirkt, und sein Tod mußte dazu dienen andere abzuschrecken, um die Allgemeinheit vor solchen Verbrechern zu schützen.

Andreas Simon mußte sich jedoch im klaren darüber sein, daß zur Sühnung eines solchen Mordes nur das öffentliche Rädern in Betracht kam. Während seiner ganzen offiziellen Tätigkeit als Vorstand des Stadtgerichtes war er noch nie gezwungen worden, eine so furchtbare Hinrichtung zu veranlassen. Tagelang grübelte er vor sich hin: Welche Entscheidung sollte er treffen? Schlaflose Nächte quälten ihn. Allein, es stand nicht in seiner Machtbefugnis, an dem durch die Gegebenheiten vorbestimmten Urteil zu rütteln.

So wurde es denn gesprochen, und der Delinquent im Beisein einer nach Hunderten zählenden Menge mit zerschlagenen Gliedern in die Speichen des Rades geflochten. Um das Schrecklichste zu vermeiden, machte Andreas Simon von seinem Recht Gebrauch und ließ den Verurteilten vor der Prozedur, von den Zuschauern unbemerkt, erdrosseln. Es war das letzte

Mal, daß eine solche öffentliche Hinrichtung in Hoynhausen stattfand, wenig später wurde das Rädern überhaupt abgeschafft.
Um diese Zeit blühte in Hoynhausen nicht nur die Weberei, sondern vor allem der Handel mit deren Erzeugnissen. Einen Höhepunkt brachte der Siebenjährige Krieg, gegen Ende des 18. Jahrhunderts waren 521 Webermeister in der Stadt tätig. Ein schwunghafter Handel brachte Hoynhauser Erzeugnisse nach Nord- und Mitteldeutschland, ins Elsaß, in die Schweiz und nach Italien.
Andreas Simon galt weit über die Grenzen hinaus als der vornehme und angesehene Handelsherr. Seiner Initiative war es zu verdanken, daß sich seine Firma mit den Handlungen seiner drei Brüder zur Firma Gebrüder Sellmayer zum größten Textilhandelshaus Hoynhausens zusammenschloß. Auch in anderen Städten wurden Niederlassungen gegründet, so daß mehrere hundert Weber und Spinner beschäftigt werden konnten. Der Reichtum und das Ansehen der Familie Sellmayer dürfte dazu beigetragen haben, daß viele Töchter und Söhne in andere Familien des Großhandels einheirateten und sich auch Angehörige des Adels zur Ehe wählen konnten. Als Andreas Simon infolge eines Reitunfalls starb, waren von seinen zahlreichen Kindern nur noch wenige am Leben. Sein einziger Sohn *Karl Eugen* übernahm allein das ansehnliche Erbe. Er heiratete Anna Kohlschmidt, deren Geschlecht schon wiederholt unter den Sellmayerschen Vorfahren aufgetaucht war. – Das junge Ehepaar bezog das Sellmayersche Haus am Marktplatz.

Karl Eugen Sellmayer und seine Familie

Karl Eugen Sellmayer, wohlbestallter Handelsherr und Bürgermeister der Stadt Hoynhausen, machte seinen Lieblingspaziergang auf den Höhen über der Stadt. Als Zeitgenosse Goethes hatte er auch äußerlich manches von ihm: Die sorgfältige Kleidung der Bürger dieser Zeitepoche, die Vornehmheit der Statur, die Ausgeglichenheit im Umgang mit Menschen; aber die unverfälschte Sprache seiner schwäbischen Heimat konnte und wollte er nicht verleugnen. Sein Blick glitt über die Höhen der Vorberge, die grünen Wälder und die schier unübersehbaren blauen Flachsfelder. – Doch was war das? Um den vor ihm liegenden Hof des Großbauern Vetterle, der ihm seit Jahren bekannt war und dem als tüchtiger Flachsbauer ein guter Ruf weit und breit vorausging, waren Wiesen angelegt, auf denen sich schwarzgeflecktes Vieh tummelte. „Ja Vetterle", sagte er zu dem vor der Einfahrt stehenden Bauern, „was fällt Dir ein?" „Wer weiß, Herr Bürgermeister, wenn es so weitergeht und die Flachspreise immer mehr fallen, wird es wohl das beste sein, wir stellen uns um, denn Milch, Butter und Käse werden immer gebraucht. Schauen Sie hinüber zu meinem Nachbar, dem Huber-Bauer, er macht es ebenso, und im kommenden Jahr werden es uns noch viele nachmachen. Das ist gewiß nicht leicht für uns, denn seit Menschengedenken haben unsere Altvorderen Flachs gebaut, ich weiß es vom Vater, Großvater und Urgroßvater nicht anders, und nun müssen wir Ställe bauen, Kühe melken und Kälber aufziehen. Danken wir Gott, daß es für uns nur eine Umstellung ist und unser Land auch in Zukunft Frucht tragen und uns und andere ernähren wird. Aber denken sie an die vielen Weber unten in der Stadt, die sich um immer geringeren Verdienst immer mehr plagen müssen!"

Herrn Bürgermeister Sellmayers gute Laune war verflogen, er fühlte sich beschämt. Mußte er, der angesehene Handelsherr, durch einen einfachen Landmann auf die Gefahr hingewiesen werden, die Stadt und Land bedrohte? Freilich wußte er um die fallenden Preise des heimatlichen Leinens. Doch sein Handel im In- und Ausland blühte nach wie vor, wenn er auch immer mehr vom Flachs zur Baumwolle überging. Möge dies ein entscheidender Tag gewesen sein. Er gelobte sich, alles zu tun, was in sei-

ner Macht stand, um dieser verhängnisvollen Entwicklung entgegenzuarbeiten.
Sein Heimweg führte ihn an der Bleiche vorbei, wo am Ufer der Seelach das Leinen ausgespannt war. Eine Schar Kinder spielte auf der Wiese und sang das alte Weberlied, dessen ersten Strophen ihm noch im Gedächtnis waren:

1. Ei, wie so töricht ist, wenn man's betrachtet,
wer einem Leineweber seine Arbeit verachtet.
Kein Mensch auf dieser Welt, der seine Arbeit
nicht bestellt, jeder muß sagen: Leineweber muß
man haben.

2. Wann ein klein Kind auf die Welt wird geboren,
wird ja dem Leineweber seine Arbeit auserkoren:
in ein feins Windelein, wird es gewickelt ein,
Bänder gewebet, man darum leget.

3. Wenn sich eine Jungfrau auf schönste will zieren,
muß sie dem Leineweber seine Arbeit erküren:
ein feines Hemdelein, um und um Spitzelein,
ein neues Kleide zur Lust und Freude.

Er liebte diesen Anblick, und die spielenden Kinder erweckten Jugenderinnerungen in ihm. Sollte all das über kurz oder lang aus dem Bild der Stadt verschwinden? Er wollte nicht daran schuldig werden, aber war er als Textilhändler mit vielen Gehilfen nicht darauf angewiesen, der Forderung der Zeit zu entsprechen und sich immer mehr dem Verkauf von Baumwollerzeugnissen zuzuwenden? Das war ein Gebot der Stunde!
An diesem Tage veranstaltete die Weberzunft eine Zusammenkunft im Weberhaus, dessen Gründung schon auf den Beginn des 15. Jahrhunderts zurückging. Diesmal wollte er der Einladung Folge leisten. Die Weber waren besorgt und ratlos. Warum wurde es ihnen immer schwerer ihre Leinwandballen abzusetzen? Die Qualität ist nicht schlechter geworden, trotzdem sanken und sanken die Preise. Die Baumwolle eroberte die Märkte. Konnte sie sich auch nicht mit den Hoynhausener Leinen messen, so war sie doch billig, da sie in großen Mengen, namentlich aus Amerika eingeführt wurde, wo sie mit Hilfe von Sklavenarbeit auf riesigen Feldern heranreifte. Es war auch nicht zu übersehen, daß sich der Geschmack

der Bevölkerung von dem teueren, wenn auch soliden Leinen, dem billigen modischen Kattun zuwandte.

Die Versammlung war gut besucht, alle Tische waren besetzt, lautes Stimmengewirr drang durch den verräucherten Saal, viele Weber mit verarbeiteten Händen und durchfurchten Gesichtern diskutierten besorgt über die schlechten Zeiten, in die sie ohne Verschulden hineingeschliddert waren. Manche hatten bereits aufgegeben und fielen der Wohlfahrt zur Last, was Hunger und Elend bedeutete. Immer mehr entschlossen sich zur Auswanderung nach Amerika. Andere Berufe zu ergreifen war fast unmöglich, denn durch das Darniederliegen der Weberei wurden viele andere Betriebe in Mitleidenschaft gezogen. Es war klar, in einem Ort, der seit Jahrhunderten von der Weberei und ihren Nebenbetrieben lebte, mußte es zur Katastrophe führen, wenn gerade dieses Gewerbe schrumpfte. Trotz aller bedenklichen Zeichen konnten die Weber aber nur schwer begreifen, daß eine neue Zeit im Aufbruch war. Sollte das alte Gewerbe weiterbestehen, so mußte ein völliges Umdenken und ein völliger Umbruch erfolgen. Der Anstoß hierzu konnte jedoch nur von anderer Seite kommen, zu sehr waren die meist bejahrten Weber in alten Vorstellungen befangen, zu wenig Unternehmungsgeist steckte in ihnen. Bei ihrer Verarmung fehlte es auch an Mitteln, neue Verdienstmöglichkeiten zu erschließen.

Das wurde Bürgermeister Sellmayer an diesem Abend klar, zugleich aber schlug sein Gewissen: War er nicht in erster Linie dazu berufen, hier helfend einzugreifen, seine Mittel für die Bewohner der Stadt mit Bedacht einzusetzen? Zunächst erklärte er sich bereit, in einer Eingabe an die Landesregierung die Notlage der Stadt zu schildern, deren Einwohnerzahl in beängstigender Weise zurückgehe, deren Häuser zum Teil vom Einsturz bedroht seien. Zwar gelang es, einen gewissen Zollschutz gegen ausländische Waren zu erreichen, der eine Art Atempause ermöglichte, doch keine durchgreifende Besserung brachte.

Die Zuspitzung der Lage ließ Bürgermeister Sellmayer keine Ruhe mehr, er besuchte viele Weber, die ihm seit jeher bekannt waren, und unterhielt sich mit ihnen. Als joviale, aufgeschlossene Persönlichkeit fiel ihm das nicht schwer. Die Weber klagten ihm ihr Leid, sie verfluchten die aufkommenden Maschinen, die ihrer eigenen mühsamen Arbeit spotteten. Die Jungen der Weberfamilien dachten nicht mehr daran, das Gewerbe ihrer Vorfahren weiterzuführen. Sie zogen in alle Länder, wo es noch etwas zu verdienen gab, wo Maschinen an die Stelle der väterlichen Webstühle getreten waren. Alle Mühe der Alten, zu retten was zu retten war, alle Mehrarbeit, die Hinnahme billiger Preise mußten scheitern. Die Bevölkerung ging immer mehr zurück, die Zahl der Weber sank auf ein Zehntel. Der Handel indessen blühte nach wie vor, nicht zuletzt durch die Rührigkeit und Tüchtigkeit von Karl Eugen Sellmayer. Er gab den Anstoß zur Gründung der Hoynhausener Baumwoll-Spinnerei- und Weberei und rettete damit die Stadt und ihre Bevölkerung vor dem wirtschaftlichen Zusammenbruch. Von ihm und seiner Familie wird daher der weitere Inhalt des Buches vorwiegend handeln. Seine Söhne *Georg, Albert* und *Martin* sollten ihn in der Leitung des Großhandelshauses Gebrüder Sellmayer unterstützen. Neben ihnen gingen aus der Ehe von Karl Eugen Sellmayer und seiner Gattin noch eine Tochter, *Clothilde,* und als Jüngster *Heinrich* hervor.

Doch wer war in Wirklichkeit *Johanna,* die zwischen Albert und Clothilde geboren wurde und lange Zeit als Schwester galt, bis das Geheimnis allmählich gelüftet wurde, als die Kinder herangewachsen waren.

Kreszenz Marr war nach der Geburt des zweiten Sohnes von Karl Eugen als Kindermädchen ins Haus gekommen, um die Pflege des Kindes zu übernehmen, während Frau Anna nach der Geburt mit einer langwierigen fiebrigen Erkrankung darniederlag, nur mit vieler Mühe und sorgfältiger ärztlicher Hilfe am Leben erhalten und schließlich wieder ganz hergestellt werden konnte. Kreszenz blieb im Hause und pflegte der Reihe nach noch alle kommenden Sellmayer, doch mit ihr blieb auch Johanna und wuchs zunächst als gleichberechtigte Schwester in der großen Familie auf. – Das Ehepaar Sellmayer war für sie Vater und Mutter, ihre eigene Mutter aber war die Zenz.

Als seine Frau krank darniederlag, wurde Bürgermeister Sellmayer als Hilfe für die Kinder, die Gärtnerstochter Kreszenzia empfohlen. Er war voller Sorgen und hatte nicht viele Blicke für das junge, hübsche, natürliche, gesunde und immer fröhliche, kaum dem Kindesalter entwachsene Mädchen. Allein das blieb nicht lange so. Die Umstände ergaben, daß sie schließlich auch für das leibliche Wohl des Herrn Bürgermeisters zu sorgen hatte, als seine Frau monatelang das Bett nicht verlassen konnte. Sie reichte ihm das Essen, richtete ihm die Kleider und das Bett.

So betrachtete er sie immer aufmerksamer und mit wachsendem Gefallen. Er stand im besten Mannesalter, lange Enthaltsamkeit lag ihm nicht. Ein

Wort gab das andere, einer zunächst unbeabsichtigten Berührung folgten andere gesuchte, etwa beim Reichen der frisch gereinigten Kleidung oder der Speisen. Er sah und fühlte ihre weibliche Unberührtheit, ein Blick in ihre Augen zündete. Ihre feste, schlanke Gestalt, die straffen, jungen Brüste, erregten ihn, und der Drang zum Weibe wurde immer dringender. Sollte er monatelang Enthaltsamkeit üben, während ein junges Weib um ihn war und sich wie eine reife Frucht anbot? So schien es ihm; welche Gedanken im Kopfe des jungen Wesens umgingen, wußte er freilich nicht. Sie war immer freundlich und begegnete ihm offen, doch nichts verriet ihm, wie es in ihrem Inneren aussah. Würde sie Annäherungsversuche von seiner Seite hinnehmen und damit ihren Ruf und ihre Zukunft aufs Spiel setzen? Riskierte sie nicht, mit Schimpf und Schande aus dem Hause gejagt zu werden, und wie würden es ihre Eltern aufnehmen? Andererseits dürfte es ihr schwerfallen, dem hochangesehenen Herrn Bürgermeister, einem stattlichen und doch gütigen Manne, in dessen Dienst sie stand, zu widerstehen. Sie hatte noch keine ernsthaften Männerbekanntschaften gemacht, besaß keinen Freund, dem sie einmal hätte angehören mögen, und doch war sie Weib mit allen seinen Eigenschaften, nicht zuletzt der Sehnsucht, sich einem Manne hinzugeben.
Herr Sellmayer überlegte sich alles ernsthaft, er konnte nachts oft keinen Schlaf finden. Durfte er seinem Begehren, das letztlich nur einem leiblichen Verlangen entsprang, nachgeben? Wie könnte er das gegenüber seiner geliebten, wenn auch kranken Frau verantworten? Nicht auszudenken, wie die Bürger der Stadt tuschelten, wenn es offenkundig würde, daß sich der Herr Bürgermeister mit einer Magd vergnügte, während sich seine Frau nur langsam vom Wochenbett erholte. Herr Sellmayer war ein Ehrenmann, er galt als überlegener Geschäftsmann und bedachtsamer Bürgermeister, sein Ruf war unbestritten, er durfte sich keine Blöße geben. Aber er war jung und heißblütig. Sollten alle seine guten Vorsätze, seine Gewissenhaftigkeit und Charakterstärke seinem Temperament unterliegen? Er kämpfte dagegen an, doch schließlich kam der Entschluß des Mannes ganz plötzlich und ohne Vorbedacht. Er saß in seinem Zimmer, die vorgenommene Arbeit konnte ihn nicht fesseln. Vor einer Stunde war er im Zimmer seiner Frau gewesen, ihre Genesung schien Fortschritte zu machen, doch dürfte noch mit einer langen Rekonvaleszenz zu rechnen sein. Der Arzt empfahl Vorsicht, ein mehrwöchiger Erholungsaufenthalt in einem nahegelegenen Bad, sei zu empfehlen. Sellmayer war unruhig

und mit sich unzufrieden, er läutete der Dienerschaft; Zenz erschien. Er musterte sie fast etwas ängstlich und unentschlossen, als er sie um einen Krug Bier bat, den sie beim Wirt über der Straße holen mußte. Als sie nach kurzem wiederkam, sah sie infolge der kühlen Abendluft erfrischt aus, das Gesicht hatte eine gesunde rote Farbe, ein feiner Hauch erfüllte das Zimmer. Sie stellte den Krug auf den Tisch und sagte mit ihrem immer freundlichen Gesichtsausdruck „wohl bekommts"! Er erwartete oder fürchtete, sie werde sich mit einem Gute-Nacht-Gruß wie gewöhnlich verabschieden. Doch sie blieb noch einen Augenblick länger stehen, vielleicht unbeabsichtigt, vielleicht auch in Erwartung eines weiteren Wunsches. Dieser Augenblick der Unentschlossenheit brachte die Entscheidung.

Herr Sellmayer erhob sich, ergriff ihre Hand und sagte: „Bitte Zenz, kommen Sie mit!" Er führte sie durch einen dunklen Gang an mehreren Türen vorbei in sein Schlafzimmer. Sie folgte ihm willig und unbeschwert, nicht wissend, wenn auch ahnend. Als er aber die Tür öffnete, die Kerze anzündete, da befiel sie beim Anblick des ausgelegten Bettes leichter Schauer, und als er sie an sich drückte, da wußte sie, daß sie dieser Schicksalsstunde nicht entrinnen konnte. Widerstandslos gab sie sich ihm hin. Sellmayer dankte ihr am nächsten Morgen, und sie, zur Frau erweckt, fühlte sich beglückt.

Sie war froh und unbesorgt, denn sie fühlte die Liebe dieses Mannes, zu dem halb Hoynhausen emporblickte, und durfte sie erwidern.

Andere Gefühle bewegten ihn. Das Gewissen ließ ihm keine Ruhe mehr. Wie hatte er gegen seine Frau gesündigt, und wie schändlich war sein Handeln einem so jungen, bisher unbescholtenem Mädchen gegenüber! Wie stand er nun da? Hatten ihn alle guten Geister verlassen? So ging es nicht weiter. Freilich war ihm das Mädchen nur ein Objekt zur Befriedigung seiner Triebe, er liebte es nicht wirklich. Er hatte eine ganz andere Auffassung von Liebe und war von ganzem Herzen seiner Frau zugetan, sie war ihm Erfüllung seines Lebens, ohne sie konnte er sich die Zukunft nicht vorstellen. Das quälte ihn furchtbar und mit jedem Tag wurde es schlimmer. Es mußte zu einer Lösung kommen, die Unaufrichtigkeit seiner Frau gegenüber konnte er kaum mehr ertragen. Wie ein Alptraum lastete der Gedanke auf ihm, was geschehen sollte, wenn sich bei dem Mädchen Folgen bemerkbar machten. War das nur eine Frage der Zeit, oder wäre es möglich, daß es gar nicht dazu kommen sollte? Durfte er sich in dieser Hoffnung wiegen? Nein, das ging gegen seinen Stolz. Er wollte für seine Tat einstehen und sich sofort seiner Frau anvertrauen. Ein weiteres Zögern konnte das Verhältnis zu ihr endgültig zerstören und mußte ihn in ihren Augen verächtlich machen, was das Ende der Ehe bedeutet haben würde. Frau Anna merkte, daß in letzter Zeit eine Veränderung in ihm vorgegangen war. Er wirkte niedergeschlagen und nervös, oft war es ihr, als schiebe sich eine Wand zwischen sie und ihren Mann. Die frühere Vertraulichkeit war plötzlich einer gewissen Hemmung und einer deutlich spürbaren Unsicherheit gewichen.

Sein Entschluß war gefaßt, als er eines Abends das Krankenzimmer seiner Frau betrat. Er beugte sich über sie, und als er noch mit seinem Geständnis zögerte, zog sie seinen Kopf an sich: „Was hast du, was beunruhigt dich. Siehst du nicht, daß es mir von Tag zu Tag besser geht und ich bald wieder ganz um dich sein werde?"

Da brach es aus ihm heraus – alles bekannte er, nichts blieb unausgesprochen –. So entlastete er sein Herz und beschwerte das ihre um so mehr. Sie brach in Tränen aus, legte den Kopf zur Seite und sagte kein Wort.

So blieb es mehrere Tage.

War das nun das Ende ihrer Ehe? Durfte er es ihr verübeln? Oder war es die richtige Reaktion auf sein Verhalten? Er hatte damit rechnen müssen, die Schuld lag bei ihm. – Jeden Abend besuchte er sie, wenn er von seiner Tagesarbeit zurückkam, ein Griff an ihre Hand, sie blieb mit abgewandtem Gesicht auf ihren Kissen liegen. – Doch eines Tages erwartete sie ihn mit offenen Augen, so daß er es wagte sich zu ihr niederzubeugen. Da ergriff sie seinen Kopf und drückte ihn an sich. Es war das Zeichen des Verzeihens, der Tiefe weiblichen Verstehens und ehelicher Liebe.

Von diesem Tage an machte Frau Annas Befinden große Fortschritte, ihre gesunde Veranlagung hatte einen mächtigen Impuls empfangen, ihr starker Wille siegte über die Krankheit. Bald konnte sie aufstehen, die Kinder besuchen und allmählich den Haushalt wieder in die Hand nehmen. Ein längerer gemeinsamer Aufenthalt in einem Bad inmitten herrlicher Bergwelt, stellte ihre Gesundheit vollends her, und sie erblühte wieder zu ihrer früheren Frische und Schönheit.

Inzwischen ging mit Kreszenz eine Veränderung vor sich. Ihre ursprüngliche Unbesorgtheit wich tiefer Niedergeschlagenheit und Angst, denn sie wußte nun, daß sie ein Kind unterm Herzen trug. Als sie sich Herrn Sellmayer anvertraute und vor ihm stand, zitterte sie, und Tränen rollten über ihre Wangen. Er war selbst verlegen und verbarg nur mühsam seine Beun-

ruhigung, doch tröstete er sie, soweit er konnte, wischte ihr die Tränen ab und streichelte behutsam ihre Wangen.
„Ich werde dir helfen, meine Kleine, und meiner Frau wird es auch keine Überraschung sein". Sie blickte ihn vertrauensvoll an und sagte: „Ich wußte, Sie werden mich nicht im Stich lassen."
Frau Anna schätzte Kreszenz als fleißiges, ordentliches und gefälliges Mädchen, doch nun stand etwas zwischen ihnen, das mit bestem Willen nicht zu beseitigen war. Sie glaubte es mit ihrer Ehre nicht vereinbaren zu können, das Mädchen weiterhin in der Hausgemeinschaft zu belassen. So beschloß man, es wohlversorgt zu ihren Eltern zurückzuschicken, nur durfte unter keinen Umständen bekannt werden, wer der Vater des Kindes sei.
Aber nun machten die Eltern des Mädchens große Schwierigkeiten. Der Vater war ein rechtschaffener Mann, nur hatte er seine eigenen Ehrbegriffe und scheute das Gerede der Mitbürger. Uneheliche Geburten waren nicht gerade Seltenheiten, doch daß sich seine Tochter weigerte, den Namen des Vaters zu nennen, brachte ihn in Zorn. Seine Frau unterstützte ihn dabei, sie war eine etwas bigotte Person, die es keinesfalls ertragen konnte, wegen ihrer Tochter schief angesehen zu werden, diese Eigenschaften überwogen ihre natürliche Mutterliebe. Das Verhältnis zwischen Eltern und Tochter wurde immer unerträglicher, eines Tages hielt ihr die Mutter vor, ob sie sich nicht schäme, dem Herrn Bürgermeister und der gnädigen Frau solche Unannehmlichkeiten zu bereiten. Kreszenz öffnete die Lippen, als wolle sie etwas erwidern, doch dann schwieg sie. Daran hielt sie sich auch in Zukunft, nie verriet sie ihr Geheimnis. Erst nach vielen Jahren wurde es bekannt, durch wen das hat sich nie herausgestellt. Noch schlimmere Worte mußte sie zu Hause hören: Sie sei der Schandfleck der Familie, Eltern und Geschwister müßten unter ihrer Liederlichkeit leiden und es sei das beste, sie verließe das Haus. Sie hing an den Ihren, aber nun bäumte sich ihr Stolz auf: Hatte sie etwa ein Verbrechen begangen? Wer war schuld? Ihn anzuklagen wäre ihr indessen nicht eingefallen; er hat ihr seine Liebe geschenkt, und er stand hoch über allen anderen.
Nach weiteren Auseinandersetzungen wurde sie des Hauses verwiesen, sie sollte nie mehr zurückkommen und müsse selbst sehen, wo sie bliebe; im Hause des Bürgermeisters sei dies sicher nicht mehr möglich. Sie klagte ihr Leid Herrn Sellmayer, dem sie nach wie vor vertrauensvoll ergeben war. Er war bestürzt und ratlos, wohin mit ihr, wenn sie im Elternhaus

keine Zuflucht mehr finden konnte? Niemand würde sie in diesem Zustand aufnehmen, schließlich fiele sie der Gemeinde zur Last. Also der Stadt, deren Bürgermeister er war. Er versprach ihr, alles mit seiner Frau zu überdenken, sie solle unbesorgt sein, es werde sich ein Ausweg finden. Als er abends schweren Herzens seine Frau mit der neuen Lage bekannt machte, verzichtete sie auf eine lange Aussprache. Kurz und bestimmt sagte sie: „Dann muß sie eben bei uns bleiben!" Gerührt und bewegt zog er sie an sich und dankte für diesen neuen Beweis ihrer hohen Gesinnung. So blieb Kreszenz im Bürgermeisterhaus am Marktplatz und mit ihr Klein-Johanna, die im darauffolgenden Jahr geboren wurde.
Die Sellmayerschen Kinder wuchsen heran. Für alle Söhne der reichen Handelsherren trat immer wieder die Frage auf, wo sie höhere Schulen besuchen und ihre Berufsausbildung erhalten sollten. Für die drei Söhne Georg, Albert und Martin war vorherbestimmt, daß sie einmal in das väterliche Handelshaus eintreten würden. Damit waren sie auch einverstanden, der Handel lag ihnen im Blut, die Aussichten waren günstig, eine sichere Zukunft, ein tatenreiches Berufsleben, Reisen und frühe Heirat lagen vor ihnen. Allerdings konnte sie auch schwere Tagesarbeit, unermüdliches Schaffen, stete Sorge um Geschäft und Angestellte, das Sichmessen mit der Konkurrenz, nicht schrecken. Sie wußten nur zu gut von ihren Vorgängern, daß die Waage auf und nieder geht und der Beruf des Kaufmanns schwer und gefährlich ist – mehr als bei allen andern Berufen gilt bei ihm: „Das Leben ist ein Kampf".
Der Schulbesuch in der Heimatstadt bot wenig Möglichkeiten, er wurde ergänzt in den Schulen der größeren Nachbarstädte, was das Verlassen des Elternhauses, Internats- oder Pensionsaufenthalt zur Folge hatte, wozu sich viele Eltern nur schwer entschließen konnten. Wenn aber die Söhne ein gewisses Alter erreicht hatten, so hieß es unerbittlich: Hinaus in die Fremde, um Sprachen zu lernen und Erfahrungen zu sammeln. *Georg*, der Älteste, ging nach Italien, wo ihm viele berufliche und private Empfehlungen seine Tätigkeit erleichterten. Im Haus des Textilgroßhändlers von Nenni, zu dem bereits verwandschaftliche Beziehungen bestanden, lernte er seine spätere Frau Annette kennen und lieben. Mit ihr brachte er eine sehr selbstbewußte Persönlichkeit ins Haus, deren große Mitgift ihm später half, seine unternehmerischen Pläne zu verwirklichen. Er kehrte bald wieder nach Hoynhausen zurück, um seinen Vater im Geschäft zu entlasten.

Albert, der zweite Sohn, ein besonders aufgeweckter Junge, hatte große technische Interessen, es zog ihn deshalb nach England, wo die Textilindustrie der schwäbischen um sovieles voraus war. Er nutzte seine Zeit aufs beste und kehrte nach mehreren Jahren mit vortrefflichen englischen Sprachkenntnissen und wichtigen technischen Erfahrungen in seine Heimat zurück. Er heiratete Sophie Sellmayer, eine Verwandte.
Bei *Martin,* dem dritten Sohn, ermöglichten die Umstände eine etwas bessere Schulbildung in der Nachbarstadt. Seine Leistungen waren sehr zufriedenstellend, im Deutschen vorzüglich ebenso in den fremden Sprachen. Auch er genoß eine solide kaufmännische Ausbildung, zuletzt unter der Obhut seines Bruders Georg. In jungen Jahren heiratete er Caroline Mark, deren Vater eine Großbrauerei in Hoynhausen besaß.
Heinrich, der Jüngste, studierte Medizin und arbeitete als Arzt im Städtischen Krankenhaus.
Das Leben der Gebrüder Sellmayer ist eng mit dem Werden der Stadt Hoynhausen verknüpft, es wird noch manches darüber zu sagen sein. Aber auch das Schicksal der Töchter war nicht alltäglich, weshalb eine Betrachtung wohl am Platze sein dürfte:
Johanna, die Halbschwester, war die älteste der Töchter, sie wuchs im Sellmayerischen Hause auf wie alle anderen, doch unterschied sie sich in ihrem Gehaben in mancher Hinsicht von ihren Brüdern und Schwestern. Sie lernte spät sprechen, und ihre Schulleistungen blieben hinter denen der anderen deutlich zurück. Das Hauptgewicht ihrer Erziehung wurde auf häusliche Dinge gelegt: sie lernte kochen und nähen, und sie selbst wollte einmal im Gaststättengewerbe tätig sein. Ihr leicht aufbrausendes Wesen, verbunden mit einer merkbaren Unausgeglichenheit, der Wechsel von Ausgelassenheit und Niedergeschlagenheit kennzeichneten sie. Dabei war sie sehr ehrgeizig und bestrebt, sich auf eigene Füße zu stellen.
Unter ihren jüngeren Geschwistern führte sie ein strenges Regiment, Zurechtweisungen, die oft in Schläge ausarteten, wechselten mit Liebkosungen. So war sie für die Jungen zwar die ältere Schwester, die für alle Anliegen Verständnis hatte, aber doch wegen ihrer Heftigkeit gefürchtet wurde. Als die Züchtigungen einmal zu weit gingen und Klein Heinrich schreiend, an Kopf und Nase blutend, zur Mutter lief, wurde beschlossen, dem Wunsche Johannas zu entsprechen und sie mit ihren 18 Jahren zur Ausbildung ins Hotel „Zum Weber“ zu geben. Einige Jahre ging es dort auch ganz gut, sie war fleißig und gelehrig, und abgesehen von einigen

Wutanfällen, die sich von Zeit zu Zeit wiederholten, war der Wirt, Herr Zoller, recht zufrieden mit ihr.
Da kam eines Tages ein junger Mann ins Haus, er hatte schon einige Jahre als Kellner gearbeitet und sollte sich nun im Hotelfach Kenntnisse erwerben. Er hieß Josef Keller, man nannte ihn kurz Sepp. Er war ein flotter Bursche, aber leichtsinnig und dem Alkohol mehr als es gut gewesen wäre, zugetan. Johanna sah ihn gerne, schäkerte manchmal auch mit ihm, war jedoch auf Abstand bedacht. Er dagegen verliebte sich Hals über Kopf in sie. Das ging ein Jahr lang so hin und her, forderte aber schließlich eine Lösung. Wenn zwei Menschenkinder so nahe beieinander leben, täglich, ja stündlich zusammentreffen und er jede Gelegenheit benützt, ihr seine Liebe zu beweisen, sei es durch kleine Aufmerksamkeiten oder Blicke, die seine Verfassung nur zu leicht erkennen lassen, so muß es einmal zu einer Entscheidung kommen. Johanna konnte Sepp zwar gut leiden, verachtete ihn aber wegen seiner Haltlosigkeit und machte ihm heftige Vorwürfe, wenn eine Annäherung allzusehr den vorhergehenden Alkoholgenuß verriet.
Kreszenz, ihre Mutter, war immer bemüht, ihr Geheimnis zu wahren; sie ließ es sich nicht anmerken, daß sie ihr eigenes Kind mehr liebte als die anderen. Es ging ihr auch besonders zu Herzen, als es zu dem unliebsamen Zusammenstoß mit Heinrich kam und Johanna das Haus verließ. So blieb ihr nicht verborgen, was sich im „Hotel zum Weber" anbahnte. Sie zog Johanna in ein ernstes Gespräch, und als ob die bisherige Vertrautheit noch durch die Bande des Blutes bestärkt würden, fand sie Johanna aufgeschlossen und dankbar, ihr Herz ausschütten zu dürfen. Ja, Sepp wolle sie unbedingt heiraten, sie möge ihn auch, und das Trinken könnte sie ihm wohl abgewöhnen, doch wie sollte es zu einer Heirat kommen, wo sie beide arm seien und keine Möglichkeit für sie bestünde, einen eigenen Haushalt zu gründen.
Kreszenz war nun zwanzig Jahre im Bürgermeisterhaus, Herr Sellmayer begegnete ihr stets mit großem Takt, ab und zu klopfte er ihr auf die Schulter, als wolle er ihr sagen, daß die alten Zeiten zwar schon lange vergangen, aber nicht vergessen seien. Ein verschmitztes Lächeln spielte dann um seine Lippen. Kreszenz war noch nie mit einer Bitte an ihn herangetreten, diesmal, da es um ihr gemeinsames Kind ging, überwand sie ihre Scheu. Bei einer geeigneten Gelegenheit bat sie ihn um seinen Rat, wie die Zukunft Johannas, die nicht erbberechtigt war, gesichert werden könnte.

Herr Sellmayer hatte sofort einen Plan: In den nahegelegenen Bergen befand sich der Kurort, in dem er und seine Gattin des öfteren Erholung gesucht und gefunden hatten. Die von ihnen bewohnte Pension gehörte alten Leuten, die sich zur Ruhe setzen wollten und ein Pächterehepaar suchten, das ihnen die Arbeit abnehmen und eine kleine Pacht bezahlen würde. Das wäre die richtige Aufgabe für Johanna und ihren zukünftigen Mann. Sie sollten heiraten, er sei bereit, die Übernahmekosten für die Pension zu bezahlen.

So geschah es auch, übers Jahr war alles längst eingerichtet, und ein kleines Mädchen namens *Margarethe* lag in der Wiege. Die Pension entwickelte sich bald sehr gut. Johanna war eine tüchtige Pensionsmutter, sie verstand es, mit den Gästen umzugehen, kam ihnen mit Freundlichkeit entgegen und sorgte für gutes Essen und Trinken. Die Zimmer waren bequem und hatten herrliche Aussicht auf die Berge. So kehrten viele Gäste immer wieder, mit manchen stand Johanna schon auf vertrautem Fuß und konnte sie aufrichten, wenn sie körperlich und seelisch krank bei ihr eintraten. Allein ihre Ehe war nicht glücklich; sie und ihr Mann lebten sich immer mehr auseinander. Da für den Unterhalt gesorgt war, wurde er bequem, scheute die Arbeit und sprach dem Alkohol immer reichlicher zu. Mehr als Hausdienerarbeit konnte kaum noch von ihm erwartet werden. Schließlich wurde er weniger als Hilfe, denn als Last empfunden. Johanna tat wenig, um diesen Zustand zu bessern. Wenn sie mit der Arbeit in der Pension, die nur zu oft bis spät in den Abend dauerte, endlich fertig war und sich zurückziehen wollte, kam es zum Streit mit ihrem Mann, der mit einer Flasche Wein bequem auf dem Sofa saß. Den ganzen Tag hatte sie sich zusammengenommen, um den Gästen ein freundliches Gesicht zu zeigen, nun war es mit ihrer Selbstbeherrschung vorbei. Ihr zweites Ich gewann die Oberhand. Er wußte, sie verachtete ihn, doch er hatte nicht mehr die Kraft, sich dagegen aufzubäumen.

Ihr Kind war ihr ein und alles, sie hing in großer Liebe an ihm, verwöhnte es dabei maßlos.

Die Jahre vergingen, die Pension gedieh, Sepp Keller aber starb im Delirium im Irrenhaus zu Hoynhausen. Margarethe war zu einer Schönheit herangewachsen, doch hatte sie nichts gelernt, vor allem nicht das Arbeiten.

Ein Notar im besten Alter, Junggeselle, kam wiederholt in Frau Johannas Heim, um sich von der anstrengenden Büroarbeit in der Stadt zu erholen.

Es gefiel ihm dort, indes fühlte er sich weniger von Frau Johannas Kochtöpfen, als von ihrem aufblühenden Töchterchen angezogen. Im ersten Jahr scherzte er mit ihr, im zweiten machte er ihr Komplimente, im dritten wurde beschlossen zu heiraten.
Johanna war stolz auf einen so gebildeten und wohlsituierten Schwiegersohn, Gedanken darüber, ob ihre Tochter auch zu ihm passen würde, machte sie sich nicht. Margarethe war glücklich über die Liebe eines so vornehmen Mannes und schwelgte in dem Gedanken, mit ihm in der großen Stadt ein vergnügtes Leben zu führen. Wußte sie doch nicht, daß er nur in ihr reizendes Jungmädchengesicht vernarrt war.
Die Ehe mußte zerbrechen, sehr bald verblaßten für ihn die Reize seiner jungen Frau, er mußte erkennen, daß hinter der schönen Fassade nichts, rein gar nichts steckte. Nach einem Jahr kehrte Margarethe mit einer kleinen Tochter, *Veronika,* wieder zu ihrer Mutter zurück.
Johanna, von ihrem Ehrgeiz angetrieben, arbeitete unermüdlich, um ihre Pension immer schöner, besser und bekannter zu machen. Das Haus war das ganze Jahr über voll besetzt, die Gäste waren zufrieden und kamen wieder. Aber es wurmte Johanna, jeden Monat eine Pacht zahlen zu müssen, die in den letzten Jahren mehrmals erhöht worden war. Wäre alles so geblieben wie bei Beginn der Pacht, so hätten die Besitzer nicht mehr verlangen können, jetzt, da durch ihrer Hände Arbeit und ihre Tüchtigkeit alles so schön gediehen war, sollte dies den anderen zugute kommen.
Als die Besitzer wieder einmal mit neuen Forderungen an sie herantraten, weigerte sie sich, ihnen zu entsprechen. Die Besitzer, davon beeindruckt, bangten um die pünktlich monatlich eintreffenden Zahlungen und wollten auf ihre Forderungen verzichten. Allein nun zeigte sich Johanna als zielbewußte Geschäftsfrau, sie drohte damit, die Pacht ganz aufzugeben und in der Nähe eine eigene Pension zu errichten, wenn ihr nicht die Gelegenheit geboten würde, das Anwesen käuflich zu erweben. Die Besitzer wußten nur zu gut, was das zu bedeuten hätte, denn Johannas Charme und ihre guten Dienste würden die meisten Gäste zu sich herüberziehen. Sie in ihrem Alter stünden dann vor finanziellen Schwierigkeiten. Johanna verstand es, den Kaufpreis in wiederholten Gesprächen mit neuen versteckten Drohungen herunterzudrücken, bis es endlich zu einem Verkaufsabschluß kam. So wurde sie wohlbestallte Besitzerin der Pension „Bergblick".
Margarethe sollte sie bei den vielseitigen Arbeiten unterstützen, das ging

schlecht, denn sie war etwas stumpf, phlegmatisch und unbeholfen. Klein Veronika wuchs zur Freude der Großmutter zu einem netten Mädchen heran.

Mitten in der Arbeit und den Sorgen um ihre Gäste erkrankte Johanna an einer schweren Lungenentzündung. Sie wurde ins Krankenhaus gebracht, wo sich ihr Zustand schnell verschlechterte. Mit trüben Gedanken sah sie der Zukunft entgegen, was sollte ohne sie aus ihrem Lebenswerk werden? Nur die Besuche von Klein Veronika konnten sie etwas aufmuntern. Es entstanden bald Komplikationen, ihre Kräfte ließen nach, und schließlich beendete ein früher Tod – sie war kaum 50 Jahre alt – ihr rastloses Leben. Eine alte Mutter weinte um sie.

Die ganze Last der Pension „Bergblick" lag nun auf den schwachen Schultern Margarethes. Viele Gäste, die wegen Frau Johanna immer wieder gekommen waren, blieben allmählich aus. Schlechte Zeiten, Wirtschafskrisen und Geldverknappung, mit denen eine so schlaue Person wie Johanna wohl fertig geworden wäre, führten zu starken Rückschlägen. Viele Betten blieben leer, die einst so gute Verpflegung ließ nach, der Ruin stand vor der Tür. Man frettete sich durch, der Garten brachte Gemüse und Obst, Kleinhaustiere wurden angeschafft. Um all diese Dinge kümmerte sich Veronika, die inzwischen zur Jungfrau herangewachsen war. Ohne ihre Initiative wäre es kaum möglich gewesen, den Betrieb aufrechtzuerhalten. Langsam besserten sich die Zeiten, Gäste kamen wieder zahlreicher, Veronika trug ihren Teil dazu bei.

Der Verkehr zwischen der Pension „Bergblick" und dem Hause Sellmayer in Hoynhausen blieb die ganze Zeit über aufrechterhalten. Franz, ein etwas verschlossener jüngerer Mann aus der weiteren Familie Sellmayer fand Gefallen an Veronika, die kaum 18 Jahre zählte. Trotz aller Bemühungen seiner Eltern hatte er es nicht weit gebracht. Schließlich mußte er sich damit abfinden, als Angestellter in einem Handelshaus seinen Lebensunterhalt zu verdienen.

Unter diesen Umständen wäre es ihm nie möglich gewesen, in eine der alten Familien Hoynhausens einzuheiraten. Es gab dort, in der Freien Reichsstadt, die erst zu Beginn des 19. Jahrhunderts Bayern angegliedert wurde, kein Patriziertum wie in anderen alten Städten. An seine Stelle trat der Stand der Herren, der Großhändler und Kaufleute. Seine Angehörigen waren nicht weniger als anderwärts die Patrizier darauf bedacht, unter sich zu bleiben. Wer nicht als selbständiger Kaufmann das nötige Geld hatte, oder der höheren Beamtenschaft angehörte, konnte nicht unter ihnen Fuß fassen.

Franz hatte durch sein schauspielerisches Talent immerhin eine Eigenschaft, die ihm seinen Altersgenossen gegenüber eine gewisse Überlegenheit verlieh. Er reiste mit einer Wanderbühne über Land, das imponierte Veronika. Wenn er sie abends besuchte, warf er bei einer Flasche Wein seine bescheidene, gehemmte Persönlichkeit von sich und wurde ganz Schauspieler. Da geriet er in Begeisterung, und mit theatralischem Geschick gestand er ihr stets aufs neue, seine tiefempfundene Liebe. Das hob ihn in ihren Augen in unverdienter Weise. Aber das Leben ist kein Theaterspiel. Es kam, wie es kommen mußte, sie wurden sich schließlich einig, nachdem Veronika alle Bedenken beiseite geschoben hatte. Er konnte eben so nett und höflich mit ihr sein, verstand es viel besser als andere junge Burschen, sich fein auszudrücken, und hatte gute Manieren, wenn nicht sein zweites Ich polternd und in Zornesausbrüchen zum Vorschein kam. Auch Frau Margarethe gab nach, nicht zuletzt wegen des schauspielerischen Charmes ihres zukünftigen Schwiegersohnes, der auch sie umgarnte.

Die Hochzeit fand mit großem Aufwand statt, das glaubte Frau Margarethe ihrer Tochter schuldig zu sein. Übers Jahr – leicht gesagt, aber was kann sich während dieser Zeit in einer jungen Ehe alles abspielen: gewiß manch Schönes, aber auch Leid und herbe Enttäuschung, wurde ein Kind geboren, und es überraschte nicht einmal – wieder ein Mädchen – *Angelika.*

Franz Sellmayer gab seine kaufmännische Stelle auf, und da ihm auch seine schauspielerische Tätigkeit mit der Zeit immer weniger Freude machte, wurde er häuslich, was mehr seiner Bequemlichkeit als guter Einsicht entsprang.

Aber Veronika litt unter seinem unsteten Wesen: Einmal spielte er den lustigen Unterhalter und überschlug sich mit allerhand Einfällen, dann überfielen ihn schwere Depressionen. Er verließ tagelang sein Zimmer nicht mehr, bis er plötzlich wieder unter den Leuten erschien, als sei nichts gewesen. Leider blieb es nicht dabei. Manchmal waren seine Zornesausbrüche so heftig, daß seine Frau Gewalttätigkeiten befürchtete. Sie wollte unter diesen Umständen keine Kinder mehr; er machte sich zwar nichts daraus, aber er hatte auch keine Lust, sich irgendwelche Beschränkungen aufzuerlegen. So kam nach Angelika ein Bub zur Welt. Die Furcht, es

könnte so weitergehen, wurde für Veronika zum Alptraum, zumal ihr Tag so ausgefüllt war, daß eine neue Schwangerschaft über ihre Kräfte gegangen wäre. Als sie glaubte, es sei wieder einmal soweit – es zeigte sich später, daß dies nicht zutraf –, schnitt sie sich in der Verzweiflung die Pulsadern auf. Leise stöhnend, und blutend auf dem Sofa liegend, wurde sie von einem Hausmädchen gefunden. Die Gerinnung des Blutes verhinderte einen schnellen Tod, und so konnte ein alsbald herbeigerufener Arzt das Leben retten. Diese peinliche Angelegenheit konnte dank der Verschwiegenheit aller Beteiligten ohne Beunruhigung anderer Menschen beigelegt werden. Nach einiger Zeit wuchs, wie man so sagt, Gras darüber.
Aber das Verhältnis zu ihrem Mann blieb äußerst gespannt. Er bemühte sich zwar zeitweise rührend um sie, dann jedoch wurde er ungeduldig und machte ihr Vorwürfe. Als er sich ihr wieder zu nähern versuchte, bat sie ihn dringend um Vorsicht, als das nichts nützte, stieß sie ihn von sich. Wütend schlug er ihr einen Kleiderbügel mehrmals um den Kopf. Dann kam die Ernüchterung, er bat sie um Verzeihung und verließ reuig das Zimmer. Sie dachte ernsthaft an eine Scheidung, Gründe genug hätte sie gehabt. Dann tat er ihr wieder leid, was sollte ohne sie aus ihm werden? War er doch ihr Mann!
Sie kannte viele Familien, denen ein Kind nach dem anderen geboren wurde, manchmal alle Jahre, manchmal alle zwei oder noch seltener. Verhütung war ihr nicht unbekannt, wie schließlich allen nicht gerade primitiven Frauen. Der Mann oder sie? Auch er wußte Bescheid. Warum nahm er nicht Rücksicht? Nach einer ernsthaften Aussprache mit ihm ging sie zu einem Frauenarzt. Dieses Kapitel ihrer Ehe konnte einigermaßen in Ordnung gebracht werden, doch sah sie bald ein, daß es damit nicht getan war. Zur Ehe gehört noch vieles andere, das entscheidender ist, wenn Glück und Zufriedenheit auf die Dauer gewahrt werden sollen. Ihre berufliche Inanspruchnahme mochte über vieles hinweggeholfen haben, aber was geschehen war, konnte nicht mehr weggewischt werden. Es kam immer wieder zu unerfreulichen Auftritten, unter denen auch die Kinder zu leiden hatten. Und doch sah sie ihren Mann zu Beginn des großen Krieges mit Bangen hinausziehen. Er kam nicht wieder, schon im ersten Jahr fand er den Tod auf dem Felde.
Soweit ihr noch ein Familienleben blieb, beschränkte es sich auf das Zusammensein mit den Kindern. Wilhelm bereitete ihr nicht nur Freude, er

war schwer zu lenken, blieb ein Grübler und machte auf der Schule nur bescheidene Fortschritte. Angelika war nun bereits in einem Alter, in dem sie in der Pension fest zupacken konnte, sie machte es gerne und mit Geschick. Bald schon stand die Küche unter ihrer Aufsicht. Als sie ganz herangewachsen war, wurde ihre Mutter durch einen Schlaganfall plötzlich hinweggerafft. Wilhelm war bei Verwandten zur Ausbildung, wohin er auch wieder zurückkehrte.

Auf Angelika lag nun die ganze Last der Arbeit und Verantwortung eines gut besuchten Gästehauses. Sie meisterte die Aufgabe überraschend gut, wenn auch manches etwas einfacher und anspruchsloser geregelt wurde. Aber ein junges natürliches Wesen kann nicht nur von der Arbeit leben, es sehnt sich nach vertraulicher Aussprache, es will genießen, fröhlich sein, sich ausspannen.

Hans Kunz, ein junger Forstgehilfe, war häufiger Gast im „Bergblick". Abends nach getaner Arbeit ließ er es sich im Gästezimmer wohl sein. Meist war er der letzte Besucher, und da Angelika so lange aufbleiben mußte, ergab es sich, daß sie ihn als letzten zur Tür hinausbegleitete. Er wurde zum abendlichen Stammgast, erschien er einmal nicht, vermißte sie ihn. Waren viele Gäste da, machte er sich nützlich, half bedienen, aufräumen und verrichtete allerlei Männerarbeiten.

Angelika war sich klar darüber, wohin das schließlich führen mußte, aber sie weigerte sich hartnäckig zu heiraten, wie er es wünschte. Die Vorstellung ihre Selbständigkeit aufzugeben und sich einem Manne zu unterwerfen, war ihr unerträglich. Die Ehen ihrer Vorfahren waren alle unglücklich gewesen, wovon sie sich bei der schnellen Folge der Generationen und am Beispiel ihrer Mutter und Großmutter überzeugen konnte. Wie oft sah sie ihre Mutter in Tränen aufgelöst und den wütenden Vater! Es war ein ungemütliches Familienleben, wo Furcht vorherrschte und dem Zusammensein die Harmonie fehlte. Das wollte sie nicht riskieren, frei mußte sie bleiben, selbständig und nicht den Launen eines anderen ausgeliefert. Andererseits drängte es sie zum Manne, ihre Altersgenossinnen hatten meist schon geheiratet, auch sie wurde von einem Manne begehrt, zu dem sie sich hingezogen fühlte. War es wirklich Liebe? Sie wußte es nicht, denn immer wieder überwog der Wille zur Ungebundenheit. Endlich entschloß sie sich, das eine zu tun und das andere nicht zu lassen.

Hans Kunz brauchte sein Zimmer im Forsthaus nicht mehr aufzusuchen, er blieb bei ihr. Es kamen schöne Zeiten, die ihr Befriedigung brachten,

endlich fühlte sie sich als Frau, ganz frei, ganz unbeschwert. So dachte sie, doch eines Tages stellten sich die Folgen ein, – Unvorsichtigkeit oder der Vorsicht überdrüssig sein, unbeschwerte Liebe oder Wille zum Kind? Vielleicht wirkte alles zusammen und brachte der Natur den Sieg. Die Bekannten rätselten: Wird es wieder ein Mädchen? Das schien doch schon erblich zu sein! – Als die Sommergäste wieder erschienen, lag ein Neugeborenes in der Wiege – ein Mädchen – *Luise!*
Was ist das für ein Kind? Die Ur-Ur-Ur-Enkelin der alten Kreszenz, die hochbetagt im Hause Sellmayer starb, an die sich noch viele Bewohner der Stadt erinnern können und die noch die Geburt ihrer Ur-Ur-Enkelin Angelika erlebte. So folgten sich sechs Generationen in einem Zeitraum, in dem es anderswo drei oder vier sein mögen.
Hans Kunz war nun Vater im Hause, langsam wurde er auch der Chef, er schaffte an und traf, wie Angelika zugeben mußte, meist das Richtige. Er hatte auch die nötige Autorität, die den Frauen eben nicht immer mitgegeben ist.
Angelika überdachte die Lage: Wohin war ihre Unabhängigkeit, ihre Selbständigkeit und ihre Freiheit verflogen? Tat es ihr wirklich leid, daß Hans Kunz das Ruder in die Hand genommen hatte, ihr wichtige Entschlüsse abnahm, kurz, der Mann war? Das Kind brauchte ja auch einen Vater, und wenn es noch mehr Nachkommen werden sollten? Eigentlich wünschte sie sich das, eine Ehe mit ihm müßte glücklich werden. Sie wollte sich selbst überwinden, um die richtige Entscheidung zu treffen.

Nach Johanna, deren Schicksal und das ihrer Nachkommen über mehrere Generationen verfolgt worden ist, wurde im Haus des Bürgermeisters Sellmayer *Clothilde* geboren. Ihr Leben war mit dem ihrer Brüder: Georg, Albert und Martin eng verflochten, es soll nun erzählt werden.
Der jüngste Bruder Heinrich ging seinen eigenen Weg und harmonierte nicht mit seinen Geschwistern.
Clothilde war ein apartes, graziöses Persönchen mit schönen schwarzen Haaren, die sie in einem großen Knoten rückwärts zu befestigen pflegte. In den gesellschaftlichen Kreisen der Stadt spielte sie durch ihre Lebenslust, die nicht selten zu Ausgelassenheit führte, eine beachtliche Rolle. Sie besaß eine schriftstellerische Ader und durfte schon in der Schule selbstverfaßte Gedichte vortragen. Auch Klavier spielte sie überdurchschnittlich. Als begehrte Tänzerin versammelte sie bei Festlichkeiten meist einen

Kreis junger Herren um sich, wobei auch die Wohlhabenheit des Vaters ins Gewicht gefallen sein mag.
Der neu zugezogene Apotheker, der dem alteingesessenen fühlbare Konkurrenz bereitete, war unter ihren ernsthaften Verehrern. Sein Weinkeller erfreute sich nicht nur reger Nachfrage bei Bekannten, sondern galt als Kuriosum auch bei Fernerstehenden. Clothilde hatte aber bald erkannt, daß der Apotheker selbst seinem Weinkeller am meisten zusprach. Wenn er auch tagsüber seinen Geschäften in der Apotheke mit Anstand und Fachwissen oblag, so zeigten die Nachtstunden, daß er nicht maßhalten konnte. Noch war er jung, wie indessen mochte ihm das Trinken bekommen, wenn es einmal zur Gewohnheit geworden ist und Körper und Geist nicht mehr über die Widerstandskraft der Jugend verfügten? Leicht angeekelt ignorierte sie ihn in Zukunft. Sie wußte, daß sich zwei weitere junge Leute in sie verliebt hatten, der eine war Kaufmann aus der weiteren Sellmayerschen Familie, der zweite dessen Freund, ein Ingenieur, den der Eisenbahnbau nach Hoynhausen verschlagen hatte. Sie merkte, daß es diesmal ernst werden könnte, aber sie verliebte sich in beide. Einmal fühlte sie sich mehr zu dem einen, dann wieder zu dem anderen hingezogen. Sie wollte abwarten und es mit keinem verderben. Die Gewißheit, verehrt zu werden, verstärkte ihre Eitelkeit und ihre Leidenschaft. Manchmal warf sie sich vor, mit dem Feuer zu spielen. Durch vertrauliche Gespräche stärkte sie in beiden die Hoffnung, zum Ziele zu kommen. Schließlich wurden aus Freunden Nebenbuhler, es gab unerfreuliche Szenen, und um Schlimmeres zu verhüten, zog sie sich langsam, aber konsequent zurück.
Bei ihrem lebhaften Temperament fiel ihr das nicht leicht, sie war durch die Freundschaften innerlich aufgewühlt, liebte beide und hatte schon häufig mit dem Gedanken gespielt, mit einem von ihnen ein gemeinsames Leben zu führen. Sie war jedoch davon überzeugt, jetzt den einzig richtigen Entschluß gefaßt zu haben, nun mußte sie die Folgen auf sich nehmen und diese bedeuteten Zurückgezogenheit. Sie wollte sich für einige Zeit ganz ihren Lieblingsbeschäftigungen, Dichten und Musik, widmen. Die Landeshauptstadt sollte ihr hierzu Gelegenheit bieten. Der großzügige Vater ermöglichte dies durch einen reichlichen Monatswechsel. Sie stürzte sich mit mehr oder weniger Talent in die Arbeit, die Hauptsache: Sie hatte Beschäftigung, um die Erlebnisse der letzten Zeit zu vergessen.
An Bekanntschaften fehlte es nicht, doch hütete sie sich vor neuen Aben-

teuern: ernste Gespräche und Diskussionen über Kunst waren ihr willkommen. Auch ein Vortragszyklus über neue Literatur fand ihre ganze Aufmerksamkeit. Der Vortragende, Professor *Roselius,* war ein bekannter Dichter, der durch gediegene literarische Werke hervorgetreten war und sich auch als Romanschriftsteller einen Namen gemacht hatte. Sein gehaltvoller Vortrag faszinierte sie, aber auch seine überlegene ernste Persönlichkeit. Er hatte die erste Jugend hinter sich und galt als eingefleischter Junggeselle. Wenn sie ihn aber während der Vorlesung betrachtete, wobei ihre Aufmerksamkeit mehr von seinem Äußeren als von seinen Worten in Anspruch genommen wurde, so glaubte sie an seinem ganzen Gehabe mehr Güte und Liebenswürdigkeit herauslesen zu können, als einem Hagestolz zuzutrauen gewesen wäre. Vielleicht hatte er schon trübe Erfahrungen hinter sich und Enttäuschungen erlitten. Möglich, daß es ihm, den verschlossenen Dichter, an Gelegenheiten fehlte Bekanntschaften mit Frauen zu machen, die ihn so zu nehmen verstanden, wie er war. Er fesselte Clothilde so sehr, daß sie sein Augenmerk auf sich zu lenken versuchte. Gelegenheit dazu bot sich bei den Gesprächen, die im Anschluß an die Vorträge in einem Kaffeehaus stattfanden. Im allgemeinen war es ein kleiner Kreis Wißbegieriger, die sich um den Meister scharten, um Fragen zu stellen und seinen Erklärungen zu lauschen. Studenten, junge Mädchen und ältere Damen. Clothilde beteiligte sich so lebhaft, daß er bald aufmerksam auf sie wurde und, wie es schien, Interesse an ihr fand. Sie richtete es so ein, daß sie stets zu den letzten gehörte, die am Abend das Lokal verließen, wobei es sich ergab, daß er sie hinausbegleitete. Als sich die Unterhaltung eines Abends auf ihre Veranlassung um ein besonderes Problem drehte, das einer längeren Erläuterung bedurfte, lud er sie ein, in einem benachbarten Restaurant mit ihm zu Abend zu essen, um sich weiter über die angeschnittenen Fragen zu unterhalten. Sie nahm gerne an, aber es zeigte sich, daß ihr Wissenshunger mit dem leiblichen sehr bald gestillt war und das Gespräch einen ganz anderen Verlauf nahm.
Er schüttete ihr sein Herz aus, beklagte seine trostlose Einsamkeit. Man lebe ja nicht nur beruflicher Erfolge wegen, irgendwo gähne eine unsagbare Leere, die das innere Gleichgewicht störe. Sie verstanden sich, denn auch sie wußte von Leid und Entsagung zu berichten. Diese Zwiegespräche fanden nun immer häufiger statt.
War sie allein, so schwirrten ihr alle möglichen Gedanken durch den Kopf. Es war ihr klar, daß er sie zu heiraten wünschte und nur auf ein Zei-

chen von ihr wartete, um sich erklären zu können. Er war zwanzig Jahre älter als sie, hätte fast ihr Vater sein können, die grauen Haare und das durchfurchte Gesicht machten das nur zu deutlich. Konnte er es verantworten, ein so junges Wesen an sich zu binden? – Was fühlte sie für ihn? Mußte nicht von ihr, der Jungen und Gebenden, der Anstoß kommen? Er begehrte sie von ganzem Herzen, sie fürchtete, ihn zu verlieren. Auch war sie voller Mitleid mit ihm, nicht ahnend, daß gerade dies ein gefährlicher Weg zu einer Ehe ist. Gewiß fühlte sie sich ihm zugetan, aber mehr wie eine Tochter, die an ihrem Vater hängt, zu ihm aufblickt und seine Autorität voll anerkennt.

Eines Abends, als sie auf dem Heimweg auf einer Bank Platz nahmen, erzählte er ihr wieder von seinem einsamen Leben. Er sei wohl schon zu alt, um eine Gefährtin zu finden. Da legte sie ihre Hand auf sein Knie, bis er sie ergriff. – So gab sie ihm das lange herbeigesehnte Zeichen. Auf ausgedehnten Spaziergängen sprachen sie sich aus, Zukunftspläne wurden geschmiedet und schließlich der Termin der Hochzeit festgelegt.

Die Trauung fand mit großem Pomp in der alten evangelischen Stadtkirche in Hoynhausen statt. Viele Menschen waren herbeigeeilt, um den großen Tag des Bürgermeister Töchterleins mitzuerleben. Als das Paar die Kirche verließ, bildete sich ein großes Spalier Schaulustiger und es ging ein leises Gemurmel durch die Menge, als die zierliche, blutjunge Braut ernstfröhlichen Blickes am Arm des alternden Mannes dahinschritt.

Nach einem Jahre entsprang der Ehe eine Tochter, einige Jahre später ein Sohn. Die Kinder nahmen die ganze Aufmerksamkeit der Mutter in Anspruch. Der Vater, meist als Großvater angesehen, beteiligte sich beglückt, jedoch zugleich gestreng an der Erziehung der Kinder. Frau Clothildes Leben änderte sich allmählich, als die Kinder heranwuchsen und die Schule besuchten, – die Sorge um sie und die Pflege des kränkelnden Mannes konnten sie nicht mehr befriedigen. Zwar war er immer rührend um sie besorgt, aber er behandelte sie mehr als Kind, denn als Frau und konnte zeitweise, wenn sein Befinden zu wünschen übrig ließ, mürrisch und ungerecht sein. Von gesellschaftlichem Verkehr wollte er nichts wissen und veranlaßte so auch seine Frau, darauf zu verzichten.

– Nur Kollegen und Studenten öffnete er sein Haus. Gierig benützte Frau Clothilde jede Gelegenheit, sich mit anderen anzufreunden. Sie gewann Leute für sich, indem sie ihnen vertrauliche Dinge offenbarte: Eigentlich sei sie eine unglückliche Frau, ihr Mann sei alt und verstünde sie nicht. Sie

habe ihn nur geheiratet, weil sie von zwei Freunden zugleich geliebt wurde und ihr so nur ein Verzicht übrigblieb.
Jeder, den sie so ansprach, mußte annehmen, nur er besitze ihr Vertrauen, so wurde die Zahl ihrer Verehrer immer größer, was ihrer Eitelkeit schmeichelte, sie ansonsten aber kalt ließ.
Eines Tages wurde ihr von ihrem Mann eröffnet, er müsse für ein halbes Jahr Gastvorlesungen in England halten, was leider eine lange Trennung bedeute. Sie erschrak aufrichtig, denn sie traute ihrer Standhaftigkeit selbst nicht. Zwar hatte sie die besten Vorsätze, allein sie wußte um ihre Schwäche.
Es war nicht zu ändern, tränenden Auges begleitete sie ihren Mann mit den Kindern zum Zuge, wo sie einen rührenden Abschied nahm. Da saß sie nun allein und unbehütet ihren vielen Freunden überlassen. Sie wünschte keine Abenteuer, bemühte sich vielmehr, die Besuche einzuschränken. Das ging einige Zeit gut, aber dann empfand sie, die junge Frau, ihre Einsamkeit als unverdiente Zumutung. Böse Gedanken erfüllten sie gegen ihren Mann, der eben zu alt sei, um sich in ihre Lage zu versetzen, sonst hätte er sie nicht allein gelassen.
Einige Häuser um die Ecke wohnte Dr. *Ernst Machold,* ein jüngerer Kollege ihres Gatten, zusammen mit seiner Frau. Clothilde ist ihm, eine gewisse Gefahr ahnend, bisher ausgewichen, obwohl sie wußte, daß er um die Mittagsstunde pünktlich nach Hause ging. Irgendwie fühlte sie sich von ihm angezogen, sie begegnete ihm mit Hemmungen, sein Händedruck war anders als der anderer Männer, sie fühlte ihn durch ihren ganzen Körper bis in die Fingerspitzen hinein. Sie suchte bei jeder sich bietenden Gelegenheit seine Nähe, seine Berührung. Seine Augen faszinierten sie, oft meinte sie, er habe es darauf abgesehen, seine starke Männlichkeit, den Zauber seiner Persönlichkeit auf sie wirken zu lassen. Sie empfand sich als schwache Frau, die ihm hilflos ausgeliefert wäre, wenn er es wünschen würde. Ob er wohl ebenso fühlte wie sie? Wie wäre sonst sein Verhalten ihr gegenüber zu erklären? Zwar hatte er nie irgendwelche Andeutungen gemacht, doch glaubte sie zu spüren, wie eine innere Verbindung zwischen ihnen bestand, die besser als Worte oder Gesten Frau und Mann zusammenführen.
Clothilde hängte sich eine Einkaufstasche über den Arm und traf auch richtig, wie von ungefähr, mit Dr. Machold zusammen. ,,Ah, gnädige Frau, wie nett, Sie wieder einmal zu sehen, wie geht's, wie steht's? Was

machen die Kinder? Gute Nachrichten vom Herrn Gemahl erhalten? Kommen Sie doch abends einmal bei uns vorbei und erzählen Sie uns was! Wie wäre es morgen, meine Frau würde sich auch sehr freuen.“
Auch – aber sicher weniger als er. Frauen haben ein feines Gespür und merken sofort, wenn von einer Seite Gefahr droht.
Es war ein netter Abend, doch eine war zuviel. So ging es nicht. Als er sie hinausbegleitete, sagte er: „Morgen ist ein interessanter Vortrag von Professor Gontram, wollen Sie auch hin? Ja – gut, dann treffen wir uns also dort“. So kam es auch, und nach dem Vortrag ging es noch in ein kleines Weinlokal, wo man ein ruhiges Plätzchen zum Plaudern fand. Solche und ähnliche Gelegenheiten boten sich noch oft oder wurden gesucht. Clothilde merkte, daß seine Gattin nichts davon erfahren sollte, das gab den Zusammenkünften das Gepräge der Heimlichkeit und immer mehr der Vertraulichkeit. Sie unterhielten sich ohne Gehemmtheit, er dozierte etwas über sein Fachgebiet, wobei sie ihn gespannt beobachtete; seinen Gesichtsausdruck, seine lebhaften Augen, das Spiel seiner Hände. Ab und zu richtete er seine Augen auf sie, wobei sie sich ertappt fühlte und wie ein kleines Mädchen reagierte. Er merkte das nur zu deutlich, es veranlaßte ihn, noch mehr in sie zu dringen, ihr Zeichen seiner Zuneigung zu geben und Gleiches aus ihr herauszulocken.
Sehr bald wurde die Unterhaltung intimer, sie hatte ihm längst offenbart, daß sie sich an der Seite ihres Mannes nicht glücklich fühle, da er ihr innerlich fremd sei. So müsse sie eigentlich ein trauriges Dasein führen, dem sie am liebsten entfliehen möchte. – Das öffnete auch ihm den Mund. Er gestand, auch seine Ehe sei unglücklich, da er nicht mit seiner Frau harmoniere. Also zwei verfehlte Ehen, aus denen, wie sie meinten, eine glückliche werden könnte. Freilich verblieben dann eine unglückliche Frau und ein unglücklicher Mann. Das beunruhigte beide, sie wollten nicht leichtfertig handeln, das Gewissen schlug ihnen. Aber immer wieder, wenn sie sich trafen, regte sich gegenseitige Unruhe, und die Auflehnung gegen ein Schicksal, das ihnen im Wege stand. Dann wurde er zärtlich, nahm sie in die Arme und küßte sie. In solchen Augenblicken war sie wehrlos und hätte alles mit sich geschehen lassen. Allein er war ein Mann von Charakter und hätte sich niemals zu unüberlegten Handlungen hinreißen lassen. Wenn er jedoch fühlte, wie schwach und hilflos sie in seinen Armen lag, wurde sein Verlangen nach ihr und sein innerer Kampf dagegen zu einer schweren Prüfung.

Ihm war klar, daß nur eine Scheidung in Betracht kommen könne, um beider Wunsch zu erfüllen. Sehr ernst und gefaßt sagte er ihr das. Bei ihm würde das keine äußeren Schwierigkeiten bereiten, denn seine Ehe blieb kinderlos, was schon ein Scheidungsgrund war. Aber bei ihr?
Sie war bestürzt, obwohl sie der Gedanke seit langem beschäftigte und beunruhigte. Nun, da ein Beschluß bevorstand, verließ sie der Mut, indes, sie wollte ihren Mann langsam vorbereiten. In der kommenden schlaflosen Nacht wurden beide von schlimmen Gedanken geplagt – ist es Recht – ist es Unrecht? Alle Beschönigungsversuche nützten nichts, es blieb ein bitterer Geschmack, denn zwei Menschen müßten bitter enttäuscht werden.
Clothilde machte ihrem Manne vage Andeutungen. Aber eines verstand er. Gefahr war im Verzug. Er entschloß sich, seinen Englandaufenthalt abzubrechen und sofort zurückzukehren.
Dr. Machold überwand seine großen Bedenken und wollte seine Frau schonend auf die unvermeidliche Scheidung vorbereiten. Sie hörte ihn mit einem gewissen Triumph an und sagte nichts als: „Ich erwarte ein Kind! Es wird uns untrennbar aneinander binden".
Clothilde holte ihren Mann, von ihren Kindern begleitet, ab – sie sollten eine Schutzwehr bilden, das taten sie auch, als sie ihrem Vater laut jubelnd in die Arme stürzten. Dann wandte er sich seiner Frau zu, die sich mit Tränen in den Augen an seine Brust warf. Es erfolgte später eine lange Auseinandersetzung, beide wollten aus begangenen Fehlern lernen. Im übrigen sollte nicht mehr über die Angelegenheit gesprochen werden.
Dr. Machold wurde bald an eine andere Universität berufen. Nur noch einmal traf ihn Clothilde, sie beschlossen, sich nie mehr wiederzusehen.
Clothilde kümmerte sich wieder mehr um die Kinder und hatte viel Verständnis für die Arbeit ihres Mannes. Weiteren Nachwuchs wollten sie nicht mehr. Aber sonst war Verzichten nicht Clothildes Sache. Sie liebte das Leben und die Menschen und benützte jede Gelegenheit, ihrem Manne zu entfliehen, wie ein Kind seinem Vater, den es zwar verehrt, und achtet, jedoch auch fürchtet.
Die Affäre Dr. Machold war längst vorüber, da ereignete sich etwas Seltsames: Clothilde gestand ihrem Mann schwanger zu sein, schon seit einigen Monaten sei die Regel ausgeblieben. Er war entsetzt, das sei unmöglich, das wisse er genau, sie habe ihn betrogen, er habe ja erfahren, wie sie sei, sie solle nur nicht glauben, ihn auf diese Weise loszuwerden. Sie versi-

cherte immer wieder ihre Unschuld. Er tue ihr Unrecht und beleidige sie aufs schwerste. Er wurde unsicher, denn eine so starke Reaktion hielt er für unwahrscheinlich, wenn sie tatsächlich schuldig gewesen wäre. Aber wie sollte es möglich sein? Er hatte doch sorgfältig vorgesorgt, sie mußte ihn hintergangen haben.

Die kommenden Monate waren furchtbar. Man erkannte bereits die Veränderungen an ihrem Körper. Es war ihr unfaßbar, sie war ratlos, empörte sich aber gegen ihren Mann, der sich sofort von ihr zurückgezogen hatte und jegliche Gemeinschaft verweigerte. Trotzdem stiegen manchmal schwere Bedenken in ihm auf: Vielleicht doch? Konnte er ganz sicher sagen unmöglich? Sie gingen einander aus dem Wege, nur die Mahlzeiten wurden der Kinder wegen, die nichts merken sollten, gemeinsam eingenommen. Es wurde so unerträglich, daß beide Seiten an eine Scheidung oder wenigstens eine völlige Trennung dachten. Was sollte indessen dann aus den Kindern werden, und erst aus dem noch kommenden Kind? Das eine stand fest: Die Ehe war endgültig zerbrochen, bestenfalls könnte eine Scheinehe nach außen hin aufrechterhalten werden.

Eines Tages, es war noch nicht zur richtigen Zeit, sagte sie ihrem Manne, sie müsse ins Krankenhaus. Mit einem Ausdruck der Trauer und Enttäuschung, aber auch der alten Liebe und Besorgtheit, brachte er sie fort. Es stellte sich heraus, daß es sich um eine Scheinschwangerschaft handelte und nur Gekröse zum Vorschein kam. Die Ärzte sagten, dies käme ab und zu vor und ziehe keinerlei Folgen nach sich.

Roselius, tief beschämt und zur Reue bereit, ließ seiner Frau von nun ab mehr Freiheit als bisher.

Das vertrug sie schlecht, wie es sich zeigte. Junge Leute um sich zu haben, vielleicht als unbewußten Ausgleich für ihren alternden Gatten, wurde ihr Lebensbedürfnis. Sie suchte sie, wo sich eine schickliche Gelegenheit bot. Mit den Spielkameraden ihrer Kinder spielte sie, Ältere suchte sie zu umgarnen. Das ging so einige Jahre, die Tochter war bereits fünfzehn Jahre alt und sie selbst Ende dreißig. Da ergab es sich, daß ihr jüngster Bruder Heinrich, der studienhalber an ein Krankenhaus der Stadt kam, sie öfters besuchte und meist junge Leute mitbrachte. Sie saß mit ihnen zusammen als Gleiche unter Gleichen. Lustig und unterhaltend wie sie war, wurde sie gerne gesehen, nur ihrem Bruder war es weniger angenehm, er genierte sich wegen seiner lebenslustigen Schwester, die immerhin die Älteste in der Gesellschaft war. Nun verstand es Clothilde, in Abwesenheit ihres

Mannes, der häufig verreisen mußte, den einen oder anderen ihrer jungen Freunde zu sich einzuladen, um Gespräche unter vier Augen zu führen. Ein Medizinstudent höheren Semesters, ein fescher Mann einfacher Herkunft, fand ihren besonderen Gefallen und wurde durch öftere Einladungen und intime Unterhaltungen bevorzugt. Davon sollte niemand etwas wissen, ihr Mann war auf Vortragsreise, die Kinder wurden zu Freunden in die Nachbarschaft geschickt. Das Töchterlein aber schien etwas zu ahnen, es merkte, daß seine Mutter sie jedesmal los sein wollte, wenn der junge nette Student, der dem Mädchen gern die Wangen tätschelte, zu Besuch kam. Merkwürdig, daß dann jedesmal der Vater fort war.

An einem milden Maienabend, als sie früher als vorgesehen nach Hause kam, wollte sie das Geheimnis ergründen. Vielleicht trieb sie auch etwas Eifersucht. Warum hatte die Mutter in ihrem Alter noch so viele Freunde, während sie überhaupt keine Beachtung fand und noch ganz als Kind behandelt wurde? Sie schlich sich ins Wohnzimmer, alles war verdunkelt, draußen auf dem Balkon, nach außen von einem Wandschirm abgedeckt, erspähte sie ihre Mutter in trauter Zweisamkeit mit dem jungen Mann. Ihre Gesichter berührten sich, sie schienen fern aller Wirklichkeit ganz in sich versunken zu sein.

Das Mädchen war zutiefst erschrocken. Was sollte das bedeuten? Was denkt sich seine Mutter, was tut sie, darf sie das? Auf alle Fälle kann es sich nicht für sie schicken! – Schnell lief sie hinunter in ihr Zimmer und verkroch sich ins Bett. Sie wollte verschweigen und vergessen, was sie gesehen hatte, es sollte tief in ihrer Brust verschlossen bleiben!

Die Zeit verstrich, da lief es wie ein Gerücht, schließlich als Tatsache von Mensch zu Mensch – Clothilde erwartet ein Kind! Jeder hatte Nebengedanken, aber niemand erlaubte sich ein böses Wort. Warum auch, Nachkömmlinge sind keine Seltenheit, schließlich ist sie noch keine vierzig, und ihr Mann konnte mit sechzig noch leicht Vater sein. Roselius selbst hütete sich, nachdem alle Zweifel ausgeschlossen waren, auch nur den Anschein zu erwecken, als sehe er nicht frohen Herzens späten Vaterfreuden entgegen. Es wurde ein Junge geboren. Die Verwandtschaft, die Kollegenfrauen und viele Neugierige kamen zu Besuch, um Glück zu wünschen. Dabei unterließ es keiner, verstohlenen Blickes Ähnlichkeiten bei dem Kinde zu erspähen – sie kamen nicht auf ihre Rechnung. Frau Clothilde genoß still vergnügt ihre Mutterfreuden, doch spielte ein leicht spöttischer Zug um ihre Lippen.

Georgs Frau *Annette* stammte aus einem sehr wohlhabenden Elternhaus, Nachwuchs war ihnen versagt. Da ihr Mann den ganzen Tag im Geschäft zu tun hatte und ihr genügend Dienstboten für den Haushalt zur Verfügung standen, litt sie an Langeweile und vertrieb sich die Zeit mit Wagenfahrten oder mit Reiten. Das Sellmayersche Landhaus bewohnte sie mit Vorliebe und hatte dort auch immer ein Reitpferd im Stalle stehen. Sie fand besonders Gefallen an ihrem Schwager *Albert*, der mit seiner Cousine Sophie Sellmayer verheiratet war, sie hatten einen Sohn und eine Tochter. Auch Albert war im Gegensatz zu seiner Frau ein passionierter Reiter. So ergab es sich, daß er bei diesem Sport oft mit seiner schönen Schwägerin zusammentraf und schließlich sein Pferd in ihrem Anwesen einstellte. Der Garten bot Gelegenheit zum Springen, was beide mit Lust und Gewandtheit ausübten. Sein Wallach war sanften Gemütes, Seitensprünge lagen ihm ebenso fern wie seinem Herrn. Nicht so bei Annettes Pferd, es war sehr lebhaft, leicht erregbar und unruhig. Oder lag das an seiner Herrin? Sie sparte nicht mit ihren Sporen und zwang es immer wieder über die Hindernisse. Stürze störten sie nicht, oft lag sie am Boden, ohne daß Albert gesehen hätte, wie es dazu kam. Dann hob er sie höflich auf, was ihr Spaß zu machen schien.
Wieder einmal ritten die beiden zusammen aus. Es war ein herrlicher Frühsommer-Nachmittag, auf den Höhen über der Stadt boten die gemähten Wiesen die beste Gelegenheit, in gestrecktem Galopp der Lust am Reiten zu frönen.
Der Bauer Vetterle grüßte sie freundlich, er war schon alt und stützte sich schwer auf seinen Stock. „Ja, als der alte Herr Bürgermeister noch lebte, er meinte Alberts Großvater, hätten sie hier nicht reiten können, da war noch alles blau von Flachs. Den hab ich hinunter an die Weber verkauft, heute geht meine Milch an die Molkereien. Schauen Sie doch einmal hinüber in meinen Stall“! Die beiden taten das, und mit Stolz zeigte ihnen der Bauer seinen Reichtum an Milchkühen, Ochsen und Schweinen. Gemächlich ritten die beiden zurück. Annette war beschwingt von dem ausgedehnten Ritt, Müdigkeit kannte sie nicht, irgendwie aber war sie unbefriedigt, und wie sie so neben ihrem Gefährten ritt, glitten ihre Blicke verstohlen zu ihm hinüber. Sein muskulöser Körper erregte sie, sie war zu einem Abenteuer entschlossen. Als sie in den Garten einbogen, meinte sie so nebenher: „Wie wär's noch mit einem kleinen Sprung?“ Ihm war's nicht danach zumute, aber, wenn sie wollte, warum nicht? Sie ließ ihn vor,

er setzte über das erste Hindernis und wandte sich zum zweiten. In diesem Augenblick nahm auch sie die erste Hürde, dann ließ sie sich vom Pferd fallen, lag auf dem Rasen und jammerte, als sei sie schwer gestürzt. Das sah er, als er die Runde machte, und eilte besorgt zu ihr.
„Ach, Berti, ich glaube, ich habe mich verletzt, hilf mir bitte auf". Er band die Pferde notdürftig an und hob sie auf, schwer stützte sie sich auf ihn. Im Zimmer legte er sie aufs Sofa, sie nestelte an ihrem Reitkostüm.
„Ach bitte, ich bring es nicht auf". Er half ihr, da zog sie ihn mit beiden Armen an ihre Brust und überschüttete ihn mit Küssen. Die Überrumpelung war vollkommen geglückt. Was sollte er tun? Aufspringen und den Raum verlassen? Das wäre richtig gewesen, denn er liebte seine Frau und wollte sie nicht betrügen. Aber konnte er Annette so schwer kränken und sie beide in eine so peinliche Lage bringen? Schließlich war er ein junger Mann, und ein schönes, apartes Weib lag in seinen Armen.
Georg war ahnungslos und fand nichts dahinter, wenn seine Frau mit seinem Bruder zum Reiten ging. Er liebte seine Frau und glaubte ebenso von ihr geliebt zu werden. Der Gedanke an eine Untreue lag ihm fern. Mit seinem jüngeren Bruder war er täglich im Kontor zusammen und aufrichtiges Vertrauen verband sie.
Sophie, Alberts Frau, konnte ihrem Mann auch nichts Unrechtes zutrauen, doch seine häufige Abwesenheit, eine gewisse Zerstreutheit und Nervosität, die sie als Überarbeitung ansah, fielen ihr auf. Auch eine gelegentliche Überreiztheit, die sich in Unfreundlichkeiten äußerte, mußte sie feststellen. Die Reitausflüge wurden jede Woche unternommen, wenn ihm etwas Zeit verblieb neben seiner Tätigkeit in der Fabrik, für deren technischen Betrieb er verantwortlich war. Ehebrüche in den gehobenen Kreisen des Bürgertums waren ungewöhnlich und galten als schwere Vergehen. Die bürgerlichen Ehrbegriffe waren so stark ausgeprägt, daß der betrogene Ehemann nur mit der Waffe in der Hand seine Ehre wieder herstellen konnte. Das wußte Albert nur zu gut, und er litt darunter, seinen Bruder zu hintergehen. Er hielt dies für unehrenhaft und zweifelte an sich selbst. Beim täglichen Zusammensein mit seinem Bruder fiel es ihm schwer, seine Unbefangenheit zu wahren. Oft wollte er Schluß machen, doch dazu fehlte ihm die Kraft, so geriet er mehr und mehr in die Hörigkeit Annettens. Auch die Vorsicht ließ mit der Zeit nach. Als Sophie für längere Zeit zu ihrer Schwester in die Landeshauptstadt fuhr, um ihr bei einer Geburt beizustehen, Georg für einige Wochen verreisen mußte und

Albert daher in der Fabrik besonders stark angespannt war, veranlaßte ihn Annette, nach Kontorschluß zu ihr zu kommen und bei ihr zu übernachten. Niemand würde dies auffallen, und Albert wollte nicht absagen, eine schöne unbeschwerte Nacht bei ihr schien ihm zu verlockend zu sein. Annette wartete auf ihn, sie hatte schon alles hergerichtet, auch das Ehebett ihres Mannes lag bereit.

Als die Glocke ertönte, stürzte sie zur Tür, aber nicht Albert, sondern ihr Mann stand davor. Er begrüßte sie herzlich und sagte, er habe es nicht mehr ausgehalten, er wollte zu ihr eilen und sei nun glücklich, zu Hause zu sein. Er war besonders liebebedürftig, herzte und küßte sie. Dann wollte er hinauf ins Zimmer. Sie versuchte ihn davon abzuhalten: ,,Ach, warum willst du schon wieder fort von mir?" Er versprach, gleich wieder zu kommen, er wolle nur die Kleider nach der langen anstrengenden Reise wechseln und sich erfrischen. Sie war aufgeregt, was sollte sie tun? Sie ging mit ihm hinauf, wie erstarrt blieb er stehen: ,,Du konntest mich doch heute unmöglich erwarten, für wen hast du mein Bett gerichtet?" Sie war äußerst verlegen und zitterte am ganzen Körper, das schlechte Gewissen stand ihr im Gesicht.

In diesem Augenblick ertönte unten wiederum die Glocke. Georg stürzte hinunter, Annette folgte ihm. Alles weitere war die Tat von Sekunden. Georg ergriff den nächstbesten Gegenstand, es war ein Schemel, stürzte auf seinen Bruder und schlug ihm mit voller Wucht auf den Kopf. Annette warf sich dazwischen. Albert blutete aus mehreren Wunden, konnte jedoch als der Stärkere, seinen Bruder überwältigen und niederzwingen. Ohne sich weiter zu wehren, wälzte sich dieser stöhnend auf dem Boden und blieb erschöpft und apathisch liegen. Sie brachten ihn zu Bett, wo er alsbald in einen todähnlichen Schlaf versank.

Der Arzt kam am nächsten Morgen und stellte einen hochgradigen Nervenzusammenbruch fest. Er mahnte zur Vorsicht, da sich solche Anfälle wiederholen könnten und Gewalttätigkeiten nicht auszuschließen seien, es könnte unter Umständen zu sehr ernsten Zwischenfällen kommen, doch müßte das nicht sein, er hoffe auf eine vollkommene Wiederherstellung.

Georg erholte sich schnell und war nach kurzer Zeit wieder wie früher. Eine Aussprache mit seinem Bruder war allerdings nicht zu vermeiden. Albert mußte sich auch in ärztliche Behandlung begeben, es wurden indes keine ernsthaften Verletzungen festgestellt. Die tätliche Auseinanderset-

zung hatte das Gute, daß Georgs Kränkung durch die Niederschlagung des Ehebrechers eine gewisse Genugtuung fand.
Sie sprachen trotzdem über eine Austragung des Ehrenhandels mit Degen oder Revolver. Beide waren hier aber ohne Erfahrung, und gegen die Hinzuziehung eines Sekundanten sträubten sie sich. Niemand sollte von dem Streit in der Familie Sellmayer erfahren. Wieder einmal war ihr Ansehen unter allen Umständen zu wahren. Eine Auseinandersetzung mit der Waffe sei damit unvereinbar. Annette nahm die ganze Schuld auf sich; sie wäre es gewesen, die aus Liebe zu ihrem Schwager das Unheil heraufbeschworen habe.
Die Ehe aber wurde geschieden, und Georg heiratete später eine etwa gleichaltrige Frau. Annette zog in eine andere Stadt und heiratete nochmals.
Sophie ergab sich in das Unvermeidliche, zumal sie nie ganz in die Verstrickung der Ereignisse eingeweiht wurde. Das Ehepaar war einander so zugetan, daß eine Trennung nicht in Erwägung gezogen wurde. Tiefe Reue erfaßte ihn, bei ihr war nur Liebe und Vergebung.

Im 19. Jahrhundert begann die Baumwolle den Weltmarkt zu erobern. Es war zugleich das Jahrhundert der Maschinen. Die mechanischen Spinn- und Webstühle in England überschwemmten die Märkte mit billiger Baumwollware, davon waren, wie schon erwähnt, die alten Märkte der Allgäuer Leinwand, wie Hoynhausen, schwerstens betroffen. Immer mehr Webstühle standen still, viele Weber verließen die Stadt, Armut und Elend zogen ein. Bürgermeister Sellmayer sah das täglich, fast schämte er sich, daß es seiner Familie und seinem Geschäft noch verhältnismäßig gut ging. Er handelte eben jetzt statt mit Leinwand mit Baumwollstoffen. Alle Bemühungen der Weber, als Ersatz selbst Baumwolle zu verarbeiten und den Kattundruck einzuführen, scheiterten letztlich daran, daß die verarmten Handwerker mit den andernorts entstandenen großen mechanischen Werken nicht konkurrieren konnten.
Die Weber riefen hilfesuchend nach dem Staat, der sich durch Einfuhrverbote und Erhebung von Zöllen beschützen sollte. Davon war aber keine dauerhafte Gesundung zu erwarten.
Es wurde *Karl Eugen* Sellmayer klar, daß nur Selbsthilfe eine Rettung bringen könne, doch zu dieser mußte er als Bürgermeister der Stadt und Senior eines großen Handelshauses den Anstoß geben.

Er war schon hochbetagt und wußte, daß zur Durchführung seines Planes jüngere Kräfte nötig wären. Doch diese standen ihm in seinen Söhnen, *Georg*, *Albert* und *Martin* zur Verfügung. Er rief seine Söhne ins Kontor der Textilgroßhandlung Gebrüder Sellmayer und unterbreitete ihnen einen großangelegten Plan zur Errichtung einer Mechanischen Baumwollspinnerei in Hoynhausen. An diesem Tage wurde die Gründung beschlossen, es war die erste im Allgäu, und die Vorarbeiten wurden unter den Brüdern verteilt.

Die schwierigste Aufgabe – die technischen Voraussetzungen zu schaffen – wurde Albert zuteil, der sich in mehrjährigem Aufenthalt in England bereits die notwendigen Kenntnisse angeeignet hatte. Georg, der älteste Sohn, und sein Bruder Martin sollten auf Grund ihrer Familienbeziehungen zu wohlhabenden Kreisen, die finanziellen Voraussetzungen schaffen, die Ankäufe von Grund und Boden tätigen, die Verhandlungen mit den Baufirmen führen und die Arbeitskräfte, auch Fachleute aus der Schweiz, verpflichten. Es gelang, als Vorbedingung für das Unternehmen die nötigen Mittel zu beschaffen. Neben den drei Brüdern Sellmayer beteiligten sich der Schwiegervater von Albert, Herr Sellmayer, zugleich dessen Onkel, und der Schwiegervater von Martin, Herr Mark. Soweit die engere Familie. Außerdem das Handelshaus Fromm und Euler, schließlich das zur Verwandtschaft gehörende Bankhaus von Nenni. Das Kapital betrug 800 000 Gulden.

Außer den erwähnten Schweizer Fachkräften, wurden die Arbeiter aus den Kreisen der ehemaligen Weber verpflichtet, die ihre Selbständigkeit schon vor längerer Zeit hatten aufgeben müssen, und nun froh waren in ihrem Beruf, wenn auch unter anderen Verhältnissen, beschäftigt zu werden. Damit hörte die Arbeitslosigkeit und mit ihr ein Leben, das mehr ein Vegetieren war, auf. Der Dreizehnstundentag war das Übliche, aber die Weberfamilien hatten auch früher keinen kürzeren Arbeitstag und wußten oft nicht, ob sie sich am nächsten Tag noch satt essen konnten.

Der Grundstückserwerb machte die geringsten Schwierigkeiten, denn genügend wohlfeiles Land gab es vor den Toren der Stadt.

Die Verhandlungen mit den Bauleuten gingen auch schnell vonstatten, die Meister wetteiferten, um die Arbeit für sich und ihre Leute zu bekommen. Die schwierigste Aufgabe hatte Albert bei der Wahl und Aufstellung der Maschinen, die auf mühselige Weise aus der Schweiz und England herbeigeschafft werden mußten.

Gegen Mitte des 19. Jahrhunderts konnte das erste Garn aus amerikanischer Baumwolle in dem neuerrichteten Fabrikgebäude gesponnen werden. Ein wichtiges zukunftsträchtiges Ereignis, denn damit blieb das traditionsreiche Textilgewerbe dem Allgäu erhalten.
Bald gingen Hoynhausener Garne, die sich durch besondere Güte auszeichneten, in alle Länder. Nach zehn Jahren konnte eine mechanische Weberei angeschlossen werden, in der 200 Webstühle Aufstellung fanden. Später errichteten die Besitzer, um die Erbteilung zu erleichtern, eine Aktiengesellschaft. Das Kapital verblieb aber wie bisher bei den Familienmitgliedern, darunter vier Sellmayer. Zwanzig Jahre nach der Errichtung der Fabrik wurden sechshundert Arbeiter beschäftigt, mehr als jemals Weber in Hoynhausen tätig gewesen waren.
Während ursprünglich die Maschinen mittels der mit Torf gefeuerten Dampfmaschine getrieben wurden, trat an deren Stelle das erste Wasserrad. Da alle paar Jahre fünfzig neue Webstühle Aufstellung fanden, wurde die alte Maschine nach weiteren acht Jahren durch eine doppelt so starke ersetzt. Auch die Spinnerei wurde mit hohem Kostenaufwand modernisiert. Zwei neue Dampfkessel dienten zur Verstärkung der Dampfmaschine.
Krisen konnten freilich nicht immer vermieden werden. Die Sezessionskriege in Nordamerika 1861–1865 brachten die Lieferung von Rohbaumwolle zeitweise zum Erliegen. Die Arbeitszeit wurde von 13 auf 9 Stunden herabgesetzt. Der Krieg von 1866 verursachte schwere Rückschläge und ließ die Produktion beinahe zum Stillstand kommen. Überraschenderweise erhöhte der Krieg von 1870/71 den Bedarf an Stoffen zur Versorgung der Truppen derart, daß kaum mehr genug geliefert werden konnte.
Nach 50jährigem Bestehen der Fabrik und fortwährenden Investitionen waren 27 000 Spindeln und 600 Webstühle in Betrieb. Um die Jahrhundertwende erhöhte sich die Zahl der Spindeln auf 32 000, die der Webstühle auf 700.
Einige Jahre später brach ein verheerender Brand in der Fabrik aus. Die von der Versicherung bezahlte Schadenssumme von einer Viertelmillion reichte nicht aus um den Schaden zu decken.
Der Familie Sellmayer gebührt das Verdienst, die Mechanische Baumwollspinnerei und Weberei durch kluge Voraussicht gegründet und durch Unternehmergeist, Fleiß, Bedachtsamkeit und kaufmännisches Können zu einem wohlfundierten Unternehmen gemacht zu haben. Diese Men-

schen waren zwar als Erben aus angesehenen heimischen Handelshäusern hervorgegangen, betrachteten es jedoch als ihre Aufgabe, das Ererbte nicht nur zu verwalten und zu erhalten, sondern es noch mit neuen Ideen und mit Wagemut zu vergrößern.

Wenn auch die unternehmerische Leistung allmählich zum Stillstand kam, so konnten doch Besitz und Vermögen lange bewahrt und vermehrt werden. Dabei spielte eine zielstrebige Familienpolitik eine wichtige Rolle. Viele Ehen wurden wie in Dynastien aus Nützlichkeitsgründen geschlossen, um das seit Generationen Erworbene zu erhalten und zu mehren. So kam es, daß die begüterten evangelischen Familien Hoynhausens fast alle durch verwandtschaftliche Beziehungen verbunden waren. Im Laufe der Jahrhunderte führte das zu einer gewissen Inzucht mit ihren positiven und negativen Folgen.

Gewisse Erbänderungen treten beim Menschen immer wieder auf und äußern sich in physischen und psychischen Eigenarten, meist negativer Art. Wenn bei häufigen Verwandtenehen solche Erbänderungen, oder auch nur die Anlagen hierzu zusammentreffen, so besteht die Gefahr einer Manifestation, einer Offenbarwerdung. Die Degeneration mancher Geschlechter, wie zum Beispiel regierender Häuser, deren Mitglieder vielfach unter sich heiraten und somit einen Ahnenschwund erleiden, beweist dies. Aus der Geschichte wissen wir, daß zu alten Zeiten sogar Geschwisterehen üblich waren, um etwa Königsfamilien rein zu erhalten. Das mag einige Zeit gut gehen, bis ungünstige Erbänderungen auftreten, verstärkt von Generation zu Generation weitergegeben werden und zu Krankheiten und zum Aussterben führen können. Daß andererseits eine strenge Auswahl unter Ehepartnern erfolgt, um alten Familien ihre angeborenen wertvollen Erbanlagen zu erhalten, ist üblich und nützlich. Nur darf das nicht übertrieben werden. So dürfte es manchmal besser sein, frisches Blut hinzuzuführen, anstatt altes zu erhalten.

Bürgermeister *Karl Eugen* Sellmayer starb hochbetagt. Es war ihm noch vergönnt, den Aufbau und das Werden der Mechanischen Baumwollspinnerei zu verfolgen und in der sicheren Hand seiner Söhne zu wissen. Diese widmeten sich ganz dem weiteren Ausbau der Firma. Sie hatten auch großes soziales Verständnis, gründeten eine Kranken- und Versorgungskasse für Arbeiter und Angestellte der Fabrik und errichteten Häuser für sie. Neben ihrer Arbeit kannten die Herren aber sehr wohl ein geselliges Leben in Familien- und Freundeskreisen. Gerne machten sie Reisen und verbanden dabei das Nützliche mit dem Angenehmen. Equipagen mit Kutschern dienten zu Fahrten in die nähere Umgebung. Bald verlockte indessen die neuerrichtete Eisenbahn zu weiteren Reisen an den See, in die Berge und ins Ausland.

Martin Sellmayer und seine Söhne

Martin, der dritte Sohn von Bürgermeister Karl Eugen Sellmayer, war eine ernste, vertrauenerweckende Persönlichkeit. Das mag auch der Grund gewesen sein, daß er bereits in jungen Jahren zum Bürgermeister der Stadt gewählt wurde, während seinem älteren Bruder Georg dieses Amt erst später übertragen wurde, als Martin auf seine Wiederwahl verzichtete.

Georg konnte diese Zurücksetzung nicht überwinden, wodurch eine Entfremdung zwischen den Brüdern eintrat. Martin war stellvertretender Leiter der Fabrik. Als es sich später darum handelte, die Position auszubauen und ihn zum Geranten zu erwählen, wozu er auf Grund seiner Fähigkeiten und seines Anteils am Aktienkapital berufen gewesen wäre, wurde dies auf Betreiben seines Bruders abgelehnt.

Statt seiner wurde Emanuel Euler, ein vorzüglicher Fachmann, Gerant der Fabrik. Er war mit Amalie Fromm verheiratet, die mit der Familie Sellmayer vielseitig verwandtschaftlich verbunden war und hohe Anteile an der Fabrik mit in die Ehe brachte. Aus dieser Ehe ging eine Tochter hervor.

Martin Sellmayer und Emanuel Euler waren als Nachbarkinder von Jugend auf befreundet. Beide übernahmen die Häuser ihrer Eltern. Euler baute sich später eine Villa vor der Stadt und verkaufte das alte Haus.

Martin hatte mit seiner Frau Caroline, geborene Mark, Zwillingssöhne, *Wilhelm* und *Jakob.* Die beiden vertrugen sich gut und liebten einander brüderlich. Als zweieiige Zwillinge unterschieden sie sich aber sowohl charakterlich als auch körperlich sehr stark, nur die braunen Augen und die blonden Haarschöpfe verrieten sie bei näherer Betrachtung als Brüder.

Wilhelm war ein pausbäckiger Junge, immer fröhlichen Sinnes, liebenswürdig zu allen Leuten und deshalb gerne gesehen, aber zu bösen Streichen stets bereit. In der Schule strengte er sich wenig an, so blieben seine Leistungen trotz guter Anlagen mittelmäßig. Er war für die Nachfolge seines Vaters in der Fabrik bestimmt und gab sich damit zufrieden. Seine kaufmännische Ausbildung erfuhr er in befreundeten Betrieben, doch sollte er vor Eintritt in die Fabrik noch einige Jahre Erfahrungen in Frankreich sammeln.

Jakob nahm das Leben nicht so leicht wie sein Bruder, er war ernsterer

Natur, ängstlich veranlagt, nervös und in seiner Kindheit mit einem Tick behaftet, der Familie und Umwelt manchmal störte. Dieser wurde zwar mit der Pubertät wesentlich besser, verschwand aber nie ganz. Die Schule fiel ihm schwer und nur, wenn ihm die Lehrer zusagten, waren seine Leistungen befriedigend oder gut. Er hatte aber gute Freunde und war bei seinen Mitschülern beliebt. Bei den Lehrern verstand er es, sich Gönner zu schaffen, die ihn gerne hatten und bei den Zensuren zu seinen Gunsten entschieden. Er wurde deswegen manchmal aufgezogen, das wurde indessen wettgemacht durch sein Ungeschick anderen Lehrern gegenüber, die ihn unterschätzten. Dann war der Teufel los, seine Leistungen ließen stark nach, er wurde unsicher und aufgeregt. In solchen Situationen standen seine Fortschritte in keinem Verhältnis zu seinem wahren Können. Des öfteren erreichte er aus diesen Gründen nur knapp das Klassenziel, und das auch nur dank der Fürsprache solcher Lehrkräfte, die ihn leiden konnten und seine Leistungen anzuspornen verstanden.
So schüchtern er auch oft erschien, so ausgelassen konnte er sich geben, wenn er in seinem Element war. Vorlesen, Deklamieren und Schauspielern machten ihm nichts aus, da konnte er sich hineinsteigern und seine Zuhörer fesseln. Sehr kräftig war er nicht, aber so zäh und gewandt, daß er es mit seinen Altersgenossen und auch mit Älteren gut aufnehmen konnte. Seine hervorragende Eigenschaft war sein Ehrgeiz, nicht gerade nach Lernen und Wissen, sondern im Bestreben, es anderen gleichzutun und sie noch zu übertreffen. Der Wille, es im Leben zu etwas zu bringen, war ihm schon als Junge zu eigen und steigerte sich noch mit zunehmendem Alter. Eine kaufmännische Ader besaß er ohne Zweifel, nur wollte er nicht den üblichen Weg der jungen Hoynhauser Kaufmannssöhne gehen, sondern Chemie studieren, um sie später in einem industriellen Betrieb, möglichst im eigenen, zu verwerten. Daß sein Bruder einmal in die Fußtapfen des Vaters treten sollte, war ihm recht, er hingegen wollte sich auf eigene Füße stellen. Solche Pläne setzten jedoch den Besuch eines Gymnasiums voraus, wozu Hoynhausen keine Möglichkeit bot. Also mußte er schon in jungen Jahren auf ein Internat geschickt werden. Es befand sich in schöner gebirgiger Gegend an einem großen See, so daß Bergsteigen und Wassersport nach Belieben getrieben werden konnten. Die Internatsschüler besuchten vormittags das Gymnaisum und verbrachten den übrigen Tag unter Aufsicht von Internatslehrern mit Schularbeiten, Sport, gemeinsamen Spaziergängen und Ausflügen oder mit Lesen und Spielen aller Art.

Liebe Eltern, wenn ihr wüßtet, was bei einem solchen Leben alles auf eure Kinder einstürmt, welchen Gefahren, namentlich die jungen, ausgesetzt sind, was sie fern ihren Angehörigen zu leiden haben, bis sie sich im guten und im schlechten Sinne an ihre Umgebung gewöhnt, ihre vielfach rohen Gebräuche angenommen haben!

Jakob wurde die Trennung von zu Hause, wie allen jungen Schülern, die erste Zeit sehr schwer, aber er ergab sich bald in das Unvermeidliche und vermochte ihm auch die guten Seiten abzugewinnen wie, Freundschaften mit Gleichgesinnten, Sport, Kameradschaft und Geselligkeit. Schlimm war es allerdings für Muttersöhnchen, die von zu Hause zu sehr verwöhnt waren, um sich in die Gemeinschaft eingliedern zu können, ein Martyrium für solche, die sich nicht wehren konnten, immer wieder den Spott der anderen herausforderten und ihre Überlegenheit ertragen mußten.

Es ergab sich auch, daß unter so vielen Zöglingen, üble, ja vereinzelt kriminelle Elemente waren, die einen schlechten Einfluß auf die Kameraden ausübten, sofern diese nicht im Hinblick auf ihr Herkommen und ihre charakterlichen Veranlagungen dagegen gefeit waren.

Jakob teilte das Schlafzimmer mit fünf Kameraden, es befand sich als einziges oben im Speicher, war also von allen anderen abgesondert und blieb von den Besuchen der Internatslehrer weitgehend verschont.

Kurt Peeck besuchte das Internat schon seit längerer Zeit, fühlte sich daher als der Überlegene und quälte die Jüngeren, neu hinzugekommenen. Gleiches versuchte Blank I, der im Gegensatz zu seinem jüngeren Bruder Blank II auch schon zu den Alten gehörte.

Ganz schlecht erging es Horst Hauser, einem Bettnässer, was die anderen natürlich sehr schnell erkannten. Jeden Morgen wurde sein Bett untersucht, ob es naß sei. Traf dies zu, so wurde er von der Zimmergemeinschaft durch Puffe und Schläge bestraft. Die Kameraden wußten nicht, was sie taten, sie meinten, es handle sich um eine Unart oder Unaufmerksamkeit, die durch handfeste Erziehung beseitigt werden könnte.

Der arme Junge bemühte sich sehr, sein Leiden zu überwinden, er trat nachts meist mehrmals aus; so kam es einmal, daß er in der Dunkelheit sein Bett verfehlte, sich versehentlich in das eines anderen legte und es prompt einnäßte. Als am Morgen die Bescherung aufkam, war die Empörung allgemein. Zur Strafe mußte er Spießrutenlaufen, das so vor sich ging: Die Kameraden stellten sich in zwei Reihen auf, durch die der Ärmste, von einem Hagel von Schlägen mit verknoteten Handtüchern und

ähnlichem empfangen, hindurchlaufen mußte. Wenn seine Zimmergenossen meinten, ihm mit dieser Methode seine „Bosheit" austreiben zu können, so wußten sie begreiflicherweise nicht, daß sie damit nur das Gegenteil erreichten und seine Krankheit nur verschlimmerten.
Diesmal blieb die Prozedur nicht ohne Folgen. Hauser schrieb, was er schon längst hätte tun sollen, an seine Eltern. Sie beschwerten sich bei der Internatsleitung. Es kam zu einer neuerlichen Prügelszene, bei der diesmal die Zimmergenossen die Leidtragenden waren. Der „Teufel", der Spitzname für einen sehr unbeliebten Internatslehrer einfacher Herkunft mit zwei plumpen, schweren Händen, wie geschaffen zum Zuhauen, vollzog die Prozedur an jedem der Beteiligten. Damit handelten die Erwachsenen ebenso sinnlos und brutal wie die Schüler, obwohl sie es besser hätten wissen müssen.
Hauser bekam endlich ein Einzelzimmer. Eine vernünftige Aussprache über die Ursachen des Bettnässens fand leider nicht statt. Auch sonst fehlte es bei den Zöglingen im Vorpubertätsalter an Aufklärung. Das Elternhaus versagte hier vollkommen; wer nicht gerade Geschwister hatte, kannte kaum den Unterschied zwischen Buben und Mädeln. Auch die Schule hielt sich in diesen Dingen nicht für berufen. Im Naturkunde-Unterricht empfingen die Schüler bestenfalls wenig instruktives Wissen über den Zweck von Blütenstaub und Pollen.
Die Kinder waren ganz auf sich gestellt und tauschten ihr geringes Wissen oder ihre Vermutungen untereinander aus. Jakob litt noch nicht darunter, obwohl sein Wissensdrang nach bestimmten Dingen, wie Kinderkriegen und was damit zusammenhängt, bereits erwacht war. Das Benehmen älterer Schüler machte ihn stutzig. Sie versuchten, jüngeren in die Hose zu greifen und die Geschlechtsorgane zu berühren. Das löste heftige Gegenwehr aus, aber Sinn und Zweck solchen Treibens blieb unklar.
Jakob dachte an seine erste Knabenzeit zurück. Das Kindermädchen Antonie sollte ihn und seinen Bruder versorgen und wohl auch mit erziehen. Sie war nicht mehr jung und unerfahren, denn sie hatte schon ein uneheliches Kind, das bei ihren Eltern aufwuchs.
Es geschah an einem schwülen Abend, der es in sich hatte, denn es erschien alles etwas anders als sonst, so stimmungsvoll und mild, vielleicht durch Föhn bedingt.
Jakob war mit Antonie und der Köchin allein und tollte in der Küche herum. Schließlich nahm er die Pfanne vom Herd, machte einige Runden und

schlug der Köchin mit dem Löffel auf die prallen Arme. Da ergriff ihn Antonie, nahm ihn in ein dunkles Zimmer, zog ihm die Hose aus, berührte wie aus Versehen die Geschlechtsteile und schlug ihn auf das nackte Gesäß. Erst mit der Zeit wurde ihm klar, daß sich das Kindermädchen sexuell hatte befriedigen, oder wenigstens erregen wollen.
Über religöse Dinge machte sich Jakob lange Zeit keine Gedanken, seine Mutter vermittelte ihm nur die Grundbegriffe, doch glaubte er lange, daß es ein Christkind und Engel gebe. Von kleinen Täuschungen ließen sich weder die Mutter noch andere Familienangehörige abhalten, da sie selbst am meisten über den kindlichen Glauben des Kleinen erfreut waren.
Daß die Großen den Christbaum schmückten und die Geschenke herrichteten, hatte er zwar bald heraus, aber so gut es einen lieben Gott gibt, mußte es doch auch Engel geben. Daß seine Eltern im Grunde völlig unkirchlich waren und bestenfalls ihre eigene freie Vorstellung von Gott und der Welt hatten, merkte er erst viel später.
Als er einmal zur Weihnachtszeit im Internat, er mochte elf Jahre alt sein, davon erzählte, wie bei ihm zu Hause zur Bescherung ein Engel erschienen sei, da hörten zwar einige mit gläubigen Augen zu, Peeck dagegen, der fesche Berliner, sagte höhnisch: „Engel – nee – die gibt es nicht!“ Jakob wurde zum ersten Mal in seinem Glauben unsicher. Die Zweifel nahmen von diesem Augenblick an immer mehr zu, so begann sein allmählicher Unglaube.
Merkwürdigerweise änderte sich von dieser Zeit ab sein herzliches und vertrauensvolles Verhältnis zu seinem Religionslehrer. Jakob wurde im Religionsunterricht unaufmerksam und mürrisch. Sein Benehmen gegenüber dem ehrwürdigen Pastor zurückhaltend, ja manchmal ungezogen. Der gütige Mann wußte sich das nicht zu erklären. Man merkte ihm seinen Kummer darüber an, daß sich einer seiner Lieblingsschüler ihm zu entziehen versuchte. Als Jakobs Eltern einmal zu Besuch kamen, wurden sie von dem Pastor zu einer Aussprache gebeten. Er schilderte ihnen die offensichtliche Veränderung im Wesen ihres Sohnes, die ihn vor ein Rätsel stellten. Die Eltern wurden gebeten bei einer günstigen Gelegenheit mit Jakob darüber zu reden. Das geschah auch bald, und Jakob bemühte sich, den alten besorgten Herrn wenigstens durch Freundlichkeit zu beschwichtigen. Es kam indessen zwischen ihm und Jakob nie mehr zu einem Vertrauensverhältnis. Bald entschwand Jakob der kirchliche Glaube gänzlich.

Im Internat war ein Dr. von Kleist, der im Gymnasium Mathematik lehrte, aber Wert darauf legte, auch als Erzieher der Jugend tätig zu sein. Er hatte gütige, etwas träumerische Augen. Rührend bemühte er sich um die Kleinen. Seine Vorleseabende waren bei ihnen sehr beliebt, ebenso Spaziergänge mit lustigen Spielen. Einige Schüler schienen ihm besonders ans Herz gewachsen zu sein, sie standen noch im kindlichen Alter und zeichneten sich durch ein hübsches Äußeres und unbefangenes Wesen aus. Jakob war sich dieses Vorzugs bewußt, und da er kein guter Mathematiker war, bedrängte er seinen Lehrer, bei den Zensuren gnädig zu sein. So kam es bei Schularbeiten vor, daß ihm Dr. von Kleist Zettel mit richtigen Lösungen zusteckte oder ihn unauffällig auf Fehler hinwies. Ja, die Kleinen verstanden es Schwächen der Vorgesetzten zu ihren Gunsten auszunützen.
Eines Tages zeigte sich Dr. von Kleist besorgt über die mangelhaften Fortschritte Jakobs, er erbot sich, ihm in seinem Zimmer Nachhilfeunterricht zu erteilen. Das ließ sich Jakob nicht zweimal sagen, zumal es bei solchen Gelegenheiten auch Schokolädchen gab, ein seltener Genuß im Internatsleben. Dr. von Kleist gab ihm neben Süßigkeiten eine Art Liebeserklärung, er wisse doch, daß er ihn besonders gern habe, viel lieber als die anderen Jungens, vornehmlich die älteren, die er nicht leiden möge. Ja – das wisse er, beteuerte Jakob. Der Nachhilfeunterricht bestand in der Durchnahme der in der nächsten Schularbeit vorkommenden Aufgaben.
Beim Abschied konnte sich Dr. von Kleist nicht mehr länger beherrschen, er drückte Jakob fest an sich, der nur einen harten Gegenstand und rhythmische Bewegungen fühlte.
Er hatte keine Ahnung, was das zu bedeuten habe, doch instinktiv begriff er, daß etwas Unanständiges, nicht Erlaubtes vor sich ging, und befreite sich aus der ihm unangenehmen Situation. Herr von Kleist war nicht zu seinem Ziel gelangt. Mit wehmütigen Augen, die an ein Tier erinnern mochten, ließ er Jakob ziehen. Diesen konnte das Erlebnis nicht beschweren, er war noch zu unwissend – aber wie vielen jungen Menschen mag so etwas einen Schock verursacht haben? Sicher waren es gerade die jungen Menschen, die Unbescholtenen und Unerfahrenen, die Dr. von Kleists krankhafte Anlagen bis zum äußersten reizten.
Es gab später einen Skandal um Dr. von Kleist, als eines Tages sein Zimmer durchwühlt wurde. Die Bücher und der Inhalt des Schreibtisches lagen auf dem Boden verstreut. Der Urheber dieses Streiches konnte trotz

ernster Bemühungen nie festgestellt werden. Jakob gegenüber war Dr. von Kleist unverändert freundlich, doch vermied er es, ihn jemals wieder zu berühren. Am Ende des Schuljahres wurde er versetzt.
Viele Jahre später konnte man lesen, daß er hoch im Norden wegen Unzucht mit ihm anvertrauten Knaben zu drei Jahren Gefängnis verurteilt worden war. Er hatte es also noch lange so treiben können, bis ihn das Schicksal ereilte. Was mochte danach aus ihm geworden sein? Wie mochte sein Leben weitergegangen sein, da seine Krankheit doch unheilbar war? Armer, gütiger Dr. von Kleist, du konntest nichts dafür, die Krankheit war stärker als du!
Nichts war innerhalb der Internatsgemeinschaft verpönter als Bettnässen, Beschmutzungen, Blähungen usw. Das galt alles geradezu als unehrenhaft.
Eines Nachts wachte Jakob mit heftigen Bauchschmerzen infolge eines Durchfalls auf. Zu seinem Entsetzen stellte er fest, daß er das Bett verschmutzt hatte. Unglücklicherweise war das kurz vor Ferienbeginn, die Zimmergenossen packten ihre Siebensachen und hielten sich den ganzen Vormittag über in der Stube auf. Als das Mädchen die Betten richten wollte, kam das Malheur auf. Der kleine italienische Graf Ciano, den Jakob schon ab und zu bei Auseinandersetzungen verprügelt hatte, machte ein heimtückisches, triumphierendes Gesicht. Jetzt hatte er ihn in seiner Gewalt, denn die Schande für Jakob, wenn er etwas ausplaudern würde, wäre unausdenkbar gewesen.
Jakob lebte von nun an in ständiger Angst und konnte Ciano nicht mehr unbefangen in die Augen schauen, für ihn ein ganz neuer Zwang, den er bisher überhaupt nicht kannte. Dieser Zwang übertrug sich später auf sein Verhalten anderen Menschen gegenüber, entweder er schlug im Gespräch die Augen nieder, oder der andere, der von ihm dazu veranlaßt wurde. Wodurch übertrug sich die Unsicherheit vom einen auf den anderen? Wer weiß es? Auf alle Fälle mußte Jakob damit fertig werden, aber es störte und hemmte ihn oft.
Einmal erging es Ciano ganz ähnlich. Nach einer schlechten Nacht waren Spuren deutlich am Nachtanzug bemerkbar. Jakob ignorierte es, er war zu anständig, um sich ähnlich wie Ciano zu verhalten und sich auf diese Weise seiner Macht zu entziehen. Später machte er sich bittere Vorwürfe, es nicht getan zu haben.
Jakob hatte gute Freunde unter den Kameraden und war bei allen wohl ge-

litten, trotz seines Ehrgeizes war es ihm nie gelungen, sich eine Führerrolle zu erobern. Sein gleichaltriger Freund Blank II war ein Muttersöhnchen, und niemand hätte gedacht, daß einmal ein berühmter Sportler aus ihm werden würde. Komisch wie kleine Begebenheiten in diesem Alter wichtig und todernst genommen werden. Es erging ihm wie seinen Kameraden, er beschmutzte eines Nachts sein Hemd, trennte in der Verzweiflung den Namenszug heraus und versteckte es im Speicher an einer Stelle, wo man nur durch Balancieren auf dem Dachgestühl hingelangen konnte. Blank II war hierin Meister, Jakob hätte es sich nie getraut. Als indes die Hausdame beim Zählen der Wäsche feststellte, daß von den Nachthemden eines fehlte, kam die Sache doch heraus, und es gab einen gewaltigen Krach.

Wenn absolut keine Lust bestand, zum Unterricht beim „Teufel" zu gehen, kam es vor, daß sich Blank II und Jakob krank stellten und der Hausdame allerlei Leiden vorgaukelten. Einmal ging das schief und hatte schlimme Folgen, als Blank II das Fieberthermometer erhitzte und mit zweiundvierzig Grad kreuzfidel im Bett lag.

Ein besonders sympathischer Mitschüler war Freiherr von Wehrmann, zu seinen Vorfahren gehörten mehrere Sellmayertöchter. Der Textilhandel brachte der Familie Ansehen und Geld. Sie bekam den Adel verliehen und erwarb ein Fideikommißgut im Schwäbischen. Wehrmann gehörte zu den älteren Schülern, war aber besonders bei den jüngeren beliebt, deren er sich rührend annahm, was ihm den Spitznamen „Kindsmagd" einbrachte. Er war der beste Sportler der Schule, erwarb sich viele Preise und stand allseits hoch in Ehren. Leider litt dieser sympathische junge Mann an gelegentlichen Depressionen, die sich in späteren Jahren noch verschlimmerten.

Jakob besuchte das Internat bis zum Abitur, doch dazwischen gab es frohes Wiedersehen mit der Familie zu allen Festen und den langen Ferien. Die Pubertätsjahre bereiteten ihm schwere Pein, da er keine Hilfe fand und er seine Aufklärung von Schulkameraden oder mühsam aus nicht ganz verstandenen Büchern bezog. Die in diesem Alter sehr oft stattfindenden Pollutionen waren ihm unheimlich, er hielt sich für krank und die erste Selbstbefriedigung depremierte ihn schwer. Erst viel später konnte er sich davon überzeugen, und damit trösten, daß es bei seinen Altersgenossen um kein Haar anders war und von schädlichen Folgen keine Rede sein konnte. Schweres hatte die heranwachsende Jugend in diesem Zeitalter zu

erleiden. Unverstand herrschte gerade in diesen heiklen Dingen, denn niemand getraute sich Rede und Antwort zu stehen.
Wohlwollende Aufklärungsversuche durch den Vater, etwa Warnung vor Prostituierten, bei denen man sich Krankheiten fürs ganze Leben holen würde, erfolgten viel zu spät und wirkten peinlich. Mit fünfzehn Jahren hat sich schließlich jeder Junge die wichtigsten Kenntnisse erworben, aber sie sind oft nicht dazu geeignet, ihm Selbstvertrauen und Sicherheit zu verschaffen.
An einem Ferientag in Hoynhausen ging Jakob mit seinem Freund Alfred Mark zum Baden im Altwasser der Seelach. Sie stießen auf ein ausgelegtes Netz, in dem sich ein schöner großer Fisch gefangen hatte. Herausnehmen und totschlagen war schnell geschehen. Jakob nahm ihn mit, um ihn von seiner Mutter kochen zu lassen. Diese war mißtrauisch und brachte ihn bald zu dem Geständnis, daß der Fisch gestohlen sei. – Das war ihm natürlich peinlich, und er errötete. Seine Mutter zeigte daraufhin mit dem Zeigefinger auf sein Gesicht und sagte: „Jetzt bist du aber schön rot geworden!" Das war ganz harmlos gemeint – hatte jedoch bei Jakob schwerwiegende Folgen. Während er bisher seine Verlegenheit nur in seltenen Fällen und nicht mehr als andere Jungen auf diese Weise verriet, wurde es bei ihm von dieser Stunde an zu einem Zwang, den er sein ganzes Leben über nicht mehr los wurde.
Sein Vater sagte ihm bei einer passenden Gelegenheit, das habe er von ihm und „kein Mensch könne aus seiner Haut fahren", aber er habe es doch sehr weit in seinem Leben gebracht. Allerdings hatte es sich sein Vater als junger Mann völlig abgewöhnen können. Übrigens sagte sich Jakob, daß seines Vaters Ausspruch „kein Mensch könne aus seiner Haut fahren" nur bedingt richtig sei. Mit Energie und Selbstüberwindung könne viel erreicht werden, und Jakob hatte sich etwas zum Ziel gesteckt und dabei viel erreicht: Er konnte an jeden herantreten, wenn es sein mußte, war leidlicher Redner und nahm nie ein Blatt vor den Mund. Im Gymnasium hatte er einen Physiklehrer, der sehr leicht verlegen wurde und dabei errötete, er war indes als hervorragender Pädagoge sehr beliebt, denn er verstand es, den Lehrstoff, selbst wenn er noch so schwierig war, allen Schülern verständlich zu machen. Zwar tuschelte man gelegentlich in seiner Abwesenheit, allein keiner hätte es gewagt, sich im Unterricht irgend etwas anmerken zu lassen. Seine Autorität war unbestritten. Jakob nahm ihn sich als Vorbild und kam im Leben gut damit zurecht, wenn auch alles etwas

schwieriger war, aber das beflügelte nur seinen Willen und seine Kräfte. Nach seinem mit guten Noten bestandenen Abitur sollte er zusammen mit seinem Bruder Wilhelm die Ferien in Hoynhausen verbringen und die Tanzstunden im Hause Euler besuchen.

Der ganz anders geartete *Wilhelm* schaffte die sechsklassige Realschule seiner Heimatstadt ohne Mühe, zu Streichen war er jederzeit bereit, die Lehrer fürchteten ihn wegen seiner ungestümen Art, konnten ihm jedoch seines freundlichen, hilfsbereiten Wesens wegen nicht gram sein. Von den Kameraden wurde er als guter Turner, Draufgänger und Rädelsführer respektiert. Er gab sich oft leichtsinnig, lief hinter den Mädeln her, um den Kameraden zu imponieren, war indessen sonst ein herzensguter Kerl. Seine Mutter, obwohl er ihr Liebling war, machte sich nicht selten Sorgen um ihn, denn nach ihrer Meinung nahm er das Leben gar zu leicht.

Nachdem Jakob die ersten Jahre seines Studiums und Wilhelm seine kaufmännische Ausbildung in einem befreundeten Hoynhausener Betrieb hinter sich hatten, sollten sie zusammen einige unbeschwerte Monate in Hoynhausen verbringen. Für Wilhelm war dann ein Aufenthalt in Frankreich vorgesehen, wo er ausländische Erfahrungen sammeln sollte, um später zu seinem Vater in die Fabrik zu kommen. – Jakob sollte nach Beendigung der Ferien sein Studium beginnen.

Im Hause Emanuel Euler

Mit der Familie *Euler* verbanden die Zwillingsbrüder viele Beziehungen. Sowohl Vater als auch Mutter waren mit Eulers seit langem befreundet. Die Männer arbeiteten in der Fabrik eng zusammen, und die Frauen kannten sich schon von der Schule her.

Die Familie Euler pflegte in ihrem Hause ein geselliges Leben. Junge Kaufleute, Ärzte des Krankenhauses, Akademiker verschiedener Berufe und Beamte verkehrten dort.

Ein Jahr lang herrschte tiefe Trauer im Hause, als die Familie durch den Tod ihrer einzigen Tochter einen schweren Verlust erlitt. Sie war mit einem Beamten verheiratet. Sieben Monate nach der Eheschließung starb sie an den Folgen einer Frühgeburt, auch das Kind war tot. Eulers wollten ihr Lebensende nicht allein verbringen, sondern suchten als Ersatz für die Tochter ein junges Mädchen, das sie adoptieren wollten. Durch Bekannte in der Hauptstadt wurde ihnen die Vollwaise *Ursula Bergen,* siebzehn Jahre alt, empfohlen, sie waren mit ihr einverstanden und nahmen sie in ihr Haus auf. Testamentarisch wurden sie und der Schwiegersohn als Erben des großen Eulerschen Vermögens eingesetzt. Das war eine Schicksalsstunde für Ursula Bergen. Sie wird noch eine wichtige Rolle in Hoynhausen und dessen Familien spielen. Doch darüber wird sie selbst erzählen.

Im Hause Euler fanden die Zwillingsbrüder eine frohe Gesellschaft, die meisten waren ihnen als Hoynhausener schon bekannt, doch befanden sich auch neue Gesichter darunter: einige Söhne von Beamten, die nach Hoynhausen verschlagen worden waren, aber bald eine Rolle spielten, der Sohn des neu hinzugezogenen Stadtpfarrers, ferner ein junger Mediziner der seine Praktikantenzeit im Hoynhauser Krankenhaus verbrachte, und vor allem Ursula Bergen, in die sich beide Brüder prompt verliebten. Sie war eine zierliche, jugendliche Erscheinung voller Liebreiz. Zwei blaugraue Augen standen in ihrem schmalen Gesicht, das von schweren schwarzen Haarflechten eingerahmt war. Ein niedliches Näschen erhöhte ihren Charme. Als die Brüder nach ihrer ersten Einladung im Hause Euler, nach Jakobs Rückkehr, nach Hause gingen, schwärmten sie bereits von Ursula. Wilhelm in seiner selbstbewußten Art glaubte schon eine Eroberung gemacht zu haben. ,,Hast Du gesehen wie gerne sie mit mir tanz-

te? Sie hat sich enger an mich geschmiegt als an andere, ich glaube, sie hat Feuer gefangen."
Dieser Ansicht war nun Jakob gar nicht, er stand dem weiblichen Geschlecht mit Zurückhaltung gegenüber, konnte aber nicht verhehlen, welch tiefen Eindruck Ursula bei ihm hinterlassen hatte. Dies merkte Wilhelm und meinte etwas spöttisch, er solle sich ja keinen Hoffnungen hingeben. Übrigens habe er das Gefühl, daß auch Kurt Weiser, der junge Mediziner, Gefallen an ihr gefunden habe. Aber mit dem nehme er es schon auf, der hätte doch nie Aussicht, vom alten Euler anerkannt zu werden.
Jakob staunte über das Selbstgefallen seines Bruders, er wollte jedoch nun erst recht nicht zurückstecken, Ursula würde sicher bald selbst entscheiden, wem sie ihre Gunst erweise. Allein da irrte er sich, und mußte erkennen, daß davon keine Rede sein könne. Zwar glaubte er feststellen zu dürfen, daß ihr an ihm und seinem Bruder mehr gelegen sei als an anderen Herren – bis auf Kurt Weiser, der ihr zu gefallen schien –, aber das war ja unmöglich, – das durfte nicht sein.
Die schönen Sommermonate gingen dahin, sie brachten viel gesellschaftlichen Verkehr mit sich, und wo die Brüder Sellmayer waren, da befand sich meist auch Ursula. Sie war unverändert freundlich, doch auch ebenso zurückhaltend, es war nicht zu erkennen, wen sie vorzog, das wußte wohl nur sie allein, und das mochte gut sein, denn sie wollte keinen Unfrieden. Nach den abendlichen Einladungen mußten die Damen von den Herren nach Hause begleitet werden, das war immer ein willkommener Abschluß des Abends. Jeder junge Mann drängte sich nach Möglichkeit dazu, denn bei einer solchen Gelegenheit konnte man doch viel vertraulicher werden als unter den Blicken der ganzen Gesellschaft. An einem schönen Sommerabend tummelten sich die jungen Leute wieder einmal im Park des Gartenhauses der Familie Sellmayer. Die Stimmung war sehr aufgelockert und wurde durch den gebotenen vorzüglichen Wein weiterhin angeregt. Wilhelm machte Ursula den Hof. Ob sie Gefallen daran fand, war kaum zu erkennen, aber sie wollte auf keinen Fall unfreundlich erscheinen, so ließ sie es auch zu, von ihm nach Hause in das andere Ende der Stadt begleitet zu werden.
Der Weg ging durch Anlagen, er führte sie am Arm, den er etwas mehr als notwendig an sich drückte, was ihren leichten Widerstand hervorrief. In seiner burschikosen Art sprach er von Liebe und Glück und verstand es,

seine Gefühle auf sie zu lenken. Ohne ersichtliche Reaktion ließ sie seine Auslassungen über sich ergehen. Inzwischen waren sie in den Eulerschen Garten gelangt. Er erfaßte ihre Hand und versicherte ihr seine Liebe. Er müsse nun für mindestens ein Jahr nach Frankreich, ob er hoffen dürfe, daß sie ihm ähnliche Gefühle entgegenbringen könne? Er wolle alles tun, um ihrer würdig zu sein und sie einst für ein glückliches gemeinsames Leben zu gewinnen. Behutsam entzog sie ihm ihre Hand, sie wünsche ihm alles Gute und glaube bestimmt, daß er es zu etwas bringen werde, doch möchte sie sich nicht binden.

Jakob besuchte die meisten Veranstaltungen gemeinsam mit seinem Freund und Vetter Alfred Mark. Dieser war bis über die Ohren in Brigitte Rast, die Tochter des Besitzers des großen Ladens in der Hauptstraße, verliebt. Auch sie war ihm zugetan, doch schien eine Verbindung kaum möglich zu sein, da Alfred Mark einer alten evangelischen Familie entstammte, während ihre Eltern streng katholisch waren. Ursprünglich war Hoynhausen überwiegend evangelisch, allmählich jedoch wurde es durch Zuzug immer mehr katholisch unterwandert, dazu kam, daß viele Hoynhauser Bürger die Stadt verließen, um sich im Ausland und im übrigen Deutschland aussichtsreichere Positionen zu verschaffen. Gegen Ende des 19. Jahrhunderts waren schon zwei Drittel der Bevölkerung katholisch, Mischehen kamen nur selten vor, schon gar nicht in Kreisen des alteingesessenen Kaufmannsstandes.

Alfred Mark stieß auf so harten Widerstand, daß er klein beigab, dem Wunsche seiner späteren Schwiegereltern entsprach und zum Katholizismus übertrat. Was blieb ihm anderes übrig – er wollte nicht auf sie verzichten und sie nicht unglücklich machen! Auch wenn es ihm gleich war, welcher Konfession er und seine Kinder angehören würden, so war es für ihn doch eine arge Überwindung, denn durch seinen Entschluß ging dem Protestantismus eine traditionsreiche Hoynhausener Familie verloren. Man mag darüber streiten, was besser ist: unglückliche Menschen oder Verzicht auf die angestammte Religion. Sicher wird man zu letzterem neigen, doch erscheint es angemessener, wenn sich die Frau zur Konfession ihres Mannes, dessen Namen bestehen bleibt, entschließen könnte.

Die einzige jüdische Familie in Hoynhausen bis zum Ende des 19. Jahrhunderts war die des Antiquitätenhändlers Eisel, der immer einen Kaftan trug und allgemein der „Pflästerles" Jude hieß, weil er im Gesicht zur Verdeckung eines nicht heilenden Ekzems ein Pflaster trug.

Sein einziger Sohn Joel besuchte mit Jakob die Volksschule. Er war nicht normal, darum der schlechteste Schüler und abschreckend häßlich. Eines seiner Augen war blind und wurde durch ein Milchglas in der Brille, die er dauernd trug, verdeckt. Seine Hände waren unappetitlich, Jakob vermied vor Ekel jede Berührung. Von Haus aus wurde ihm beigebracht, jüdische Mitbürger nicht für etwas Schlechteres zu halten oder sie gar zu verachten. Er wußte, daß sie eine andere Religion hatten, und wunderte sich, warum sie deshalb anders aussahen. Sein Vater sagte sogar, sie seien klüger und schlauer und brächten es meist weiter als die anderen. Das zeige sich an ihrem Reichtum, sie seien aber nicht nur Kaufleute, sondern oft auch Ärzte, Advokaten, Diplomaten und Schriftsteller.
Eines Tages konnte er folgendes miterleben: Der Lehrer kam im Unterricht auf Juden zu sprechen, daraufhin wandten sich die Blicke mehrerer Schüler, auch seines Nachbars, zu Eisel, der es merkte und in Tränen ausbrach. Als Reaktion stürzte sich der Lehrer auf den Nachbarn Eisels, legte ihn über den Stuhl und verprügelte ihn mit dem Stock. Jakob hatte alles genau beobachtet und konnte nur feststellen, wie völlig falsch die Handlungsweise des Lehrers gewesen war. Doch so war es in der damaligen Zeit, die Rücksicht auf die Juden wurde übertrieben, man wollte ihnen unter allen Umständen beweisen, wie sehr man sie zu uns rechnete.
Damit erreichte man freilich gerade das Gegenteil.
Einmal erzählte der Lehrer seinen Schülern von Banknoten. Da sie jeder schon gesehen haben wollte, stellte er sie auf die Probe und sagte: „Gelt, Buben, die Zehnmarkbanknoten sind rot, die Fünfmarkbanknoten blau“, alles schrie „ja – ja“.
Da stand Eisel auf und berichtigte: „Nein – die Fünfer sind rot, die Zehner blau“. Es war das erste Mal, daß er etwas wußte, was allen anderen unbekannt war. Der Lehrer belobigte ihn und meinte: „Ihr habt halt daheim viel Geld und könnt damit umgehen!“
Ein andermal brachte Eisel als Rest der jüdischen Fastenzeit ein Paket Matzen zur Verteilung in die Schule mit. Alles stürzte sich auf ihn, um ein Stück zu ergattern. In diesem Augenblick kam der Lehrer hinzu, ließ alle Platz nehmen und sagte: „So – jetzt sollen gerade die etwas bekommen, die sich nicht so vorgedrängt haben.“ Schon fiel sein Blick auf Jakob, und er bekam aus Eisels fetten Händen ein großes Stück, er würgte es mit Überwindung hinunter.

Viele Jahre später wurde Eisel ermordet und von einer Brücke ins Flußbett geworfen. In einer Zeitung war er abgebildet, Jakob erkannte ihn sofort wieder.
Nach diesem Zwischenspiel zurück zu den beiden Freunden! Nach allerlei Veranstaltungen, die ihre Heimatstadt zu bieten hatte, besprachen sie eifrig die Vorkommnisse und schütteten sich gegenseitig die Herzen aus. Kein Gespräch kann ernster und aufrichtiger sein, als das unter guten Freunden. Als Erkenntnis eines Sommerfestes sagte Alfred Mark zu Jakob: ,,Du, die Ursula hat heute beim Tanzen das Gesicht ganz an das deine gelegt, als ob sie verliebt in dich sei, aber *Kurt Weiser,* der Mediziner, scheint ihr auch gut zu gefallen"! Das war Alarm für ihn, wenn es schon einem anderen auffiel, so mußte doch etwas daran sein. Doch neue Zweifel traten auf: Wem gilt es – mir oder ihm – oder Wilhelm, der immer mit neuen Gunstbezeigungen prahlte? Allein die Bemerkung seines Freundes machte ihm Mut, und trotz seinen Hemmungen gegenüber den Frauen, nahm er sich vor, am nächsten Tag, anläßlich des festlichen Sommer-Schlußballes im Hause seiner Eltern, sich mit Ursula auszusprechen. Er mußte wissen, woran er war – das Glück seines ganzen Lebens hing davon ab.
Im Sellmayerschen Hause am Marktplatz wurde für den kommenden Abend gerüstet, er sollte das Glanzstück der ganzen Saison werden. – Im großen Speisesaal wurden die Tische gerichtet und geschmückt, Blumengirlanden an den Wänden befestigt, spätsommerliche Blumenpracht sollte die Gäste erfreuen. Bürgermeister Sellmayer und seine Gattin hatten viele Einladungen verschickt. Vor seinem Rücktritt als Bürgermeister sollte noch einmal sein Haus in vollem Glanz erscheinen, das glaubte er seinem Amte, das er jahrelang bekleidet hatte, und dem Ruf als Handelsherr und Fabrikbesitzer schuldig zu sein.
Als es soweit war, kamen die älteren Gäste in ihren Equipagen angefahren, die jungen tanzlustigen zu Fuß. Es wurde Platz genommen, und nach einer kurzen Begrüßung durch Herrn Sellmayer und unter den Klängen einer dezenten Musik ließ sich alt und jung die aufgetragenen Speisen schmecken. Nach italienischen Früchten und Trüffelsuppe gab es Rehrücken und als zweiten Gang Geflügel, jeweils mit reichlichen Beigaben. Edle Weine wurden getrunken. Der neue Bürgermeister, Georg Sellmayer, hielt eine Rede auf seinen Bruder, in der er dessen Verdienste um die Stadt würdigte. Zum Schluß des üppigen Mahles wurden große Eisplatten

unter den begleitenden Klängen der Musik in den Saal getragen und den Gästen aufgetischt.
Die Stimmung war schon angeregt, als Martin Sellmayer die Tafel aufhob und die Anwesenden zu einer Polonaise, die er zusammen mit seiner Gattin eröffnete, durch die Räume des Hauses aufforderte. Beim Schlußwalzer erscholl die Musik nochmals zur vollen Stärke, dann verebbte sie allmählich, bis sie ganz erstarb. Das war zugleich das Zeichen für die Alten, an kleinen Tischen Platz zu nehmen, sich in Gruppen zu unterhalten und Kaffee zu trinken. Dann verabschiedeten sie sich bald und fuhren mit ihren Kutschen nach Hause. Nun war die Jugend unter sich, es gab Gespräche in kleinen Zirkeln, und alles erfreute sich am Tanze.
Wilhelms Stimme war überall zu hören, er hielt sich in allen Teilen der Räume auf und wußte die Aufmerksamkeit auf sich zu lenken. Jakob gelang es nur selten, Ursula zu einem Tanz aufzufordern, meist standen schon andere bei ihr und warteten: Wilhelm, Kurt Weiser, Alfred Mark und viele andere.
Die Festlichkeit neigte sich dem Ende zu, die ersten jungen Leute verabschiedeten sich. Jakob hatte mit seinem Bruder vereinbart, daß er diesmal Ursula heimbegleite, daran festzuhalten war Ehrensache. Da platzte auf einmal der Eulersche Kutscher herein, er sei beauftragt, Fräulein Ursula abzuholen, er warte draußen. Jakob bekam einen Schreck: Sollte ihm verwehrt sein, endlich mit Ursula allein zu sein und sich mit ihr auszusprechen? Dann faßte er einen kurzen Entschluß, lief hinaus zum Kutscher, den er von Kindheit an kannte, drückte ihm ein Geldstück in die Hand und flüsterte ihm zu, Fräulein Ursula könne unmöglich schon gehen, er werde sie selbst heimbegleiten. Der alte Mann verstand, mit einem gutmütigem Grinsen steckte er das Geldstück ein und verschwand. Nun wurde bald Schluß gemacht, die Musiker verstauten ihre Instrumente, die Dienerschaft reichte die Garderoben, und die beiden Brüder verabschiedeten die Gäste.
Jakob hatte Ursula bereits mitgeteilt, daß er sie nach Hause bringen werde. Als der letzte Gast fort war, verließen die beiden das Haus. Angeregt durch die verbrachte Nacht, ermuntert durch reichlich genossenen Alkohol, ging er vergnügt neben ihr her. Sie nahm auch ohne Zögern den ihr angebotenen Arm, doch sein etwas stürmischer Druck mahnte sie zur Vorsicht, zumal sie ahnte, was er vorhatte. Er fing auch gleich damit an, wie schön es sein müßte, eine Freundschaft fürs ganze Leben zu schließen;

dabei drückte er wieder fester ihren Arm. Ja, sagte sie, sicher, aber man müßte doch erst den richtigen Partner gefunden haben, und was sie betreffe, so würde sie sich noch lange nicht binden. Das war eine arge Abkühlung für ihn, weil sie das aber so liebenswürdig und vertrauensvoll hervorbrachte, konnte er ihr nicht böse sein und nicht die Hoffnung aufgeben.

Beim Abschied hielt er ihre Hände in den seinen, sprach, wie seinerzeit sein Bruder, von einer langen Trennung, da er in Berlin studieren wolle. Sie strich ihm leicht übers Haar und wünschte ihm viel Glück. – Nicht gerade entmutigt, doch voller Ungewißheit begab er sich bei herrlichem Mondschein auf den Heimweg.

Das war die beste Gelegenheit, sich Rechenschaft über die vergangenen geselligen Wochen zu geben. Er war nicht so recht zufrieden und litt an Minderwertigkeitskomplexen. Nicht nur, daß sein Hauptanliegen – Ursula – ungelöst blieb, auch sonst war er mit sich selbst unzufrieden. Zwar fühlte er sich frei im Kreise seiner Freunde und alten Bekannten weiblichen und männlichen Geschlechts, doch er war sich noch nie so wie jetzt klar darüber, daß er auf viele unbeholfen und langweilig wirken mußte, die Unterhaltung ging nur zäh vonstatten, er wußte oft mit bestem Willen nicht, was er sagen sollte, während andere, auch sein Bruder, übersprudelten und nicht nur die Nachbarn, sondern den ganzen Tisch unterhielten. Manchmal war es ihm, als ging eine Welle der Kälte von ihm aus, die andere, die ihn nicht näher kannten, abstieß.

Er wußte, daß er sich einmal ganz allein durch Leistung seinen Platz in der Gesellschaft würde erkämpfen müssen. Es lag ihm nicht, mit anderen zu paktieren, seine Kenntnisse, sein Wissen und seine Fähigkeiten abschätzen zu lassen, nein, allein durch seine persönlichen Erfolge wollte er überzeugen.

Kurz darauf traf er alle Vorbereitungen zur Abreise nach Berlin. Er belegte Vorlesungen an der Technischen Universität und trat in eine Studentenverbindung ein. Dort befreundete er sich mit dem jungen Berliner *Walter Groll*, der durch seine Eltern viele Beziehungen zum Theater hatte. So gelangte er auch in diese, ihm bisher fernstehenden Kreise. Er war überrascht über den Umgangston, der dort herrschte. Sie nahmen nach seiner Ansicht das Leben zu sehr von der leichten Seite. Da gab es Mesalliancen, Scheidungen, Liebesabenteuer und allerlei Aussschweifungen. Durch die Eltern seines Freundes Groll fand er Eingang bei der berühmten Schau-

spielerin *Emilie Sagani,* die mit ihrem Ehemann in Scheidung lebte und in nahen Beziehungen zum Intendanten stand, den sie heiraten wollte.
Als Jakob eines Nachmittags bei ihr eingeladen war, wurde er mit großer Liebenswürdigkeit empfangen und dem Intendanten vorgestellt, der gerade dabei war, sich zu verabschieden. Kurz darauf erschien der bejahrte Besitzer und Gründer einer weltbekannten Bank, Geheimrat Ben Adler. Ein Mann, der im Gelde schwamm und nicht wenig stolz darauf war, sein Unternehmen von kleinen Anfängen zu einem der bedeutendsten Geldinstitute entwickelt zu haben. Er suchte Anschluß an die Gesellschaft, es war sofort zu erkennen, daß ihm hierzu auch Frau Sagani dienen sollte. Für sie war es auch nicht gleichgültig, von einem so bedeutenden und reichen Manne, wie es Geheimrat Adler war, verehrt zu werden, sie ließ es sich also gefallen.
Die nachfolgende Unterredung zeigte nun, wes Geistes Kind dieser Krösus war:
Als er dann auf die nahe Verwandtschaft zwischen Mensch und Schwein zu sprechen kam, was schon die gleiche Art der Fortpflanzung beweise, wurde es Frau Sagani peinlich, und sie verabschiedete den etwas verblüfften Jakob. Sie begleitete ihn hinaus, vor dem großen Wandspiegel umfing sie ihn und betrachtete das Spiegelbild, es sollte aus einer Schauspielszene „Frau mit verliebtem Jüngling" sein. Jakob hatte noch öfters Gelegenheit, Frau Sagani im Theater zu begegnen. Ihre Herzlichkeit war rührend, und sie sorgte persönlich dafür, daß Jakob, wann er es wünschte, die besten Theaterkarten erhielt. Jakob wurde bald auch mit den Intrigen innerhalb des Theaters bekannt.
Frau Sagani war sich ihres Einflusses auf den begabten, aber wenig energischen Intendanten bewußt und nützte das weidlich aus. Indes nicht nur sich selbst verschaffte sie sich die besten Rollen, für die sie eigentlich schon zu alt war, sie setzte sich auch für ihre Verwandtschaft und deren Freunde ein, das war ohne Zweifel ein Zeichen ihrer Gutmütigkeit und ihres Willens allen Menschen zu helfen, soweit es in ihrer Macht stand. Leider bekam dies dem Theater schlecht. Es sank in seinen Leistungen ab, man wunderte sich über neue Kräfte, die enttäuschten, und klagte über die offensichtliche Überalterung. Schließlich mußte der Intendant zurücktreten. – Walter Groll stand unter dem Einfluß seiner Verwandtschaft und wetterte gegen Intrigenspiele, die es nach Meinung von Jakob gar nicht gab.

Jakob bewohnte in einem Berliner Vorort ein Zimmer bei der Familie Grusemann. Er fühlte sich dort sehr wohl und geborgen, denn man konnte ihn gut leiden, und er nahm an den Freuden und Sorgen der Familie regen Anteil. Herr Grusemann erlitt beruflich Schiffbruch, paßte sich aber zusammen mit seiner tapferen Frau, die bessere Zeiten erlebt hatte und von Haus aus sehr verwöhnt war, den veränderten Verhältnissen an. Ihre sechs Kinder bereiteten ihnen nicht nur Freude. Die drei Söhne wollten nichts Rechtes lernen, stellten jedoch in der Praxis ihren Mann bis auf Rüdiger, den Jüngsten, der die Schlosserei erlernte und seine Kenntnisse bei Einbrüchen erprobte. Er wurde ertappt und ins Gefängnis gesteckt. Als Jakob nach den Ferien wiederkam, hieß es, Rüdiger sei nach Amerika ausgewandert. Er stand indessen so gut mit der Familie, daß ihm Frau Grusemann bald die Wahrheit sagte.
Die drei Töchter waren prächtige Mädchen. Jakob ging in den nahegelegenen Seen mit ihnen zum Schwimmen, nur durfte die Mutter nicht allzuweit weg sein, das glaubte sie der Etikette schuldig zu sein. Die Mädchen waren vorzügliche Schwimmerinnen. Jakob mußte seinen Mut zusammennehmen, um so weit wie sie in den See hinauszuschwimmen.
Der Heimweg wurde zu Fuß angetreten, nach einstündigem Marsch mit munteren Gesprächen, war man wieder zu Hause. Die Verbindung mit der Familie Grusemann brach nicht so bald ab, noch nach vielen Jahren hörte man voneinander. Wie nützlich sich die Schwimmkünste einmal erwiesen, zeigte sich an der ältesten Tochter Annemarie: Mit vielen anderen Mädchen fuhr sie im Unterdeck eines Motorbootes, als es zu einem Zusammenstoß mit einem anderen Schiff kam, dessen Steuermann betrunken war. Annemarie sah, wie das Schiff sich in ganz kurzer Zeit zur Seite neigte, und wie durch den Zusammenstoß durcheinandergewürfelte Menschen an ihren Beinen vorübergetrieben wurden. Sie konnte aber unter Wasser die Luke finden, über Deck springen und mit nur wenigen Leidensgenossen schwimmend das entfernte Ufer erreichen.
Wenig Glück hatte Helene, die zweite Tochter. Sie war ein besonders hübsches, frisches Mädchen, an dem Jakob Gefallen fand. Nur der Gedanke an Ursula hielt ihn davon ab, sich in sie zu verlieben. Kurz nachdem er Berlin verlassen hatte, erhielt er die traurige Mitteilung ihrer Mutter, sie sei an den Folgen einer fehlerhaft ausgeführten Halsoperation gestorben. Er erschrak darüber, wie schnell und unbarmherzig das Schicksal zuschlagen konnte und war aufrichtig bestürzt.

Die dritte Tochter Grusemann heiratete in jungen Jahren einen bedeutend älteren Mann. Alles war erfreut über die gute Partie, die der ganzen Familie zugute kam. Die Ehe zerbrach und wurde geschieden, dann erst fand sie das Glück in einer neuen Ehe mit einem geliebten Mann.
Mit Walter Groll konnte Jakob über alles sprechen, was die jungen Leute bewegte. Sie besuchten auch politische Versammlungen. Bei einer solchen Gelegenheit riß Jakob ein Plakat von der Mauer, das üble Hetztiraden enthielt. Im Nu war er von Versammlungsteilnehmern umgeben, die Drohungen gegen ihn ausstießen. Einer erhob seinen schweren Stock, um ihn auf Jakobs Kopf niedersausen zu lassen. Er war in höchster Gefahr und erinnerte sich noch lange an das haßverzerrte Gesicht mit groben Zügen, einer platten Nase und wulstigen Lippen. Doch es kam nicht soweit, der Mann bekam Angst und nahm seinen Prügel herunter. Hätte er zugeschlagen, so wäre die ganze Meute über Jakob hergefallen. Nicht auszudenken, was hätte geschehen können. Walter schubste ihn weg: „Geh doch – das hat keinen Sinn, du kannst dein Leben für bessere Dinge einsetzen, wenn es einmal sein muß!"
Er hatte recht, das Vorkommnis war Jakob eine gute Lehre für immer. Die Verbindungsbrüder wurden scharf unter die Lupe genommen. Sie stammten aus allen Teilen Deutschlands und aus allen Gesellschaftskreisen, soweit es eben die wirtschaftlichen Verhältnisse zuließen. Es waren feine Burschen dabei, zu denen sich Walter und Jakob hingezogen fühlten, aber auch Subjekte, die man nach Möglichkeit mied, soweit dies eben innerhalb einer geschlossenen Gesellschaft tunlich war. Lernen wollten alle etwas, nur fing der eine früher, der andere später damit an. In sexuellen Dingen, die eine Männergemeinschaft stets stark beschäftigt, zeigte sich die Kinderstube, also die Erziehung durch das Elternhaus. Manche waren gewohnt, von Zeit zu Zeit mit einem Mädchen in einem Hotel abzusteigen. Die beiden Freunde konnten das nur schwer verstehen und Walter, der bereits eine Freundin hatte, lehnte intime Beziehungen vor der Hochzeit ab.
Hochzeit – hohe Zeit – man soll sie nicht vorwegnehmen.
Freilich konnte man sich nicht darüber hinwegsetzen, daß sich mit den Zeiten auch die Ansichten ändern, und manches, was noch vor kurzem verpönt war, auf einmal üblich wurde, oder wenigstens nicht mehr als Stein des Anstoßes galt.
Wenn Angehörige der weißen Rasse mit sechzehn Jahren mannbar wer-

den, sollten sie eigentlich auch berechtigt sein, Ehen mit gleichaltrigen oder sogar jüngeren Frauen zu schließen. Dies ist auch der Fall, wenn die Umstände es ermöglichen, so bei den Buren in Südafrika. Da verfügten aber die Männer in diesem Alter bereits über Haus und Hof, als Voraussetzung einer Familiengründung. Andererseits bestehen bei Naturvölkern in Afrika ganz strenge Gesetze. Wer zu Unzeiten einer Frau beiwohnt, somit gegen die Gesetze verstößt, wird den wilden Tieren zum Fraß vorgesetzt. Menschen sind nun einmal anders als Tiere und unterstehen besonderen Gesetzen. Die Frage: was ist natürlich? wird man nie beantworten können.

Ein Briefwechsel zwischen Jakob und Ursula bestand nicht, aber Freund Alfred richtete getreulich Grüße aus, die allerdings lediglich zur Kenntnis genommen wurden. Aufenthalte in Hoynhausen gaben wenig Aufschlüsse, da sie nur Besuche von Haus zu Haus ermöglichten. Jakob gewann jedoch den Eindruck, es habe sich nichts geändert, denn Ursula verhielt sich zwar so freundlich und herzlich wie immer, war aber vielleicht noch mehr auf Abstand bedacht als früher.

Jakob sollte seine Studien ein Jahr lang in England fortsetzen, um andere Verhältnisse kennenzulernen und seine englischen Sprachkenntnisse zu erweitern. Sein Vater empfahl ihn an eine deutsche Familie, wo er die erste Zeit auch wohnen sollte. Herr *Himmer,* mit den Sellmayers verwandt, stand in geschäftlicher Verbindung mit der Hoynhausener Fabrik und war zugleich als bayerischer Konsul hoch angesehen. Er war eine stattliche Erscheinung mit weißmelierten Schläfen und gewählten Umgangsformen. Mit seiner wesentlich jüngeren Frau *Lotte* hatte er zwei Söhne, die englische Schulen besuchten, zu Hause hingegen wurde nur deutsch gesprochen. Sie hatte verhältnismäßig spät geheiratet und mochte 38 Jahre alt sein. Für allgemeine Begriffe also noch jung, für Jakob und seine Altersgenossen im besten Alter, was besagen soll: eine reife Frau. Das war sie auch, sehr attraktiv, ein dunkler Typ, fast etwas exotisch anmutend, intelligent – sie betätigte sich mit Erfolg schriftstellerisch, – nicht mehr ganz schlank, mehr mütterlich und mollig. Jakob überlegte sich: Sie muß schon immer großen Eindruck auf Männer gemacht haben, warum hat sie nicht früher geheiratet? Gelegenheit hätte sie sicher gehabt. Er konnte es sich schwer vorstellen, daß sie als Jungfrau in die Ehe getreten sei. Bald war er vertraut mit ihr, und sie erzählte ihm von ihrer Freundschaft mit einem Dichter, der mit einem – allerdings scharf umstrittenen Roman- einen Riesenerfolg hatte. Er mußte von übersprudelndem Temperament gewesen sein und Eindruck auf die Frauen, sicher auch auf sie, gemacht haben. Anders ausgedrückt – ein Herzensbrecher oder Frauenheld. Daß auch sie voller Lebenslust gewesen, gab sie ohne weiteres zu, das liege am rheinischen Temperament ihrer Familie.

Jakob weilte oft im Hause Himmer, und da der Hausherr viel verreiste, und in dem vor der Stadt liegenden Haus, außer Lotte und den Kindern nur noch ein Dienstmädchen war, beruhigte es ihn, wenn Jakob solange das Haus hütete, wo immer sein Zimmer bereit stand. Das tat dieser auch gern, und er freute sich immer auf die gute, häusliche Bewirtung und die Unterhaltung mit Lotte, die ihm gerne ihr Herz ausschüttete. So einmal, als ihr Mädchen zwei Tage ausblieb, hundeelend nach Hause kam ohne überzeugend sagen zu können, wo sie gewesen war. Es bestand kein Zweifel darüber, daß es sich um eine Abtreibung handelte. Marie, dem Mädchen, Vorwürfe zu machen, hätte keinen Zweck gehabt, man schwieg am besten. Aber das Problem blieb und es folgte ein abendliches Gespräch darüber.

Jakob nützte den Aufenthalt in England, um die industriellen und wirtschaftlichen Verhältnisse gründlich zu studieren. Er mußte dabei erkennen, wie sehr uns England auf allen Gebieten voraus war, mit welcher Überlegenheit es die Erde beherrschte. Die Stadt bot ihm viel Sehens- und Wissenswertes. Überall traten die großartige geschichtliche Vergangenheit und die machtvolle Gegenwart vor ihn hin. Er bekannte sich als neiderfüllt. Die Engländer selbst freilich machten ihm in ihrer allzugeschäftlichen Art keinen guten Eindruck. Solange Industrie und Handel in Blüte standen und eine mächtige Flotte alle Meere beherrschte, mochte es angehen, doch wehe, wenn sich einmal die unterjochten Völker erheben, um die Ketten zu sprengen! Er fühlte sich einsam in diesem Lande, freute sich deshalb mit anderen Deutschen zusammenzutreffen, denn erst in der Fremde weiß man den Wert gemeinsamer Sprache und gemeinsamer Herkunft zu schätzen. So konnten Freundschaften viel schneller als in der Heimat geschlossen werden, sie blieben zum Teil auch noch später erhalten. Allerdings waren Menschen nicht deswegen besser, weil sie Landsleute waren; gerade die Leichtigkeit, mit der man mit ihnen bekannt werden konnte, barg viele Gefahren in sich. Manche Landsleute hatten es darauf abgesehen, Neuankommende „greenhorns“ über das Ohr zu hauen. – Darüber konnte Lotte eine Geschichte erzählen: Ihr Mann verbrachte zehn Jahre seines Lebens in Afrika, wo er zu Wohlstand gelangte, seine weitere Tätigkeit verlegte er dann nach England. Sein Erfolg veranlaßte seinen jüngeren Bruder, ebenfalls nach Afrika auszuwandern. Einige Tage hatte er Aufenthalt in London. Er traf in einer Gaststätte mehrere Deutsche, die sich um ihn bemühten und ihm reichlich Alkohol anboten, alles natürlich kostenlos. Zu später Stunde schlugen sie vor, noch ein anderes Lokal aufzusuchen. Sie fuhren kreuz und quer durch die Straßen der Stadt, und der junge Mann wußte nicht wie ihm geschah. Schließlich führten sie ihn in eine Wohnung, wo er vollständig ausgeplündert wurde. Nur mit den wichtigsten Kleidungsstücken versehen, wurde er dann weggebracht und in einer dunklen Gasse ausgesetzt. Am frühen Morgen brachten ihn Passanten zur Polizei und diese zu seinem Bruder, der ihn halb bestürzt, halb belustigt im Empfang nahm. Er machte ihm klar, daß er noch Glück hatte, nicht erschlagen oder in einen Kanal geworfen worden zu sein, wie es jede Nacht vorkomme.

– Doch was nun? Er wollte sich vor Schande das Leben nehmen, oder als Schiffsheizer Europa verlassen. Ohne alle Papiere, die man ihm stahl, war dies ein aussichtsloses Unterfangen. Also blieb nichts anderes übrig, als sich mit dem nächsten Schiff wieder zurückschicken zu lassen. Er wanderte später nach Nordamerika aus, wo er eine bescheidene Existenz aufbauen konnte. Himmers Kinder wurden die Erben seines kleinen Vermögens.

Mit *Erich Wegmann,* einem ehemaligen deutschen Korpsstudenten, befreundete sich Jakob. Er hatte gegen den Wunsch seiner Eltern, Henriette, eine um mehrere Jahre ältere Jugendbekanntschaft aus Deutschland, geheiratet. Sie war geschäftstüchtig und beschaffte das Notwendigste für den gemeinsamen Haushalt. Da dies nicht viel war, verdiente er an den Wochenenden als Straßenkehrer oder Kellnergehilfe, wie es sich gerade traf, noch etwas hinzu. Jakob wollte mitmachen, um sich auch in anderen Kreisen umzusehen.

So zogen sie denn gemeinsam los. Arbeitsvermittlungsstellen gab es genug, die nächstbeste wurde aufgesucht. Ja – es bestünde Verwendung für zwei Straßenkehrer – nun warum nicht! Bald waren sie in eine Kolonne von Arbeitern verschiedenen Herkommens eingereiht. Jeder wurde mit einer Schaufel bewaffnet und bekam einen Handkarren, dann ging es los. Der Vorarbeiter zeigte jedem sein Arbeitsrevier, wo er seine zehn Stunden Schnee und Dreck aufladen und in eine Kanalöffnung leeren mußte. Man

überanstrengte sich nicht, es blieb allemal Zeit für eine nahrhafte Brotzeit oder zu einem Schwatz mit Leidensgenossen. Der hinter ihm erzählte ohne sich zu zieren, er sei vor kurzem aus dem Gefängnis entlassen worden und da man unter solchen Umständen nur schwer eine Dauerstellung bekäme, nehme er eben, was sich gerade anbietet.
,,Und du" meinte er, ,,warst wohl auch im Knast, Hochstapler, Scheckbetrüger oder so was?"
Anscheinend traute er Jakob in Anbetracht seines gepflegten Aussehens, obwohl er sich Mühe gab das Schäbigste anzuziehen, lediglich Kavaliersdelikte zu.
Am Samstagabend, nachdem sie sich zweimal zehn Stunden abgerackert hatten, wurden die beiden fürstlich entlohnt und eilten zu einem guten Abendessen bei Frau Henriette. Diese Frau gab Jakob Rätsel auf. Wes Geistes Kind war sie? Als hübsch konnte man sie nicht bezeichnen, wenn auch nicht gerade als häßlich, aber schlechte Zähne stoßen in diesem Alter ab. Sie wurde im Laufe des Abends sehr zutraulich, und als er zu später Nachtzeit aufbrach, herzte und umarmte sie ihn heimlich. Sie erschien ihm ausgesprochen mannstoll, mit nymphomanen Anlagen. Ihr späteres Leben schien diese Vermutung zu bestätigen.
Die Arbeitsausflüge mit Erich an den Wochenenden wurden wiederholt. Mehrere Nächte arbeiteten sie in einem Restaurant, wo zehn Stunden lang die Tische der Gäste abgetragen und mit einem Lappen gereinigt wurden. Zur ruhigen Zeit, zwischen 2 und 4 Uhr morgens, mußte der Boden gründlich aufgewischt werden. Trinken und essen konnte man zwischendurch nach Belieben. Für junge Leute ein begehrter Job, aber die beiden überkam ein Gruseln, als sie hörten, daß viele dieser Beschäftigung jahrelang nachgingen. Tagsüber wurde geschlafen, so verging die Zeit wie im Traum, doch es war kein richtiges Leben, wenn auch der Verdienst reichlich und die Lebenshaltungskosten sehr gering waren. Manche hielten aus, ohne zu verkommen, und eröffneten dann mit dem Ersparten ein eigenes Speiselokal.
Auch Erich und Jakob verschliefen den Tag, dann wurde mit Frau Henriette ausgelassen gefeiert. Wenn sich auch Jakobs erster Eindruck bestätigte, so wollte er doch nicht die Bekanntschaft abbrechen. Ihre Herzlichkeit war nicht gespielt, und sie wollte das Beste. Bald verließen die beiden England, und Henriette errichtete in der Heimat ein eigenes Geschäft, das sie mit Geschick und Erfolg leitete. Erich kehrte allein nach England zu-

rück, die Ehe wurde gelöst. Henriette beschäftigte in ihrem Laden junge Männer. Wer ihr am besten gefiel, wurde zum Bettgenossen erwählt. Zu ihrer Ehre sei gesagt, daß sie den Auserwählten nicht nach Belieben wechselte, sondern alles versuchte, ihn an sich zu binden. Sie wollte nicht nur selbst glücklich sein, sondern auch beglücken. Auf die Dauer konnte das freilich keine Lösung sein. Jakob blieb diese sonderbare Frau für immer in Erinnerung, aber nicht mit Verachtung, sondern mit menschlichem Verständnis und Vergebung.

Eines Tages wurde Jakob von Herrn Himmer gebeten, seine Familie und sein Haus zu hüten. Er müsse verreisen und es sei für ihn immer eine große Beruhigung, wenn er sein Heim in männlicher Hut wisse. Jakob erinnerte sich an seinen letzten Besuch, als es einen kleinen Familienstreit gab. Lotte stellte ihr neuestes Kleid vor, das nach allen Seiten zu stark ausgeschnitten war und ihre reifen Formen allzu deutlich erkennen ließ. Ohne Zweifel war es für ihr Alter von immerhin achtunddreißig Jahren zu jugendlich. Ihr Mann machte ihr Vorwürfe, worauf sie sich vor Jakob stellte und fragte: „Meinst du das auch Jakob?“ Er mußte sie natürlich in Schutz nehmen, worauf Herr Himmer versetzte: „Wenn du Jakob frägst, was soll der anderes antworten! Im übrigen bin ich dir dankbar, wenn du nicht ganz nackig herumläufst.“

Am Abend der Abreise von Herrn Himmer kam also Jakob und wurde von Lotte freundlich begrüßt. – Tatsächlich, sie hatte das neue Kostüm an, es sollte wohl eine Art Abendkleid sein. Sie sah entzückend und fast jung aus. Nach dem Abendessen, die Kinder waren bereits ins Bett geschickt, blieben die beiden noch sitzen und unterhielten sich. Sie berührte des öfteren seine Hand und dankte ihm, daß er freundlicherweise wieder das Haus bewachen wolle. Übrigens wäre es doch ein besserer Schutz für sie, wenn er im Zimmer neben ihr schlafen würde, nicht in dem abgelegenen Gästezimmer. Jakob stutzte etwas, er konnte das zwar nicht verhindern, aber was sollte er denn behüten – sie oder das Haus?

Da kam ihm blitzschnell der Gedanke:

Welche Absicht hatte ihr Mann – traute er ihr nicht? Sollte er Aufsichtsperson sein? – Nein, das war doch gänzlich ausgeschlossen!

Als es Zeit war, sich zur Ruhe zu begeben, brach Frau Lotte auf, er führte sie die Treppe hinauf. Das Zimmer neben dem ihren war für ihn gerichtet. Als sie die Tür zu ihrem Gemach öffnete, ließ Jakob ihren Arm los, sie gab ihm aber so deutlich zu erkennen, er möge mitkommen, daß er es tat.

Wäre es nicht eine schwere Kränkung gewesen, hätte er anders gehandelt? War sie doch die viel Ältere und eine reife, mütterliche Frau! Das Zimmer war nur spärlich von nebenan beleuchtet. Sie machte kein Licht, zog ihn aufs Bett, küßte und umarmte ihn. „Machs dir bequem", dabei nestelte sie an seinem Anzug und warf selbst ihr Kleid ab.
Jakob war noch nie in seinem Leben einer Frau so begegnet. Er war aufs höchste erregt, doch blieb ihm keine Gelegenheit zur Besinnung. Als sie eng aneinander geschmiegt lagen, so wie sie geschaffen waren, ließ er alles über sich ergehen. Gerade seine Unschuld reizte die erfahrene Frau.
Am Morgen lag Jakob in seinem Bett und überlegte: Was war geschehen? Das war doch unmöglich, sollte er sich so vergessen und das Vertrauen von Herrn Himmer so mißbraucht haben? Dachte er denn gar nicht an Ursula, die er liebte? War es Wirklichkeit, war es Traum? Er stand auf und frühstückte, Lotte ließ sich nicht blicken, und er sah sie erst nach vielen Wochen wieder.
Als er nach einem weiteren halben Jahr London verließ, so nicht ohne reiche persönliche und berufliche Erfahrungen fürs ganze Leben. Nach Abschluß seiner Studien in Deutschland, bereitete er sich in verschiedenen Stellungen für die praktische Ausübung seines Berufes vor mit der Absicht, sich bald in einem industriellen Unternehmen selbständig zu machen.
Wie erging es inzwischen seinem Bruder *Wilhelm?*
Noch einen Tag vor seiner Abreise machte er einen Abschiedsbesuch bei der Familie Euler. Er traf die beiden alten Herrschaften an und auch Ursula erschien. Sie begleitete den Gast voller Freundlichkeit und Liebreiz hinaus. Mehr war allerdings trotz seiner Bemühungen während der kurzen Zeit, die ihnen allein beschieden war, nicht aus ihr herauszubringen. Wie sehr er ihr zugetan war, mußte sie wissen, ihre innere Einstellung aber war in Dunkel gehüllt.
Mit vielen Wünschen und manchen Ermahnungen wurde er von seinen Eltern und Freunden in Hoynhausen verabschiedet, um die Reise nach Paris anzutreten. Er saß im Zug nach Paris, ihm gegenüber bemerkte er einen Franzosen, allem Anschein nach einen Handelsvertreter, wenigstens ließen seine Gespräche darauf schließen. Wilhelm redete ihn auf französisch an, er beherrschte es zwar nur mangelhaft, doch die Art und Weise wie er gleich eine Unterhaltung begann, gab ihm am besten die Gewähr, sich bald die notwendigen Kenntnisse in dieser Sprache anzueignen. Es

stellte sich heraus, daß Wilhelm richtig vermutete und Monsier Petit Vertreter war, freilich ein ganz besonderer. Er verpflichtete für ein großes Pariser Zirkusunternehmen in allen Ländern Fachkräfte. Sein Weg hatte ihn bereits durch Afrika, Rußland und viele europäische Länder geführt. Er erzählte von guten Erfolgen, aber auch von lebenbedrohenden Abenteuern mit Schwarzen in Afrika und von den vielen Völkerschaften in den schier unendlichen Weiten des asiatischen Rußland. Neben dem Zirkusvertreter saß eine junge Französin, schwarzer Typ, Halbblut, starke Schminke im Gesicht, bemalte Augen, von ihrem Nachbarn wurde sie Jeanne genannt. Die Fahrt währte lange und war anstrengend, die Unterhaltung verkürzte die Zeit. Endlich näherte sich der Zug den Vorstädten von Paris und fuhr schließlich in den rauchgeschwärzten Bahnhof Montparnasse ein. Nicht ohne die freundliche Aufforderung seiner Gesprächspartner, sie zu besuchen, und den Austausch der Adressen, verabschiedete sich Wilhelm und begab sich zu seinem bereits bestellten Quartier an der Seine. Es befand sich nicht weit vom Palais Bourbon entfernt mit einem Blick auf dieses historische Bauwerk. Am nächsten Tag meldete er sich bei der Textilgroßhandlung von Jean Pierre & Cie. Monsieur Pierre, ein wohlbeleibter Herr in den fünfziger Jahren mit sorgfältig geordneten Haaren, die reichlichen Gebrauch von Pomade und Parfüm erkennen ließen, führte ihn zu seinem künftigen Arbeitszimmer, das er mit einem Herrn und einer Dame bis auf weiteres zu teilen hatte.
Wilhelm glaubte bald zu erkennen, daß der französische Textilhandel im Vergleich zum deutschen mit wenig Fleiß und Initiative betrieben wurde. Einem jungen deutschen Fachmann würden diese Gegebenheiten mithin gute Aussichten eröffnen. Er wollte sich dieses Geschäftes annehmen, sobald er die nötigen Erfahrungen an Ort und Stelle gesammelt hatte. Mit seinem Zimmerkollegen führte er lange Gespräche über geschäftliche Dinge, sie dachten an die Möglichkeit gemeinsamen Handelns, sei es auch in Konkurrenz mit ihrem Chef, dem sie nicht allzuviel zutrauten.
Bald merkte Wilhelm, warum alles einen so gemächlichen Weg ging, die Menschen so müde waren und die Geschäfte nicht florieren wollten: Die Ablenkungen in der Weltmetropole Paris waren zu groß, man kam kaum zur Besinnung, und wenn die Leute nach durchwachter Nacht das Büro betraten, fühlten sie sich zu schlapp, um einer geregelten Arbeit nachgehen zu können. Prinzipal und Angestellte waren sich da gleich, auch wenn der Chef in einer solchen Nacht das Doppelte oder Dreifache ausgab.

Wilhelm machte keine Ausnahme, sein Kollege lud ihn zu allen möglichen Veranstaltungen ein, wo es oft heiß zuging und allerlei lose Mädchen hinter den Herren her waren. In seiner Gutmütigkeit konnte er schwer nein sagen, und als sein Mitarbeiter über Geldmangel klagte, lieh er ihm mehr Geld als sein an und für sich reichlicher Monatsscheck zuließ. Er konnte es nicht lassen, mit seinen Mitteln zu prahlen, um damit eine Rolle in der zusammengewürfelten Gesellschaft zu spielen.
Nachdem er schon kaum mehr damit gerechnet hatte, erhielt er eines Tages eine Einladung von Monsieur Petit zur Eröffnung des von ihm vertretenen Zirkus mit anschließender Bewirtung. Es wurde ein rauschendes Fest, die Vorführungen waren großartig, natürlich durfte ein Damenballett nicht fehlen. In der Vortänzerin erkannte er Mademoiselle Jeanne, sein Gegenüber in der Eisenbahn. Bis auf einen kleinen Lendenschutz waren die Mädchen vollkommen nackt. Nur wer das Glück hatte, nicht gerade in den vordersten Reihen zu sitzen, dem blieben die Illusionen bewahrt. Nach Beendigung der Vorstellung ging es erst richtig an.
Das Publikum nahm in den angrenzenden prächtigen Räumen Platz, an langen Tischen waren die Speisen aufgelegt. Herrlicher Wein, der aber selbst bezahlt werden mußte, wurde eingeschenkt, und zahlreiche Kellner sorgten für immer gefüllte Gläser. Mit einiger Überraschung stellte Wilhelm fest, daß sich die Tänzerinnen von vorhin allmählich unter die Gäste mischten. Auch er war bald von zwei dunklen ,,Schönen" umgeben, die ihn zu immer weiteren Ausgaben animierten. Der Morgen graute schon, als das Publikum nach und nach aufbrach. Wilhelm war seiner Sinne kaum mehr mächtig, als er von den Mädchen zu neuen Geldausgaben hinweggeführt wurde.
Am nächsten Tag im Kontor war er elend, niedergeschlagen und beschämt. So ging es monatelang weiter. Da er mehr Geld ausgab, als ihm zur Verfügung stand, mußte er wiederholt seine Eltern um zusätzliche Überweisungen bitten, um nicht peinlichen Situationen ausgesetzt zu sein. Als er auch immer wieder über seine schlechte Gesundheit klagte, ließen ihn seine Eltern wieder nach Hause kommen. Er sollte zu seinem Vater in die Fabrik um sich dort einzuarbeiten.
Seine Eltern waren entsetzt über sein schlechtes Aussehen, als sie ihn am Bahnhof abholten. Nicht anders erging es ihm bei seinem Antrittsbesuch bei der Familie Euler. Ursula konnte ihre Bestürzung kaum verbergen,

alle Sympathie, die sie für ihn noch hatte, wich einem tiefen Mitleid, sonst konnte sie nichts mehr für ihn empfinden.
Nach einigen Wochen der Erholung, ging er mit seinem Vater in die Fabrik, wurde allen Mitarbeitern, soweit sie ihn noch nicht kannten, vorgestellt und bekam seinen Arbeitsplatz angewiesen. Sein Vater legte Wert darauf, ihn möglichst bald in die vielfältigen Bereiche des großen Betriebs einzuarbeiten.

Die Nachfahren

Die Aktionäre, zugleich die Besitzer und Leiter der Fabrik, waren um diese Zeit die Brüder Sellmayer: *Georg* der Älteste war bereits zurückgetreten, spielte aber noch eine große Rolle im Aufsichtsrat. *Albert* stand bereits sein Sohn *Christoph* und *Martin* nun sein Sohn *Wilhelm* zur Seite. Ferner Herr Emanuel Euler, ein gewiefter Kaufmann, der die Anteile seiner Gattin, einer geborenen Fromm, vertrat. Christoph sollte einmal den technischen Betrieb leiten, dazu gehörte die Aufsicht über die Maschinensäle, die Beschaffung der Baumwolle und was sonst mit der Produktion zusammenhing. Wilhelms Aufgabe war, die Waren an den Mann zu bringen, also die Organisation des Verkaufs, nachdem gemeinsam mit seinem Vetter und dem gehobenen Verkaufspersonal die Auswahl der Waren erfolgt war. Die Stoffe wurden nicht zentral von der Fabrik vertrieben, dazu standen Vertriebsfirmen zur Verfügung, die weitgehend selbständig arbeiteten und für ihre Tätigkeit Provisionen erhielten. Der Hauptvertreter mit großer Branchenkenntnis und gutem Geschick war Herr Simon *Eschenberg,* dem man den Schwaben auf 20 Meter Entfernung ansah. Er sprach mit weitgeöffnetem Mund, so daß sein kräftiges, ein wenig gelbliches Gebiß, in voller Größe zu erblicken war. Seine schütteren Haare leuchteten rot, seine kräftige, etwas zu massive Statur ließ seine bäuerliche Herkunft unschwer erkennen.

Herr Eschenberg hatte einen Sozius, Herrn Max *Schulze,* der gerade das Gegenteil von ihm war: Norddeutscher, gepflegt, zierlich und sehr sensibel. Beide waren Junggesellen, obwohl in den besten Jahren, und führten einen gemeinsamen Haushalt. Im Gegensatz zu Eschenberg war sein Kompagnon sehr gebildet, verfügte über gute Manieren und war ein Meister des Stils. So ergab es sich, daß er im Innendienst tätig war, die Korrespondenz erledigte, Rundschreiben verfaßte und ähnlichen Aufgaben oblag, während Eschenberg in vorderster Linie stand, viele Reisen unternahm, um die Kundschaft persönlich mit seinen burschikosen, aber im ganzen genommen, erfolgreichen Methoden zu bearbeiten.

Die beiden hatten auch noch Personal, darunter einen jüngeren Mann namens Hans *Pomuffel,* er sollte noch eine Rolle in der Vertriebsgesellschaft „Eschenberg & Schulze" spielen. Sein Vater war Vorarbeiter in der Weberei, starb jedoch in jungen Jahren und ließ seine Frau und mehrere Kin-

der unversorgt zurück. Das hatte für Hans zur Folge, daß er die höhere Schule, die er ohne Zweifel gut hinter sich gebracht hätte, verlassen mußte, um eine Lehre bei Eschenberg & Schulze anzutreten. Hans war kein durchschnittlicher Mensch; bei guten Anlagen verstand er es während seiner mehrjährigen Tätigkeit, durch ein freundliches, einschmeichelndes Wesen und seine Brauchbarkeit das Vertrauen und die Zufriedenheit seiner Chefs zu erwerben. Doch damit und ein entsprechendes Gehalt war er bei weitem nicht zufrieden. Geld war die Triebfeder seines Lebens, alles andere wurde dem untergeordnet. Geld sollte ihm auch das Mittel sein, Einfluß zu gewinnen, eine gewisse Macht auszuüben, in den Augen der anderen zu glänzen und Neid zu erwecken.
Frauen spielten bei ihm keine große Rolle, es sei denn, sie verhalfen ihm zu dem, was ihm besonders am Herzen lag, Reichtum. So heiratete er eine Gastwirts- und Brauerstochter aus der Umgebung. Ihr Heiratsgut war beträchtlich und reichte zum Erwerb eines Wohnhauses. Es hätte wohl noch für eine Kutsche und einen Kutscher genügt, aber das würde zuviel Aufsehen erregt haben. Als kleiner Angestellter von „Eschenberg & Schulze" durfte er sich damit nicht in der Öffentlichkeit blicken lassen. Er führte keine schlechte Ehe, auch eine Tochter schenkte ihm seine Frau. Damit mußte es freilich genug sein, denn Kinder sind teuer und hinderlich, konnten also nach seiner Lebensüberzeugung keinerlei Vorteile bieten.
Es mußte irgend etwas geschehen, um aus den kleinlichen Verhältnissen herauszukommen: etwa ein Firmenwechsel, oder Selbständigkeit, er kam jedoch immer wieder zu der Überzeugung, daß er damit Risiken eingehen müßte, und die umging er grundsätzlich. Geschäfte, ja wo immer sie sich anbieten mochten, allein sie mußten sicher sein! Nicht er sollte das Risiko tragen, das mußte Sache seines Partners sein.
So war er denn entschlossen, mit dem Pfunde zu wuchern, das er sich durch seine Nützlichkeit bei „Eschenberg & Schulze" erworben hatte. Mit einer Gehaltsaufbesserung, die ihm Herr Eschenberg vielleicht zugestehen würde, wollte er sich allerdings nicht abspeisen lassen. Er wollte wie sein Chef die Kundschaft besuchen, um damit einen Teil der Provisionen für sich zu ergattern. Das zu besuchende Gebiet war groß, es könnte viel intensiver bearbeitet werden. Er als junger Mann würde sich noch ganz anders ins Geschirr legen, wenn ihm nur dazu die Gelegenheit geboten würde. Er arbeitete einen Plan aus, der seinen Chef davon überzeugen sollte, daß es nicht sein Schaden wäre, wenn er darauf einginge.

Herr Eschenberg hörte seine Rede mit Ruhe an, doch dann kam es aus seinem gewaltigen Mund: „Sie sind undankbar gegen mich, ich habe Sie doch gefördert, wo ich konnte, ich war es, der sie in die Kunst der Kundenbehandlung eingeführt hat! Sie sind noch zu jung, um eine so verantwortungsvolle Tätigkeit auszuüben. Was würden die Kunden sagen, wenn ich sie nicht mehr persönlich aufsuchte, wie in all den Jahren vorher? Über eine kleine Gehaltszulage ließe sich ja reden, aber nicht über eine so ausgedehnte Machterweiterung, wie sie Ihnen vorschwebt. Das ist Zukunftsmusik!"
Alle Gegenvorstellungen Herrn Pomuffels nützten ihm nichts. Er verließ das mit Teppichen ausgestattete Büro seines Chefs einigermaßen niedergeschlagen, um seinen Platz in den sehr viel bescheideneren Räumen der Angestellten einzunehmen.
Die Arbeit war ihm an diesem Tag vergällt, er kochte vor Wut. So ging es einige Zeit weiter, doch dann heckte er einen teuflischen Plan aus: Es war vielleicht außergewöhnlich, daß zwei so verschiedenartige Männer wie Eschenberg und Schulze, der eine ein Ellenbogenmensch mit überschüssigen Kräften, der andere zart und bescheiden wie eine Frau, zusammenlebten und jeden Verkehr mit Frauen ablehnten.
Auch im Geschäft war es ungeschriebenes Gesetz, keine weiblichen Angestellten zu beschäftigen, sogar fürs Briefeschreiben bediente sich Herr Eschenberg eines Herrn, und für den Haushalt sorgte der Kutscher. Das mochte in der Öffentlichkeit bisher gar nicht aufgefallen sein, Herr Pomuffel war daher nicht wenig stolz darauf, Umstände entdeckt zu haben, die als scharfe Waffe in seiner Hand benützt werden konnten. Eines Tages erhielten die Hauptkunden von „Eschenberg & Schulze" mit unbekanntem Namen unterzeichnete Briefe folgenden Wortlauts:
„Es ist mir höchst peinlich, Sie darauf hinweisen zu müssen, daß Ihr Geschäftsfreund, Herr Eschenberg von der Firma ‚Eschenberg & Schulze' nicht würdig ist, Ihr Vertrauen zu genießen. Sie könnten sich Unannehmlichkeiten zuziehen, wenn einmal in weiteren Kreisen durchsickern sollte, was in Hoynhausen allgemein bekannt ist: Herr Eschenberg lebt in einem homosexuellem Verhältnis zusammen mit seinem Kompagnon, Herrn Schulze."
Die Wirkung dieses Briefes mußte zu einer Zeit, in der diese Dinge nur mit abgrundtiefem Ekel beurteilt wurden, schockierend wirken. Als erste Reaktion traf der Brief eines Freundes ein, der tief empört über die schändli-

che Art und Weise war, wie hier versucht werde, an ehrenwerten Geschäftsleuten Rufmord zu verüben. Er selbstverständlich messe diesem anonymen Schreiben keinerlei Bedeutung zu. Es kamen andere Briefe, die ihr Bedauern zum Ausdruck brachten, daß die Inhaber von „Eschenberg & Schulze“ es nicht für notwendig hielten, ihr Leben so einzurichten, daß solche Gerüchte gar nicht entstehen konnten. Das waren Vorwürfe, die schwerer wogen als kurze Zuschriften, die sich mit wenigen dürren Worten jeden weiteren Besuch von Herrn Eschenberg verbaten. Am Schlimmsten aber war die Ungewißheit darüber, wie die Masse der Kunden, die sich überhaupt nicht äußerte, reagieren würde.

Wilhelm erfuhr sehr bald von dem Skandal. Er wußte nicht, wie er sich dazu stellen sollte. Einerseits schätzte er die Herren, wenn auch mehr ihrer Geschäftstüchtigkeit wegen, als aus persönlichen Gründen, andererseits fragte er sich, ob die Vorwürfe zu Recht bestünden, oder nur Verleumdungen wären. Wenn er sich das Leben der beiden Herren in Ruhe überlegte, so war wohl manches schwer verständlich, doch schließlich berechtigte das Zusammenleben zweier Herren keinesfalls zu so schwerwiegenden Folgerungen. Wäre es nicht zu den heimtückischen Anschuldigungen gekommen, so hätten sie weiterhin in Frieden leben können. Jetzt indessen war guter Rat teuer.

Wilhelm taten die beiden Herren leid, er ließ ihnen deshalb sagen, sie sollten das bevorstehende Wochenende in Ruhe verbringen, kommende Woche würde man dann weiter sehen. Im Büro rätselte man, von wem die Briefe kamen, es bestand keinerlei Verdacht, und den Gedanken, es könnte jemand aus dem eigenen Kreis sein, wies jeder weit von sich. So blieb nur die einzige Möglichkeit, daß die Konkurrenz dahinter stand, deren Erfolge sich in keiner Weise mit denen von „Eschenberg & Schulze“ messen konnten.

Inzwischen saßen die beiden Herrn in ihrem Wohnzimmer und ließen ratlos die Köpfe hängen. Schulze, körperlich labil und anfällig, war seelisch völlig zusammengebrochen. Er kauerte in seinem Eck des Sofas und erklärte, nicht mehr weiterleben zu können, er sei restlos am Ende, wüßte auch nicht, warum er den auf ihn einstürmenden Schwierigkeiten Widerstand entgegensetzen sollte. Ein sanfter Tod sei unter diesen Umständen vorzuziehen. Er habe genügend schnell wirkende Pillen, die eine angenehme Müdigkeit erzeugen und zu einem Schlaf führen, aus dem es kein Erwachen mehr gibt.

Eschenberg wollte ihn von diesem Vorhaben abbringen, er sei mehr für Kampf, man müsse dem Schicksal trotzen. Schulze stand aber unter einer so schweren Depression, daß alles Zureden nutzlos war und ihn von seinem festen Entschluß nicht mehr abhalten konnte. Eschenberg meinte schließlich, sie hätten gemeinsam gelebt, er würde es allein nicht ertragen, so gebe es nur die eine Lösung, gemeinsam zu sterben. Er sei sein Freund, ohne ihn hätte er niemand, an den er sich halten könnte. Seine beiden Schwestern seien in einem Kloster ohne ihn glücklich und gottergeben. Plötzlich durchzuckte ihn ein Gedanke: ,,Max, weißt du nicht, daß wir uns gegenseitig beerben? Sterben wir gleichzeitig, so erhält deinen Nachlaß deine Schwester, die ihn nicht braucht, und mich beerben meine Schwestern zugunsten der katholischen Kirche." ,,Du hast ganz recht, Simmerl, ich muß zuerst sterben, du gehst morgen zum Notar, um unseren Lieblingsplan zu verwirklichen, unser Geld zur Gründung einer Pensionskasse für unsere Angestellten festlegen zu lassen." ,,Ich würde lieber mit dir sterben" meinte Eschenberg, und Tränen, wohl zum ersten Mal seit vielen, vielen Jahren, traten dem harten, scheinbar so gefühlsarmen Manne in die Augen. Nun gab es für Schulze kein Halten mehr, hilflos und unglücklich wie ein krankes Kind suchte er Stütze und Trost bei seinem Freunde. So verbrachten sie einige Zeit, es mochte eine halbe oder eine ganze Stunde gewesen sein, dann sagte Eschenberg: ,,Was haben wir davon, wenn alles so geschieht, wie wir es uns denken, wollen wir nicht doch zusammen sterben? Dann ist alles vorüber und es ist gleichgültig, ob deine Schwester, die katholische Kirche, oder die Angestellten unseren Nachlaß erhalten, wir wissen nichts mehr davon".

,,Nein, noch leben wir, es wird unsere letzte Freude sein, in der Gewißheit einzuschlafen, daß unser Wunsch in Erfüllung gehen wird. Du hast es schwieriger, ich weiß, aber du hast noch genügend Kraft, du bist der Stärkere, tu, um was ich dich bitte!"

Eschenberg konnte nicht mehr widersprechen, fast war es ihm wie einem Vater, der von seinem kranken Kind um etwas gebeten wird. Er bestellte beim Diener einen warmen Brei, dann saßen sie zum letzten Mal gemeinsam am Tische.

Schulze fragte ,,Willst du nicht lieber in dein Zimmer hinübergehen, bis auch das vorüber ist?"

Nein – er wollte bei ihm bleiben. In den Brei wurde das Gift gemischt, ein starkes Schlafmittel in unfehlbar hoher Dosis. Eine Weile verharrten beide, Eschenberg legte seine schwere Rechte auf die Schulter seines Freundes: „Ich habe dir viel zu verdanken, du hast mich als einziger Mensch verstanden, bald wird uns das ewige Nichts umfangen". Schweigsam löffelte Schulze den wohlschmeckenden Brei aus, dann legte er sich ins Bett. – Als Eschenberg nach einer Viertelstunde nochmals nach ihm sah, fand er ihn tief schlummernd. Am anderen Morgen schickte Eschenberg nach einem Arzt, der den Tod bescheinigte, dann ging er zum Notar, um die Erbfolge und das Vermächtnis zu regeln. Sein letzter Weg galt der Friedhofsverwaltung, wo er alle Vorkehrungen für ein Doppelbegräbnis traf. Damit war auch sein Werk beendet. Zu Hause nahm er wie sein Weggenosse den Schierlingsbecher und legte sich zur ewigen Ruhe.

Die Kunde von dem tragischen Tod der beiden Herren verbreitete sich bald in der ganzen Stadt. In der Fabrik und bei der Firma „Eschenberg & Schulze" herrschte helle Aufregung. Die Vorbereitungen für die Beerdigung mußten getroffen werden, wobei erhebliche Schwierigkeiten zu überwinden waren, da es sich um Selbstmörder handelte.

Die katholische Kirche lehnte ihre Mitwirkung strikte ab, schließlich erklärte sich ein junger evangelischer Geistlicher bereit, den kirchlichen Segen zu erteilen. Alle Bemühungen, die Beerdigung in engen Grenzen zu halten und die Zuschauer abzuwehren, schlugen fehl, eine große Menge war erschienen, sie wollte sich nicht davon abhalten lassen, dieses Schauspiel mitzuerleben.

Der junge Geistliche fand die richtigen Worte über zwei arme einsame Menschen, die keine Kraft mehr für einen weiteren Lebenskampf fanden. Gott möge ihnen verzeihen und sie gnädig in sein Reich aufnehmen.

Dann sprach Herr Pomuffel voll innerer Anteilnahme über das Leben der Dahingeschiedenen. Er wußte das Mitgefühl der Trauergemeinde zu erwecken, als er die menschliche Güte der beiden hervorhob, die in erster Linie das Wohl ihrer Angestellten im Auge hatten, als sie ihre Firma zur Blüte brachten. Schließlich besiegelten sie ihr Lebenswerk durch eine großherzige Stiftung zugunsten aller Mitarbeiter.

Der Friedhof leerte sich, in kleinen Gruppen verliefen sich die Leidtragenden und Neugierigen. Lokale wurden aufgesucht, wo die Gespräche eine Fortsetzung fanden, doch nicht mehr in dem bisherigen niedergeschlagenen Ton, die Stimmung hob sich allmählich, und der Alkohol tat das seine, um den eigentlichen Grund des Beisammenseins bald in Vergessenheit geraten zu lassen.

Herr Pomuffel ging nach Hause zu seiner Frau. Er hatte eine gute Rede gehalten, das belebte seine Stimmung, andererseits lastete das Geschehen doch schwer auf ihm. Einen solchen Ausgang hatte er nicht für möglich gehalten und bestimmt nicht gewünscht. Aber seine Wege würden sich nun in nie geahnter Weise ebnen. Für Herrn Sellmayer war er unentbehrlich, denn als einziger war er mit allen geschäftlichen Angelegenheiten vertraut, nur er hatte die Initiative, damit die Maschinerie des Vertriebes nicht ins Stocken geriet. Freilich gab es noch andere Persönlichkeiten, älter und erfahrener als er, die einem Betrieb wie „Eschenberg & Schulze" vorstehen konnten und die Voraussetzungen hierfür erfüllten. Doch er war seit Jahren darauf bedacht, das Vertrauen, ja die Zuneigung der Herren Sellmayer, namentlich des jüngeren, zu erwerben. Die Bemühungen, seine Leistung ins beste Licht zu rücken, seine Dienstfertigkeit bei jeder sich bietenden Gelegenheit, ja seine gespielte Unterwürfigkeit, konnten ihren Eindruck sicher nicht verfehlt haben.
Er hielt Zwiesprache mit seiner Frau, die ihm indes auch nicht helfen konnte, sein belastetes Gewissen zu erleichtern. Da faßte er einen schnellen Entschluß: Er packte seine Sieben-Sachen und ging hinüber in die Fabrik zu den Räumen der Firma „Eschenberg & Schulze". Er stöberte in den Unterlagen, um nur bestätigt zu sehen, daß er mit allen Vorgängen vertraut war. Bald steckte er so in der Arbeit und war so von neuen Plänen erfüllt, daß er erst nach einigen Stunden, als schon die Dämmerung hereinbrach, nach Hause kam. Niedergeschlagenheit und Schuldbewußtsein waren verflogen, was war, das war gewesen, neue Aufgaben harrten seiner.
Zur gleichen Zeit ereigneten sich in der Fabrik noch andere Dinge, die aber getreue Mitarbeiter betrafen. Herr *Prenzel* diente der Firma schon viele Jahre als Buchhalter. Die Chefs hielten große Stücke auf ihn. Er war Pfarrerssohn, stammte aus dem hohen Norden und war eingefleischter Junggeselle. An seinem fachlichen Können bestand kein Zweifel. Für seine Bilanzen wandte er viel Zeit und Arbeit auf, sie stimmten aber auch unfehlbar. Morgens früh war er der erste im Kontor, abends der letzte.
Oft arbeitete er halbe Nächte. Nur nach dem Mittagessen pflegte er einige Stunden wezubleiben, um Kaffee zu trinken und sich auszuruhen. Sein zurückhaltendes, immer höfliches Wesen strahlte Zuverlässigkeit aus, an einem solchen Menschen konnte kein Arg sein.

Sein privates Leben war allerdings ein Rätsel; sollte vielleicht sein ausgesprochenes Junggesellentum auf eine Anormalität zurückzuführen sein? Kann sich ein normaler Mensch so ganz auf sich zurückziehen? Der Geschäftsleitung kamen manchmal solche Zweifel, aber Herr Prenzel blieb immer derselbe, und solange er im Betrieb arbeitete, fiel nichts auf, das Zweifel hätte erwecken können.
Eines Morgens eilte seine Hausfrau, bei der er ein bescheidenes Zimmer bewohnte, aufgeregt ins Büro. Es sei etwas Schreckliches passiert, Herr Sellmayer solle sofort in die Wohnung von Herrn Prenzel kommen. Herr Sellmayer nahm seinen nächsten Mitarbeiter, Herrn *Wehrle* mit. Sie gingen zusammen zu der nicht weit entfernten Wohnung. Was sie da erwartete, war entsetzlich. Herr Prenzel hatte sich an seinem Bettpfosten erhängt. Die beiden standen fassungslos da, Herr Sellmayer war zu keiner Äußerung fähig, Herr Wehrle bedeckte seine Augen und weinte.
Als sich Herr Sellmayer einigermaßen gefaßt hatte, näherte er sich dem Gehängten. Aus seiner Westentasche stak ein Brief hervor, den Herr Sellmayer ergriff, er enthielt eine Vorladung der Polizei wegen fortgesetzten unsittlichen Umgangs mit Kindern. Das also war das Geheimnis um seine Persönlichkeit! Er konnte es mit seinem Gewissen nicht vereinbaren, weiterhin zu leben.
Daß Herr Prenzel einen Bruder hatte, erfuhr die Firma erst jetzt, als dieser mit seiner Frau auf die Todeskunde hin kam, um sich schleunigst die Hinterlassenschaft zu sichern. Von ihm erfuhr man etwas über das tragische Vorleben seines Bruders. Er hatte Medizin studiert und in einer Kinderklinik unsittliche Handlungen an kleinen Patienten vorgenommen. Er hatte seinen Beruf aufgeben müssen und war Buchhalter geworden.

Ein schweres Schicksal war auch Herrn Wehrle beschieden, dessen Namen schon erwähnt wurde. Er war der uneheliche Sohn einer Bauernmagd aus einem nahegelegenen Dorf, sein Vater war Theologiestudent, wagte es aber nicht, zu seiner Tat zu stehen. Er war ehrgeizig und hatte sich bereits mehrmals durch vorzügliche wissenschaftliche Arbeiten ausgezeichnet, er durfte seine Karriere nicht verderben. Was sollte er mit einer Bauernmagd als Frau? Dieses Mädchen konnte jedoch nicht mit den üblichen Maßstäben gemessen werden, zwar blieb es auf dem Hof seines Bruders, doch verfügte es nicht nur über einen gesunden Menschenverstand, sondern hatte mehr Witz als seinesgleichen. Außerdem begriff die junge Magd alles

sofort, konnte sich, wenn es darauf ankam, gewählt ausdrücken und war groß im Kopfrechnen.
Man wollte ihr später den Weg zum sozialen Aufstieg ebnen, sie hätte es in vielen Berufen zu etwas gebracht. Da indessen hatte der Theologiestudent sie schon verführt, und es blieb ihr im Hinblick auf das Kind nichts anderes übrig, als zu Hause auf dem Hof zu bleiben.
Der Junge stand ihr in nichts nach, vielleicht auch seinem Vater nicht, von dem er übrigens sein ganzes Leben lang nichts erfuhr.
Seine Mutter liebte er abgöttisch, er nahm sie auch zu sich, als er selbst auf festen Füßen stand. In der Schule zeichnete er sich aus, er wäre gern Pfarrer geworden, wofür er durch Frömmigkeit und gute Redegabe prädestiniert zu sein schien. Die Katholische Kirche hätte sich vielleicht seiner angenommen, ihn in ein Priesterseminar gegeben und seine Zukunft gesichert. Aber als Protestant war ihm ein solcher Lebenslauf verschlossen, und so mußte er mit der Erlernung eines Handwerks vorliebnehmen. Sein Onkel steckte ihn zu einem Schmied in die Lehre. Er hätte es vielleicht in diesem Handwerk zu etwas gebracht, denn wenn es auch nicht gerade nach seinem Geschmack war, so bemühte er sich doch ernsthaft, etwas Tüchtiges zu lernen.
Da widerfuhr ihm ein Unfall: Ein großes Eisenstück verletzte seine linke Hand schwer, es blieb eine Schwäche zurück, die es ihm verbot, diesen Beruf weiter auszuüben. Es blieb ihm nichts anderes übrig, als in die Stadt zu gehen und sich irgendeine Hilfsarbeit zu suchen. Zu schwerer Arbeit taugte er nicht mehr, also suchte und fand er Beschäftigung als Botengänger in verschiedenen Betrieben.
Sonntags machte er gerne Ausflüge in die Umgebung. Bei einer solchen Gelegenheit kehrte er in ein Dorfgasthaus ein, um sich mit einem Glas Bier zu erfrischen. Das Lokal leerte sich gegen Abend, und als er wohl etwas mehr als gewöhnlich getrunken hatte, gesellte sich die Bedienung zu ihm und nahm an seinem Tische Platz. Sie war eine robuste, gewöhnliche Person und schien, wie er, an diesem heißen Tage gesunden Durst gehabt zu haben. Ein Wort gab das andere, sie war nicht zimperlich, und auch er als gesund empfindender junger Mann sehnte sich nach Bekanntschaft und Vertraulichkeit. Das schien ihm hier geboten zu werden. Ein späteres Zusammentreffen in der Stadt wurde vereinbart, und es entstand mit der Zeit ein Verhältnis, das zu Intimitäten führte. Es bedrückte ihn, eine Freundin zu besitzen, die ihm über ihr Herkommen nur sagen konnte, sie sei in ei-

nem Waisenhaus aufgewachsen und wisse nichts über ihre Eltern. Er wollte sie eigentlich nicht heiraten, sein Gefühl warnte ihn vor irgend etwas in ihrem Wesen, das ihm unheimlich war. Da erklärte sie ihm eines Tages, sie würde ein Kind bekommen. Etwas Triumphales spielte dabei in ihrem Gesicht, als wollte sie sagen: Nun habe ich es erreicht, du mußt mich heiraten. Damit hatte sie recht, er war viel zu anständig, als daß er sich seinen Pflichten entzogen hätte.

Freilich wußte er nicht, daß sie eine Quartalsäuferin war. Alle vier Wochen betrank sie sich bis zur Bewußtlosigkeit, hierauf schlief sie vierundzwanzig Stunden und führte dann wieder ein einigermaßen normales Leben. Als sie sich nach der Verheiratung zum ersten Mal in seiner Anwesenheit maßlos betrank, gab es kein Zurück mehr. Mit diesen in regelmäßigen Zeitabständen wiederkehrenden Exzessen mußte er sich wohl oder übel abfinden. Aber er vermied es peinlich, seine Frau in seinem Bekanntenkreis einzuführen, niemand sollte wissen, welch schwere Last er sich aufgebürdet hatte.

Als er in die Fabrik kam, hatte er bereits ein Kind, vier weitere sollten noch hinzukommen. Die Fabrik suchte damals einen Ausgeher, der gelegentlich auch Packarbeiten verrichten sollte. Es meldete sich Herr Wehrle. Er war damals noch ein junger Mann, sein offenes Wesen erweckte Vertrauen. Man stellte ihn ohne Bedenken ein. Damit erhielt die Firma einen treuen, sehr brauchbaren Mitarbeiter.

Schon nach kurzer Tätigkeit machte er sich über die ihm aufgetragenen Arbeiten hinaus nützlich. Zuerst schrieb er in seiner Freizeit Adressen, welcher Nebenverdienst ihm bei seiner schnell wachsenden Familie sehr willkommen war. Bald durfte er auch den Buchhalter unterstützen. Er arbeitete sich in die nicht einfache Materie so gut ein, daß er die Buchhaltung während des Urlaubs von Herrn Prenzel übernehmen konnte. Ein natürliches Verständnis und sein rechnerisches Talent ließen ihn spielend die Arbeit bewältigen. Es zeigte sich später, daß er auch schwierigen Anforderungen, etwa bei Verhandlungen mit Behörden, nicht zuletzt dank seiner Überredungskunst, gerecht wurde. Freilich, sein Bildungssäckel war und blieb bescheiden. Manchmal kam es etwas gequält über seine Lippen: „Was Hänschen nicht lernt, lernt Hans nimmermehr.“

Je älter er wurde, desto mehr gebrauchte er ein anderes Sprichwort: „Kleine Kinder – kleine Sorgen, große Kinder – große Sorgen“.

Das bewahrheitete sich bei ihm in tragischer Weise. Sein ältester Sohn

lernte zwar gut auf der Schule, und so sah der Vater schon seinen sehnlichsten Wunsch erfüllt, einer seiner Söhne würde Theologe werden. Er besuchte auch eine Universität, aber schon nach kurzer Zeit hatte er genug, verkehrte in extrem linksgerichteten Kreisen, und verschwand mit seiner Freundin ins Ausland. Er betätigte sich als Journalist, wovon er lebte, wußte aber niemand. Schließlich kamen auch keine Nachrichten mehr nach Hause, er war verschollen.
Die älteste Tochter heiratete in jungen Jahren. Um mehr zu verdienen, meldete sie sich auf ein Inserat in einer Chemisch-pharmazeutischen Firma. Sie sollte nach entsprechender Einführung Ehepaare im Gebrauch von Verhütungsmitteln anleiten. Es entwickelte sich ein schwunghaftes Geschäft, allein sie ging dabei vor die Hunde und entzog sich bald ganz dem Elternhaus.
Effi, die zweite Tochter, war des Vaters Lieblingskind. Sie war begabt, wurde Schreibfräulein und schien zur Freude des Vaters besonders fromm zu sein. Als sie siebzehn Jahre alt war, warb ein schlichter, ebenfalls streng kirchlich erzogener Mann in sicherer Stellung um ihre Hand. Sie wollte der Enge des elterlichen Hauses entfliehen, doch der Vater erlaubte ihrer Jugend wegen keine Heirat. Endlich gab er dem Drängen nach, da die Wohnungsbeschaffung zu dieser Zeit sehr schwierig war und nur Verheiratete vorgemerkt werden konnten. Das Paar sollte aber noch nicht zusammenziehen, mußte sich vielmehr verpflichten, eine Scheinehe zu führen. Schon die erste Nacht nach der Hochzeit lag sie bei ihm im Bett. Der Vater war sehr erregt und fühlte sich blamiert. Der grundanständige Mann war eben weltfremd, man konnte ihn keines Besseren belehren. Es wäre alles nicht so schlimm gewesen, wenn sich die „fromme Effi“ mit dem einen Mann begnügt hätte; sie fand jedoch rasch Geschmack an anderen Männern. Zum Schmerz ihres Vaters wurde die Ehe geschieden. Effi wäre wohl ganz verkommen, wenn sie nicht zuletzt an einem Partner hängen geblieben wäre, der sie in strenge Zucht nahm und ihr das Arbeiten beibrachte.
Max, der nächste Sohn, versagte schon auf der Schule. Ein Handwerk wäre vielleicht das richtige für ihn gewesen, allein sein Vater wollte höher hinaus und ließ ihn eine kaufmännische Lehre beginnen. Er taugte nirgends, wechselte seine Tätigkeiten schon nach kurzer Zeit, und da er schließlich keine befriedigenden Zeugnisse vorlegen konnte, mußte er sich mit Aushilfsarbeiten begnügen: Er wurde Schenkkellner, Hilfe bei Volks-

festen, bei Karussels, Rutschbahnen und ähnlichem. Durch Vermittlung seines Vaters gelang es ihm, bei einer kirchlichen Dienststelle unterzukommen. Nun zeigte es sich, daß auch seine Ehrlichkeit zu wünschen übrigließ. Er wurde wiederholt bei Diebstählen ertappt und mußte, sehr zum Verdruß seines Vaters, entlassen werden. Dank seiner Redegewandtheit wurde er anschließend Ansager bei einer Catchergruppe, die in der Stadt gastierte. Aber auch das hörte nach einigen Wochen auf. Da ihm die dauernde Stellungssuche zuwider wurde, meldete er sich abwechselnd arbeitslos und krank, doch die immer wieder notwendigen Gänge zu den Behörden behagten ihm nicht, und er hielt Ausschau nach einer bequemeren Lösung. Schließlich begann er ein Verhältnis mit einer um fünfzehn Jahre älteren Toilettenfrau und ließ sich von ihr aushalten.

Herrn Wehrles jüngster Sohn Josef war nun wieder ganz und gar nicht auf den Kopf gefallen. Er machte spielend eine kaufmännische Lehre und erhielt sehr bald eine günstige Stellung als Vertreter einer Spezialitätenfirma. Er verdiente in Anbetracht seiner Fixigkeit recht gut. Leider standen seine charakterlichen Eigenschaften nicht im richtigen Verhältnis zu seinen kaufmännischen Talenten. Daß dies zu einem wirklichen Erfolg im Leben notwendig gewesen wäre, stellte sich schnell heraus. Er gab sich mit seinen Einnahmen nicht zufrieden, zumal sein unsolider Lebenswandel große Ausgaben verursachte, da sagte er sich: Ich bringe meiner Firma so viele verdienstreiche Aufträge, wie wäre es, wenn ich sie selbst ausführen könnte? Er überlegte nicht lange, gründete ein eigenes Geschäft und machte seiner Firma Konkurrenz. Die alten Kunden waren überrascht, plötzlich durch eine andere, unbekannte Firma beliefert zu werden, und konnten sich mit solchen Methoden nicht befreunden. Da die Ware nicht abgenommen wurde, stellten sich bei Josef bald Zahlungsschwierigkeiten ein. Er wandte sich an seinen Vater, der ihm aber weder helfen wollte noch konnte, denn er hielt die Handlungsweise seines Sohnes für ausgesprochen unseriös.

Als alles nichts nützte, versuchte er seinen Vater zu erpressen. Er kam zu ihm in die Fabrik, machte ihm eine Szene und wurde schließlich mit Schlägen auf seinen Vater tätlich. Das Büro war um diese Zeit leer, nur eine Putzfrau werkelte noch und mischte sich in die Auseinandersetzung ein. Der junge Mann wies sie mit den Worten zurück: „Das geht Sie gar nichts an, das ist mein Vater“.

Als er sich entfernt hatte, flehte Herr Wehrle die Putzfrau an: „Ich bitte

Sie bei Gott, sagen Sie nur ja nichts dem Chef, ich müßte mich sonst zu Tode schämen!"

Das Unglück war jedoch bald geschehen. Mit einer schweren Herzattacke mußte er ins Krankenhaus gebracht werden, wo er nach schwerem, wohl vor allem seelisch bedingtem Leiden starb.

Die Firma bereitete ihm unter großer Anteilnahme eine würdige Beerdigung. Sie hatte mit ihm ihren treuesten Mitarbeiter verloren!

Mit Josef nahm es kein gutes Ende. Alle Versuche, zu Geld zu kommen, schlugen fehl. Schließlich ging er mit dem ihm verbliebenen Rest auf eine Spielbank, um sein Glück dort zu erzwingen. Als er über keinen Heller mehr verfügte, schoß er sich eine Kugel durch den Kopf.

Herr Karl *Gerhardt* war ein tüchtiger, nicht mehr ganz junger Angestellter der Fabrik. Als ältester Sohn eines kinderreichen Studienrates machte er das Abitur am Gymnasium und wurde außerdem von seinem gelehrten Vater auf allen Gebieten der allgemeinen Bildung gefördert. – Er lebte sehr zurückgezogen, war ungesellig und litt an Minderwertigkeitsgefühlen, wozu sein unscheinbares Äußeres: kleine, gedrungene Gestalt, schütterer Haarwuchs, der schon eine beträchtliche Glatze erkennen ließ, beitrug. Herr Gerhardt hatte nach Abgang vom Gymnasium keine Möglichkeit zum Studium, was er nie überwinden konnte. Er hätte das Zeug gehabt, sich auf einen akademischen Beruf vorzubereiten, Studienrat oder Pfarrer zu werden, aber der frühe Tod seines Vaters, kurz nach der Beendigung der Schule, zwang ihn, mit Rücksicht auf seine jüngeren Geschwister auf ein Studium zu verzichten. Nun saß er im Büro und mußte als Korrespondent tagein, tagaus, Briefe an Textilhandlungen schreiben, woran er nicht das geringste Interesse hatte. Zwar sagte er sich, es wäre kaum abwechslungsreicher, wenn er als Rechtsanwalt, Notariats- oder Gerichtsassessor tätig wäre, doch das Ansehen – ja, wenn er gar den Doktortitel hätte, wie würde sein Ansehen steigen! Er dachte an die vielen jungen Damen seiner Heimatstadt, die er einmal verehrt hatte. Als Akademiker würde er wohl Eindruck auf sie machen, als Büroangestellter dagegen niemals. So meinte er, die äußeren Verhältnisse seien verantwortlich für sein Unvermögen, sich durchzusetzen und aus sich herauszugehen.

Nun lebte er als Junggeselle bei einer Witwe, die recht und schlecht für ihn sorgte. Diese Frau hatte eine Tochter, Lina, die von Beruf Putzmacherin war, ein unbedeutendes, zurückhaltendes Mädchen, anspruchslos, wenn auch darauf bedacht, sein Äußeres möglichst vorteilhaft herauszustellen, wobei es auf prächtigen Haarschmuck und ein schön gemaltes Gesicht Wert legte. Da das Abendessen gemeinsam eingenommen wurde, ergab sich mit der Zeit ein gewisses Sichaneinander-Gewöhnen, wie es eben bei Menschen selbstverständlich ist, die täglich beisammensitzen, Tischgespräche führen und nach dem Essen in bequemen Sesseln oder auf dem Sofa Platz nehmen.

Herr Gerhardt legte Wert darauf, denn sein Verlangen nach Geborgenheit war groß. Sein sehnlichster Wunsch war eine Familie mit Frau und Kindern. Als seine Wirtin einmal für längere Zeit zu einer Schwester fuhr, war es selbstverständlich, daß Lina solange die Pflichten ihrer Mutter übernahm. So saßen sie denn zu zweit am Eßtisch und hinterher auf dem Sofa, bis er sich nach kurzer Zeit zurückzog. Lina verweilte noch etwas bei ihrer Strickarbeit und wandte sich dann der Lektüre eines Zehngroschenromans zu. Sie dachte nicht, daß es zwischen ihr und Herrn Gerhardt einmal etwas werden könnte, sie wünschte es sich auch gar nicht, nicht aus Abneigung, sondern aus Gleichgültigkeit.

Karl Gerhardt lag in seinem Bett und überdachte den Abend: Lina hatte ihn mit allerlei Klatsch aus dem Laden unterhalten: Frau Postrat Maier war unzufrieden mit dem Gehalt ihres Gatten, Frau Apotheker Thudichum beschwerte sich über Vernachlässigung durch ihren Mann, der vielleicht sogar ein Verhältnis mit einer anderen habe. Frau Sicherer bekäme gegen ihren Wunsch wieder ein Kind, und Herr Bräunlein hatte sie – Lina – sogar ins Bein gezwickt.

Nun, so übel war Lina nicht; was lag er in seinem Alter allein im Bett und sehnte sich nach der Vereinigung mit einer Frau!

Er hatte sich viel Mühe gegeben, eine geeignete Partnerin zu finden: Erst neulich wieder bei der Tochter des Arztes um die Ecke, die er zufällig kennenlernte – umsonst, er bekam wieder einen Korb. Wie oft noch? Hatte nicht sein junger Kollege im Büro ein reizendes Mädchen geheiratet und besaß zwei hübsche Kinder? Warum er nicht? Stellte er zu hohe Ansprüche?

In dieser Nacht beschloß er, Lina zu fragen, ob sie seine Frau werden wolle. Von ihr bekäme er bestimmt keine Absage. So geschah es auch, aber mit Zögern und Überwindung trat er vor seinen Chef, um ihm zu sagen, er habe die Tochter seiner Hausfrau, eine Putzmacherin, geheiratet. Es müßte sein, er könne das Junggesellentum nicht mehr länger ertragen.

Sein Chef, der ihn immer als gesellschaftlich gleichgestellt betrachtete, gratulierte ihm, allein es war klar, er konnte ihn mit dieser Frau nicht mehr in sein Haus einladen.

Die Ehe brachte kein Glück. Beim einzigen Sohn zeigten sich mit zunehmendem Alter geistige Ausfallserscheinungen. Nach dem Urteil der Ärzte mußte mit dauernden Verschlechterungen gerechnet werden. Die arme Mutter war verzweifelt. Sie gab sich alle Mühe, den hohen Ansprüchen ihres Mannes gerecht zu werden, sie wußte nur zu gut, daß ihm mit einem Bettschatz allein nicht gedient war. Nun kam auch noch das Unglück mit dem Sohn hinzu. Das überstieg ihre Kräfte, sie vergiftete sich und ihr Kind. Zurück blieb ein mit der Welt zerstrittener Mann.

Es war eigenartig, daß die Chefs und Aktionäre, trotz ihrer Unternehmungslust, ihrer Energie und Tatkraft, allmählich das Verlangen spürten, sich aus der Tretmühle des täglichen Lebens zu befreien. Nicht, daß es Müdigkeit und Bequemlichkeit gewesen wäre, nur ein gewisser Drang zur Änderung ihres bisherigen Lebens bestand ohne Zweifel. *Georg,* der Älteste, war ja bereits von der Leitung der Fabrik zurückgetreten, er befaßte sich als Bürgermeister mit innerer Anteilnahme um die Belange der Stadt: Das Schulwesen, namentlich das höhere, erforderte seinen ganzen Einsatz, denn manches lag im argen und mußte erneuert und umgestaltet werden.

Albert, der zweite Bruder, wollte nur noch seinen Sohn *Christoph* einarbeiten, um sich Schritt für Schritt aus der Verantwortung zurückziehen und sich seiner geliebten Jagd widmen zu können.

Martin, der sich zwar immer noch Bürgermeister nennen durfte, aber seine diesbezüglichen Ämter an seinen Bruder abgetreten hatte, sehnte sich auch nach Entspannung und brannte darauf, in verstärktem Maße seinen Lieblingsbeschäftigungen: Literatur, Musik und Kunst nachgehen zu können. Sohn *Wilhelm* mußte jedoch zuvor so sattelfest in der Leitung der Fabrik werden, daß er ihm einmal getrost die Zügel in die Hand geben konnte. Gerade hier zeigten sich indessen die ersten Schwierigkeiten.

Im Laufe der Jahre wurden von den bisherigen Aktionären, die fast alle zur engeren Familien gehörten, immer mehr Aktien verkauft, insbesondere von Georg, dem ältesten Bruder Sellmayer. So kam es, daß bei einer der regelmäßig stattfindenden Generalversammlungen von der Mehrheit beschlossen wurde, einen technischen Direktor mit großen Vollmachten zu verpflichten.

Man war der Meinung, daß der enorme Fortschritt in der Herstellung von Baumwollerzeugnissen einen Fachmann notwendig machte, der mit den modernsten Verfahren vertraut war. Es bestand wohl auch der Nebengedanke, den Einfluß der jungen Herren Sellmayer einzuschränken. Christoph nahm sich das sehr zu Herzen, da er von sich überzeugt war und keinesfalls sein Licht unter den Scheffel stellen wollte. Er trat von der Leitung der Fabrik zurück und gründete ein Bankgeschäft, was allerdings seinen Vater veranlaßte, einen Teil seiner Aktien zu verkaufen und ihm den Erlös zur Verfügung zu stellen. Es handelte sich um ein ansehnliches Aktienbündel, das auf diese Weise in fremde Hände gelangte. Einen weiteren Grundstock zur Errichtung der Bank brachte seine Frau, die Tochter eines sehr wohlhabenden Brauereibesitzers mit in die Ehe. Sie war sehr hübsch, und ihre hellblauen Augen paßten ganz zu denen ihres Mannes. Die beiden galten in ihrer Heimatstadt als schönes Paar.
Während aber sie von blühender Gesundheit war, schienen ihm die fetten Jahre in der Fabrik nicht bekommen zu sein. Von ihrer Hochzeitsreise mußte er mit einem heftigen Rheumatismus nach Hause gefahren werden. Diese Anfälligkeit blieb ihm auch in den folgenden Jahren, als er sein Bankgeschäft erfolgreich aufbaute, bis es zum Zusammenbruch kam.
Folgendes ereignete sich: Alles ging jahrelang nach Wunsch. Die Geschäfte blühten, die Kunden vermehrten sich von Jahr zu Jahr, und die Bank erfreute sich hohen Ansehens. Da beschloß Christoph, der nur eine Tochter besaß, sich einen Nachfolger heranzuziehen. Die Wahl fiel auf seinen Neffen *August,* einen netten jungen Mann, dem er glaubte vertrauen zu können. Er war auch ganz eifrig, doch kamen Christoph manchmal Bedenken, ob seine Intelligenz ausreichen würde, um einen so anspruchsvollen Beruf, wie den eines Bankiers, ausüben zu können. Seine Bildung wies Mängel auf, Menschenkenntnis, wie sie für einen Bankmann notwendig ist, besaß er nicht, und es fehlte ihm das natürliche Urteilsvermögen. Er ließ sich durch Schmeichler betören, wer ihm schöntat und seiner Eitelkeit entsprach, dem konnte er bei seiner Unsicherheit nur schwer widerstehen. Christoph sah das wohl, aber August war doch ein anständiger Kerl, der ihm nie widersprach, außerdem fühlte er sich für ihn verantwortlich.
August wußte, daß er einmal sein Nachfolger werden sollte, er wollte ihn nicht enttäuschen. So vergingen die Jahre. August erhielt Prokura, Christoph jedoch hielt die Zügel fest in der Hand, es konnte nichts passieren.

Doch seine Gesundheit wurde immer schlechter. Die Ärzte bestürmten ihn, einmal für längere Zeit auszuspannen, um Körper und Geist einer gründlichen Kur zu unterziehen. Schweren Herzens befolgte er den Rat. Zwar wußte er, daß sein geplagter Körper sein Recht verlange, aber er war beunruhigt, bei dem Gedanken, die Geschäfte seinem Neffen anzuvertrauen.

Die Kunde von seiner Abwesenheit verbreitete sich sehr schnell. Seine Vorsicht bei allen Geldangelegenheiten war bekannt, man wußte, daß er streng kalkulierte und sich nicht täuschen ließ. Auf unsichere Geschäfte verzichtete er lieber.

Der junge Sellmayer hingegen, – da ließ sich vielleicht für solche Kunden etwas machen, die beim Alten totsicher abgeblitzt wären. Bald gaben solche Leute einander die Türklinke zum Zimmer des jungen Chefs in die Hand, katzbuckelten, hielten große Reden und waren voll des Lobes über sein Können, seinen Scharfsinn und seinen Mut zum Handeln. Das ging ihm wie Honig ein, endlich konnte er einmal angeben, seinen Weitblick unter Beweis stellen. Sein Onkel sollte nach seiner Rückkehr staunen, was er dank seiner großzügigen Initiative alles erreicht hatte.

An Gelegenheiten hierzu fehlte es nicht. Drüben im Nachbarort in den Bergen war der Grund für ein großes Hotel erworben worden. Das Baugeschäft verlangte aber einen beträchtlichen Vorschuß. Es handelte sich angeblich um eine gute Anlage, außerdem war ja der wertvolle Grund und Boden als Sicherheit vorhanden. August gewährte ein sehr ansehnliches Darlehen und war stolz darauf, einen hohen Zinssatz vereinbart zu haben. Nach einigen Tagen meldeten die Zeitungen den Konkurs dieses Baugeschäftes. Das ganze Geld war verloren, und nicht einmal das Grundstück blieb der Bank erhalten, denn es befand sich im persönlichen Eigentum der Frau des Baugeschäftsinhabers. Der hohe Verlust des Bankhauses durch diese Pleite sprach sich schnell herum, schon kamen die ersten Kunden und verlangten ihr Depot ausbezahlt. August war ebenso entsetzt wie hilflos, Tränen kamen ihm, wenn er sich unbeobachtet fühlte. Was sollte er tun? Seinen Onkel zu verständigen ging gegen seinen Stolz.

Er zog einen Geldmakler zu Rate, mit dem sein Onkel ab und zu Geschäfte getätigt hatte. Dieser empfahl ihm, so viele italienische Lire zu kaufen wie nur möglich sei, denn die würden unfehlbar steigen, dann müßte er sie bald wieder verkaufen. August befolgte den Rat und freute

sich, als schon am nächsten Tag die Kurse tatsächlich gestiegen waren. Das veranlaßte ihn, immer weiter zu kaufen.
Als er den Gewinn schließlich einstecken wollte , war es bereits zu spät, der Krach war da. Kein Mensch kaufte mehr Lire, und seine Bank erlitt zum alten einen neuen Schaden. Als ihm die Liste jener Kunden vorgelegt wurde, die ihre Guthaben abgehoben hatten, sah er darunter den Namen des befreundeten Maklers, den er vor kurzem um Rat gebeten hatte. Das war ein schwerer Schlag, denn hier handelte es sich um einen großen Betrag, der die Liquidität der Bank aufs äußerste bedrohte. Das Schlimmste aber war, daß diese Transaktion nicht geheim blieb und am nächsten Tag weitere Kunden ihr Geld verlangten.
August, kaum mehr seiner Nerven mächtig, gab nun die Anordnung, die Depots der Kunden anzugreifen, deren Gelder sich noch auf der Bank befanden, um damit jene Leute zufriedenzustellen, die auf Auszahlung bestanden. Er gedachte damit die Öffentlichkeit zu beruhigen, so daß ganz von selbst der Sturm auf die Kasse beendet würde. Das war ein Fehlschluß, wie er nur von einem verantwortungslosen, kurzsichtigen und beschränkten Menschen ohne Format gezogen werden konnte. Als alle Depots geleert und das Geld restlos zu Ende war, mußten die Schalter geschlossen und die Behörden verständigt werden.
Inzwischen drang die Unheilskunde auch zu Christoph Sellmayer, der sofort nach Hause eilte, indessen nur mehr ein völliges Chaos antraf. Es mußten höchst unerfreuliche Verhandlungen geführt werden. – Wie konnte eine Bank, die vor kurzem noch als durchaus solide galt, plötzlich zusammenbrechen? Alles kam so schnell wie eine Naturkatastrophe. Der Richter, dem die Anklage übertragen wurde, kannte Sellmayer als Angehörigen der angesehensten Familien Hoynhausens seit Jahren. Seine Lauterkeit und Anständigkeit standen außer Zweifel. Aber die Tatsachen sprachen gegen ihn, er war für das Unternehmen verantwortlich und mußte die Folgen tragen. Nur mit Mühe und dank der Großzügigkeit des Gerichtes konnte die eigentlich verwirkte Gefängnisstrafe in Festungshaft umgewandelt werden, wodurch seine Ehre gerettet war.
Doch sein und seiner Gattin Vermögen wurde restlos eingezogen: bettelarm verließen die beiden die Stadt. Mit Unterstützung der Verwandtschaft, namentlich seines Onkels Martin Sellmayer, gründeten sie einen neuen, ganz bescheidenen Haushalt.
Da zeigte sich die Unverdorbenheit und menschliche Größe seiner in

Reichtum aufgewachsenen und verwöhnten Frau. Sie stellte sich kurzentschlossen völlig um, verrichtete alle Arbeit selbst, und kein Vorwurf drang je über ihre Lippen. Alles Quälende, allen Jammer verschloß sie in ihrer Brust. Christoph Sellmayer suchte und fand mit Hilfe verwandtschaftlicher Empfehlungen verschiedene Vertretertätigkeiten, die ihm und seiner Frau einen anspruchslosen Lebensunterhalt sicherten.
Die Umstellung hatte das Gute, daß der dauernd kränkelnde Mann, durch das einfache Leben völlig gesundete und in körperlicher und geistiger Frische ein hohes Alter erreichte.
Ein ähnlicher Fall ereignete sich wenige Jahre später in Hoynhausen. Die als durchaus seriös geltende Bank des einer alten Hoynhausener Familie entstammenden Herrn Fest, geriet aus nie ganz geklärten Gründen in Zahlungsschwierigkeiten. Auch hier wurden die Privatkonten angegriffen, ohne daß damit das Schicksal der Bank abgewendet werden konnte. Der Chef brachte nicht wie Christoph Sellmayer den Mut zum weiterleben auf, sondern erschoß sich.
Martin Sellmayer versprach sich sehr viel von der Zusammenarbeit mit seinem Sohn Wilhelm. Anfangs ging auch alles ganz gut, aber mit der Zeit kam es zu Unstimmigkeiten. Vielleicht beeinträchtigte Wilhelms angeschlagene Gesundheit seine Leistungen. Sein Fleiß ließ nach, er wurde mit keiner Arbeit fertig und zog es vor, eine ihm übertragene Aufgabe an einen Mitarbeiter weiterzugeben, anstatt sie selbst zu erledigen.
Um seinen Vater war er rührend bemüht und brannte darauf, ihm möglichst viel Arbeit abzunehmen. Das wollte dieser unterstützen, denn er liebte seinen Sohn innig und tat alles, um ihn mit Freude an den geschäftlichen Vorgängen zu erfüllen. Er gab ihm aus diesem Grunde freie Hand bei geschäftlichen Abschlüssen. Wilhelm fiel es nicht schwer, neue Geschäftsbeziehungen anzuknüpfen und gute Kontakte herzustellen. Er war sehr stolz darauf und freute sich, seinem Vater davon zu berichten, wobei er zu einer gewissen Schönfärberei neigte. Gewiß wollte er seinen Vater nicht täuschen, doch schien er sich selbst nicht immer im klaren zu sein, ob es sich um einen Erfolg, oder um einen Mißerfolg handelte. So kam es, daß allmählich das letztere überwog und mangelhaft durchgeführte Unternehmungen zu erheblichen Verlusten führten.
Es war von Anfang an nicht gut, daß Wilhelm glaubte in dem großen soliden Betrieb seines Vaters aus dem Vollen schöpfen zu können, anstatt klein anzufangen, die Einnahmen mit den Ausgaben wohl abzuwägen und

sich bei jeder neuen Unternehmung genau zu überlegen, ob sie erfolgreich zu werden versprach.

Es ist eine geläufige Redensart, daß der Großvater von kleinen Anfängen an ein großes Werk aufbaut, der Vater es weiterführt und der Enkel es vertut. Das trifft häufig zu, nur ist der Enkel nicht immer der verwöhnte Nichtsnutz, der das Geld seiner Vorfahren mit vollen Händen ausgibt und in Saus und Braus lebt. Meist ist es so, daß der Großvater einen zeitgemäßen genialen Gedanken hatte und diesen konsequent durchführte, der Vater das Geschaffene übernahm, das in seiner Aktualität trotz der fortgeschrittenen Zeit noch nichts oder nahezu nichts eingebüßt hatte. Viel schwieriger wird es aber für den Enkel, wenn er es nicht versteht das Werk den Erfordernissen der Gegenwart anzupassen. Denn was vor fünfzig Jahren aktuell war, kann heute überholt und nutzlos sein. Dies erheischt die Genialität des Großvaters, die bei seinem Nachkommen nicht vorausgesetzt werden kann. Gewiß mag der Enkel die besten Anlagen mitbekommen haben, ohne indessen gerade über jene Eigenschaften zu verfügen, die den Großvater als Unternehmer und Gründer auszeichneten. Er hätte dann besser einen anderen Beruf ergriffen, wie so manche Abkömmlinge berühmter Industrieller und Handelsherren, die es als hohe Beamten, Künstler oder Wissenschaftler sehr weit gebracht haben.

Jakob bemühte sich nach erfolgreichem Abschluß des Examens und einiger Assistentenjahre, in einem chemischen Industriebetrieb festen Fuß zu fassen.

Herr Siegfried Eberlein hatte von seinem Vater eine Farben- und Lackfabrik übernommen und weitergeführt. Jakob nahm dort eine Stelle als Chemiker und Werbeleiter an. Herrn Eberlein zur Seite stand Direktor Schulze, ein wohlwollender älterer Herr, der schon Eberleins Vater viele Jahre gedient hatte. Er war der ruhende Pol im Betrieb, ging seinem viel jüngeren Chef jedoch möglichst aus dem Wege. Er fürchtete ihn geradezu, denn Herr Eberlein empfand ihn als einen Teil der Autorität seines Vaters, der er entronnen zu sein hoffte. Das ließ er Herrn Schulze bei jeder Gelegenheit fühlen. Damit rächte er sich im Unterbewußtsein für das gestrenge Regiment seines Vaters, unter dem er zu leiden hatte.

Jakobs Zusammenarbeit mit Herrn Schulze entwickelte sich gut und verlief in freundschaftlicher Weise, soweit das bei dem großen Altersunterschied angebracht war. Bei seinen Werbemaßnahmen fand Jakob stets die Zustimmung von Herrn Schulze, der froh war, seinem jungen Mitarbeiter

manch schwierige Arbeit übertragen zu können, zumal seine Phantasie mit der Zeit etwas nachließ und sich die Altersbequemlichkeit bemerkbar machte.
Auch auf chemischem Gebiet konnte sich Jakob nützlich machen, indem er durch neue Farbmischungen, die bei den Verbrauchern Beifall fanden, den Umsatz steigerte.
Aber gerade das gute Einvernehmen zwischen ihm und Herrn Schulze schien Herrn Eberlein nicht zu passen. So wurde er wiederholt gegen Jakob ausfällig und trachtete dessen erfolgreiche Bemühungen herabzuspielen. Er zeigte sich unzufrieden mit Jakobs Werbemaßnahmen – übte Kritik an seinem Stil und wollte die ohne Zweifel erzielten Erfolge nicht wahrhaben.
Mit viel Mühe und Arbeit in den Nachtstunden und am Wochenende versuchte Jakob einen neuen Farbschlager auf den Markt zu bringen, der bei einigen Geschäftsfreunden bereits gute Aufnahme gefunden hatte. Herr Schulze war Feuer und Flamme, trotz seinem bereits etwas verbrauchten Temperament, doch gerade das war Anlaß für Herrn Eberlein, tausend Bedenken zu äußern, Jakobs Können zu schmälern und seine Werbemaßnahmen herabzusetzen. Jakob war fest davon überzeugt, daß sein Vorschlag richtig war und der Firma eine Erweiterung des Umsatzes verschaffen würde. Er versuchte seine Meinung durchzusetzen, stieß indes bei seinem Chef nicht nur auf Ablehnung, sondern auch auf Ironie, was ihn kränkte und ihm den Mut nahm. Voll Verdruß verließ er das Verhandlungszimmer und grübelte in der folgenden schlaflosen Nacht darüber nach, was er falsch gemacht hatte. Sein Vorschlag war gut, wissenschaftlich einwandfrei, werblich richtig vorbereitet und für die Firma risikolos. Warum also gelang es ihm nicht, sich durchzusetzen?
Herrn Eberleins Selbstbewußtsein war zwar sehr ausgeprägt, wenn es jedoch hieß neue Erfindungen durchzuführen, oder sonst Maßnahmen im Interesse der Firma zu treffen, auch wenn sie nicht eigener Initiative entsprangen, zeigte er sich nicht zimperlich, sondern wußte sehr wohl zuzugreifen. Warum nicht bei ihm? Jakobs Wut steigerte sich immer mehr, aber schließlich mußte er sich sagen, daß er selbst die Schuld an seinem Mißerfolg trage, weil er nicht die nötige Überzeugungskraft aufbrachte und als Persönlichkeit versagte. Er bekam Minderwertigkeitsgefühle, die ihn tief deprimierten. Eine Nacht guten Schlafes kann Wunder wirken. So auch bei Jakob. Ein neuer Tag brach an, gut ausgeruht und erfrischt, sah er

die Welt mit ganz anderen Augen an. Doch eines war ihm klar geworden: Wenn es ihm schon nicht gelingen sollte, andere zu deren Wohl zu überzeugen, so mußte er sich auf eigene Füße stellen. Niemand sollte ihm weiterhin hineinreden. Er wollte beweisen, daß er Manns genug sei, einen eigenen Betrieb, auch wenn er zunächst noch so klein sein sollte, aufzubauen. Sein Können war groß genug, um andere, wie etwa Herrn Eberlein, in die Schranken zu weisen und ihm zu zeigen, daß seine Arroganz und Überheblichkeit noch lange keine Überlegenheit bedeute. Sein Entschluß war gefaßt, übers Jahr wollte er Herrn Eberlein verlassen und sich selbständig machen.
Er überlegte, wie er mit bescheidenen Mitteln eine Textilfarbenfabrik aufbauen könne. Ein Risiko zu tragen war er bereit, doch durfte es einen gewissen Rahmen nicht überschreiten. So traf er mit aller Sorgfalt die Vorbereitungen.
Mit Hoynhausen stand er in regem Briefwechsel, soweit ihm seine vielseitige Beschäftigung Zeit dafür ließ. Hauptsächlich seine Mutter hielt ihn auf dem laufenden über alle privaten und geschäftlichen Vorkommnisse in seiner Vaterstadt. Doch auch die Verbindung mit seinem Freund Alfred Mark wurde aufrechterhalten. Durch ihn erfuhr er so manches, über das Mütter lieber schweigen. Zu Ursula fühlte er sich nach wie vor mit inniger, freilich aussichtsloser Liebe, hingezogen. Was er über sie hörte, war geheimnisvoll und nicht dazu angetan, ihn mit Hoffnung zu erfüllen. – Alfred meinte, zwischen ihr und Kurt Weiser hätten sich ernsthafte Beziehungen angebahnt, die indessen bei ihren Pflegeeltern auf völlige Ablehnung stießen. Näheres habe auch er nicht herausbekommen.
Bruder Wilhelm sollte es gesundheitlich gar nicht gut gehen, und sein Vater, der so gerne einen Nachfolger in ihm gesehen hätte, sei enttäuscht. Sehr beunruhigte ihn die Nachricht von der schweren Erkrankung seiner Mutter. Die Lunge sei bereits stark angegriffen, alles mache sich Sorge um sie. Sie selbst erwähnte in den Briefen an Jakob nie ihre Erkrankung, eine gewisse Niedergeschlagenheit verrieten sie dennoch. Seine Mutter einmal verlieren zu müssen, war ihm ein unvorstellbarer Gedanke. Hatte sie ihn doch ein ganzes Leben über mit Liebe und Sorge umhegt. Keine Frau war ihr vergleichbar, kein Herz für ihn von solcher Güte erfüllt, wie das ihrige. Und doch stand es eines Tages still.
Er wurde zurückgerufen, fand seine Mutter aber nur noch tot vor. Aufregung und Bestürzung herrschten in der Familie und in ganz Hoynhausen.

Der Vater war tief erschüttert, auch wenn er in letzter Zeit mit dem Ableben seiner Lebensgefährtin hatte rechnen müssen. Wilhelm standen Tränen in den Augen.
Eine große Beerdigung fand statt, ganz Hoynhausen war auf den Beinen. Die Angehörigen der Fabrik erschienen in Massen, um der beliebten Prinzipalin die letzte Ehre zu erweisen. Umgeben von seinen beiden Söhnen, stand Martin Sellmayer am offenen Grab, um von seiner Frau für immer Abschied zu nehmen. Er war noch eine stattliche, wenn auch etwas zur Korpulenz neigende Erscheinung, mit leicht ergrauten Schläfen. In seiner Nähe versammelten sich die nächsten Verwandten, seine Brüder, seine Schwester, die Neffen und alle anderen Angehörigen der Familien Sellmayer und Mark. Die städtischen Vereine mit ihren Vorständen zogen auf, die Musikkapellen ertönten, und der Geistliche sprach ergreifende Worte über die Verstorbene.
Nachdem die Menge der Leidtragenden am Grabe vorbeigezogen war, den Sarg mit Blumen und Erde bedeckt und den Angehörigen ihr Beileid mit Händedruck beteuert hatte, fuhr Martin Sellmayer in Begleitung seiner beiden Söhne zurück in das verödete Heim am Marktplatz.
Der Tod Caroline Sellmayers hatte schwerwiegende Folgen, nicht nur, daß ihr Gatte vereinsamt war und schwer unter dem Verlust zu leiden hatte, die Söhne um die verlorene Harmonie des Elternhauses trauerten. Es waren auch schwierige Erbauseinandersetzungen unvermeidlich. Die beiden Söhne hatten Anspruch auf die Auszahlung des mütterlichen Erbes, und Onkel Mark als Testamentsvollstrecker waltete seines Amtes. Ihr Vater mußte ihnen ihren Anteil in Form von Aktien der Fabrik ausbezahlen. Auch wenn er noch ein wohlhabender Mann blieb, so verlor er doch seinen ausschlaggebenden Anteil an der Fabrik. Das veranlaßte ihn, seine leitende Position in der Fabrik aufzugeben und sich, viel zu früh, ins Privatleben zurückzuziehen. Statt seiner wurde für die Fabrik als kaufmännischer Direktor Herr *Hartmann* verpflichtet. Er war in der schwäbischen Textilindustrie aufgewachsen, verfügte somit über reiche Erfahrungen. Über seine unternehmerischen Eigenschaften war nichts bekannt, die mußte er erst unter Beweis stellen.
Wilhelm, der nun ebenfalls die Fabrik verlassen mußte, fiel der Abschied nicht allzu schwer, es zog ihn nach Paris, wo er sich im Textilgeschäft selbständig machen wollte. Seinem Vater, der seine Schwächen kannte, war das nicht gerade recht, er traute Wilhelms Bekanntenkreis nicht und zwei-

felte, daß er immer einen klaren Kopf behielte, wenn er von Freunden und Freundinnen beraten würde. Paris war weit, Wilhelm selbständig, wie sollte er ihm weiterhin väterlichen Rat erteilen? So ließ er ihn denn schweren Herzens ziehen.

Um Jakob ängstigte er sich weniger, er hatte gute theoretische und praktische Erfahrungen gesammelt und war seinem Wesen nach ganz anders als Wilhelm geartet. Charakterstärke, Bedachtsamkeit, großer Fleiß und unbedingte Zuverlässigkeit zeichneten ihn aus. Da es ihm auch an Geschäftstüchtigkeit nicht mangelte, war sein Vater froh, ihm mit Hilfe des mütterlichen Erbteils die Wege zur Selbständigkeit geebnet zu haben.

Wie es sich Vater Sellmayer vorstellte, so wurde es auch. Wilhelm zog mit einem Haufen Geld nach Paris, gründete ein Geschäft und zog seine alten Freunde als Berater und Mitarbeiter zu sich. Es waren bestimmt nicht nur Lumpen und Lebemänner, aber ihr persönliches Wohlergehen spielte die Hauptrolle bei ihnen. Da sie selbst nicht mit allen geschäftlichen Dingen vertraut waren, was Voraussetzung zur Gründung einer solchen Firma hätte sein müssen, suchten sie Rat bei Bekannten, die wenig vertrauenswürdig waren, ihren eigenen Vorteil witterten und bedenkenlos verfolgten.

Sein Vater hörte wenig von ihm, doch die spärlichen Nachrichten ließen erkennen, daß es nicht zum besten stehe und auch seine Gesundheit untergraben war.

Jakob dagegen vertraute auf sein Können und wußte aus Erfahrung, daß es für ihn einzig richtig sei, sich von allen Ratgebern freizuhalten und so zu handeln, wie es ihm am günstigsten erschien. So gelang es ihm, seinen schon immer gehegten Wunsch auf Selbständigkeit zu verwirklichen und am Ort seiner bisherigen Tätigkeit eine Textilfarbenfabrik zu gründen. Das Erbe seiner Mutter erlaubte ihm einen großzügigen Start.

Ursula Bergen

Ich wurde in der Pfalz geboren, wo mein Vater *Erich Bergen* Subdirektor am Gymnasium einer Kreisstadt war. Sein Vater Ferdinand Bergen waltete als Pfarrer einer pfälzischen Gemeinde. Er lebte in sehr bescheidenen Verhältnissen, da die Kirche völlig vom Staat getrennt war. Jede Gemeinde konnte ihren Pfarrer selbst anstellen und entlassen. Das Verhältnis zwischen beiden beruhte nur auf einem Dienstvertrag, und die finanzielle Regelung hing von der wirtschaftlichen Lage ab, die zur damaligen Zeit nicht rosig war. Seine Mutter war die Pfarrerstochter Helene Möller aus einer oberfränkischen Stadt. In ihrem Elternhause weilte der später bekannt gewordene Dichter Jean Paul als Hauslehrer. Verschiedene Briefe an ihn geben Zeugnis davon, mit welcher Liebe und Verehrung sie ihm zugetan war.
Sie heiratete meinen um siebzehn Jahre älteren Großvater, dessen erste Frau sie bis zu ihrem Tod getreulich gepflegt hatte. Die Ehe, aus der mein Vater hervorging, währte nur wenige Jahre. Meine Großmutter ging später eine zweite Ehe ein, der zahlreiche Kinder entstammten. Einmal gebar sie Vierlinge, die großes Aufsehen erregten, und viele Neugierige anzogen, bis sie im Alter von einem halben Jahr die Welt wieder verließen.
Mein Vater besuchte das Gymnasium mit sehr gutem Erfolg, was noch vorhandene Zeugnisse bescheinigen. Mit erst siebzehn Jahren bezog er die Universität Erlangen, um sich den altphilologischen Studien zuzuwenden. Schon mit dreiundzwanzig Jahren erhielt er als Dr. phil. seine erste Anstellung als Gymnasialprofessor an der Pfälzer Kreisstadt, wo er sein Leben lang blieb. Er war ein Sprachengenie, konnte aber – trotz seiner vorzüglichen wissenschaftlichen Qualifikation – wegen seiner mit Bekennermut gezeigten fortschrittlichen Überzeugung keine Karriere machen. Die Folge für seine Familie und ihn waren dürftige pekuniäre Verhältnisse, solange er lebte.
Mein Vater heiratete in jungen Jahren meine Mutter, *Margarethe Ebner.* Außer zwei Schwestern hatte sie zwei Brüder, Max und Ludwig, die beide juristischen Studien oblagen und um ihrer Tüchtigkeit willen nach Bayern berufen wurden, wo sie später hohe Staatsämter bekleideten. Sie standen mir in meiner schweren Jugend, nach dem Tode meiner Eltern, treu zur Seite.
Über meiner Mutter schwebte ein Geheimnis, das uns Kindern vorenthalten wurde, aber im Laufe der Zeit auch uns zur Kenntnis gelangte: Ihr Vater, also mein Großvater, der er eigentlich gar nicht war, diente als Haus-

hofmeister bei *Maximilian I. Josef*, Herzog von Pfalz-Zweibrücken-Birkenfeld. Nach Erlöschen der bayerischen Hauptlinie der Wittelsbacher wurde diese von der pfälzischen Kurlinie beerbt. So kam es, daß der in ziemlich bescheidenen Verhältnissen lebende Herzog als König von Bayern, Stammvater der neuen Linie der Wittelsbacher Herrscher wurde.
Am Hofe des Herzogs ging es in Anbetracht der beschränkten Mittel nicht hoch her, das Leben verlief eintönig, die Jagdfreuden waren selten, der junge Herr sehnte sich nach Abwechslung – was sonst als die Frauen hätte ihn zu fesseln vermocht? Aber wie es bei Hofe war, die eigenen Frauen genügten den weitgehenden Ansprüchen oft nicht. Die Mätressenwirtschaft in Frankreich fand in den kleinen Residenzen der deutschen Länder eifrige Nachahmer. In Preußen war es nicht anders als in Bayern und vielen anderen Kleinstaaten. Der Souverän war nicht nur Herrscher seines Landes, sondern auch seines Hofes und von allem, was dazu gehörte. Zahlreiche illegitime Nachkommen unserer Herrschergeschlechter leben unter uns und geben Zeugnis von der unumschränkten Macht ihrer Erzeuger. Sie sind bestimmt nicht die Schlechtesten, denn sie stammen von guten Vätern. Des öfteren haben sie in den verschiedensten Berufen ihren Mann gestanden.
Der Herzog von Pfalz-Zweibrücken warf ein Auge auf die hübsche Viktoria, Kammerzofe seiner Gattin. Daß dieser die sich anspinnenden zarten Beziehungen verborgen blieben ist nicht anzunehmen, aber das schien bei Hofe nichts Außergewöhnliches gewesen zu sein. Merkwürdig! Was in bürgerlichen Ehen als verpönt galt und zu schweren Komplikationen, Ehrenhändeln und Scheidung führte, galt dort schlimmstenfalls als Kavaliersdelikt. Das war auch noch im neunzehnten Jahrhundert nicht anders. Die sich aus diesen Vorrechten ergebenden Folgen waren allerdings nicht so ohne weiteres aus der Welt zu schaffen.
Wenn das Volk auch bei den Extratouren seiner Gebieter gerne ein Auge zudrückte, hätte es leicht zu einem Skandal führen können, wenn bei der Versorgung der Kinder der Liebe und ihrer Mütter nicht alles korrekt, wenn auch unter dem Siegel der Verschwiegenheit, vor sich gegangen wäre. So auch in diesem Falle: Als sich bei der schönen Viktoria die ersten Zeichen einer Mutterschaft bemerkbar machten, vertraute sie sich ihrer Herrin an. Deren Aufgabe war es nun, ihrem Herrn Gemahl gegenüber die Überraschte zu spielen, ihm die Leviten zu lesen und in gekränktem Tone zu veranlassen, sie und ihn vor Schande zu bewahren, indem er

schnellstens dafür sorge, „Jungfer“ Viktoria unter die Haube zu bringen. Das war letztlich ein finanzielles Problem. So wie anderen Pfälzer Herzögen, die oft über die Stränge schlugen, ohne die Folgen in ihr Budget einzukalkulieren, erging es Maximilian Josef auch. Es ergab sich jedoch eine Lösung, die den herzoglichen Geldbeutel nicht allzusehr strapazierte: Der Haushofmeister *Richard Ebner,* Sohn eines rechtschaffenen Schneidermeisters und Hoflieferanten in der Residenzstadt, dem der Herzog zugetan war, wurde ins Vertrauen gezogen und unter Beförderung zum Schatzmeister mit Viktoria vermählt.
Der Anstellungsvertrag liegt noch in den Familienakten. Alle Pflichten Ebners sind darin festgehalten: Die Aufsicht über das Personal, Kontrolle bei den Ausgaben in Küche, Keller und den Stallungen. Nur der Begriff Schatzmeister war nicht genügend definiert. Das rächte sich später, als Maximilian Josef König von Bayern wurde und in München residierte. Die Ansprüche des Hofes stiegen mit den erhöhten Mitteln. Die Schätze in den einbruchsicheren Kammern, Gold, Schmucksachen, Edelsteine und Juwelen mußten von einem Sachverständigen verwaltet werden. Ebner, der von all dem nichts verstand, wurde pensioniert.
Wie aus seinen Hinterlassenschaften hervorgeht, konnte er sich damit nur schwer abfinden. Er richtete viele Eingaben und Briefe an seinen ehemaligen Chef, den König, in denen er seine schwierige wirtschaftliche Lage beschrieb, die es ihm kaum erlaubte, seine zahlreichen Kinder standesgemäß aufzuziehen. Er sparte dabei nicht mit Hinweisen auf seine Verdienste um den König und dessen Haushaltung, die er im Gegensatz zu seinen Nachfolgern selbstlos und stets im Interesse seines verehrten und geliebten Herrn verwaltete. Der König hatte wohl ein Einsehen, denn Ebner wurde in die Lage versetzt, den Kindern, desses ältestes des Königs eigene Tochter war, eine gute Erziehung angedeihen zu lassen. So kam es, daß der Pfälzer Herzog Maximilian I Josef, Stammvater der Wittelsbacher in Bayern, Urgroßvater des unglücklichen König Ludwig II., der den Tod im Starnberger See fand, und des letzten Königs von Bayern, Ludwig III., mein Großvater war.
Meine Mutter versetzte ihre Eltern einmal in Schrecken, als sie auf dem steinernen Gange, der um den Turm der Stadtkirche führte, durch die Eisenstäbe des Geländers hinausgeschlüpft und auf dem schmalen äußeren Rande, sich an den Stäben festhaltend, entlanggegangen war. Unten auf der Straße versammelten sich immer mehr Leute, die voll Entsetzen das

kühne Spiel des Mädchens betrachteten. Als es die immer größer werdende Ansammlung bemerkte, machte es Verbeugungen hinunter. Schließlich wurde das Kind von einigen Passanten wieder hereingeholt.
Meine Mutter heiratete schon mit 18 Jahren, sie lebte mit meinem Vater in einer sehr glücklichen, aber keinesfalls leichten Ehe. Mein Vater war ein unruhiger Geist, Politik spielte eine große Rolle in seinem Leben. Da er aber im Gegensatz zu seinen Vorgesetzten stand, bekam ihm das schlecht. Er verdarb sich, wie bereits kurz erwähnt, seine Karriere und blieb zeitlebens in schwierigen finanziellen Verhältnissen, unter denen seine große Familie zu leiden hatte. Auch gab er unverhältnismäßig viel Geld für Bücher aus, die er für seine Studien benötigte.
Seine Gesundheit war schwer in Mitleidenschaft gezogen. Über den Verlauf einer ernsthaften Erkrankung liegt in den Familienakten eine Schilderung meines Onkels Max vor, des Bruders meiner Mutter:
„Bergen war zwar schon am Samstag, als ich Dir schrieb, unwohl, allein wir waren unbesorgt und schoben alles auf die Grippe, die fast jedes durchmachen mußte. Am anderen Abend nahm jedoch seine Krankheit einen ernstlichen Charakter an und steigerte sich auf so beunruhigende Weise, daß der Arzt sie für Brust- und Lungenentzündung erklärte."
„Zur gleichen Zeit war der kleine Hans auch krank und verstarb am Montag nach kurzem Leiden im Alter von eineinhalb Jahren. Du kannst Dir Margarethes entsetzliche Lage vorstellen. Sie mußte ihrem Mann ein heiteres Gesicht zeigen, während der Schmerz im Inneren tobte. Seit gestern ist es ein Nervenfieber geworden. Die Ärzte gaben anfangs fast alle Hoffnung auf, nun sind sie ruhiger und meinen, er habe hinreichend Kraft, auszuhalten.
Diese Nacht war die schrecklichste, die ich je erlebte: Er schrie Stunden unaufhörlich, daß man es weit und breit hörte. Wir hielten es für den Todeskampf und baten Gott, ihn so schnell wie nur möglich von seinen Leiden zu erlösen. Aber es zeigte sich, daß seine fixe Idee, er sollte umgebracht werden, ihn solche Klagen ausstoßen ließ. Nach Aufschlägen von Senf wurde er ruhiger und ist jetzt ganz vergnügt und munter. Wir atmen wieder alle freier und haben die beste Hoffnung!"
Mein Vater genas wieder vollkommen.
Aber meine Mutter erkrankte schwer, als ich noch ein kleines Mädchen von fünf Jahren war. Die Umstände, unter denen sie ihr junges Leben gab, wurden ebenfalls festgehalten. Ich will darüber berichten:

Meine Mutter hatte bereits einige Kinder, als sie wieder ihrer Niederkunft entgegensah.
Es waren schwere Zeiten für schwangere Frauen, denn das Kindbettfieber herrschte in der Stadt. Es wurde von den Hebammen von einer Frau zur anderen übertragen. Noch wußte man nichts von Antisepsis, die wir Dr. Semmelweis, dem „Retter der Mütter", verdanken. Meine Mutter rechnete fest damit, daß es ihr ebenso ergehen werde wie vielen anderen Frauen, die in dieser Zeit ein Kind geboren haben. Sie kränkelte bereits vorher, blieb die meiste Zeit im Bett und sorgte sich um ihre abwesende Ursula mehr als um sich selbst. – Mit Ursula war ich gemeint. – Ich befand mich damals bei einer Tante auf dem Lande, um mich von einer hartnäckigen Erkältung mit angegriffener Lunge zu erholen. Sie schrieb an ihre Schwester folgendes, was als ihr letzter Brief wörtlich mitgeteilt sei: „Mit großer Sehnsucht habe ich auf einen Brief von Dir gewartet und war um so mehr erfreut, als heute morgen so gute Nachrichten von Dir ankamen. Es ist ja das erste Mal, daß ich ein Kind von mir ließ, und bei meinem jetzigen gereizten Zustande darfst Du es mir nicht übelnehmen, wenn ich mir unnötige Sorgen um dasselbe machte. Nun bin ich wieder ganz ruhig und sehe ein, daß Ursula viel besser bei Euch versorgt ist, als bei uns. Auch bin ich überzeugt, daß ihr die Luftveränderung bei ihrem Übel sehr zuträglich ist, doch bitte ich Dich, wenn das Netzchen fertig ist, ihr dasselbe nur bei großer Hitze und anfangs gegen Mittag und gegen Abend dann wieder das Häubchen aufzusetzen, damit sie sich nicht erkältet. Den wollenen Unterrock könntest Du bei großer Hitze auch weglassen und dafür den weißen anziehen.
Viele Grüße und Küsse von uns allen an Euch und Ursula, die nur brav und folgsam sein soll."
Ich meine, es ist rührend, wie die schwerkranke Frau um ihr Kind besorgt war.
In einem späteren Brief meines Onkels hieß es:
„Nicht länger kann ich es anstehen lassen, daß Margarethe infolge eines Entzündungsfiebers in der größten Lebensgefahr schwebt. Am vergangenen Donnerstag brachte sie ein gesundes Mädchen zur Welt, aber gleich nach der Geburt zeigte sich schon das Entzündungsfieber und versetzte uns in größte Trauer. Gestern ist unsere liebe Margarethe um 4 Uhr an dem Kindsbettfieber gestorben."
Mein lieber Vater schrieb dazu:

„So groß auch die Erschlaffung ist, die nach der entsetzlichen Gemütsaufregung dieser Tage mich ergriffen, möchte ich doch über das Ende meiner geliebten, mir unvergeßlichen Frau berichten:
Es verging kein Tag, wo Margarethe nicht von den heftigsten Krampfanfällen heimgesucht war, so daß sie die letzten Wochen unausgesetzt das Bett hüten und die Haushaltssorgen, Kinderwartung und Gartenpflege allein ihrer Mutter überlassen mußte. In krampffreien Stunden war übrigens die Selige stets heiter und wohlgemut, bis ungefähr sechs Tage vor ihrer Niederkunft ein beängstigender Traum sie sichtbar verstimmte und beunruhigte. Sie träumte, sie habe unsere Ursula, von der sie überhaupt am liebsten und fast stündlich sprach, in tiefer Trauer und in Tränen aufgelöst gefunden.
„Nach einer dreiwöchigen Schmerzenszeit stellten sich endlich die Vorboten der Entbindung ein, die nach vollzogenem Aderlaß schnell, wenn auch unter heftigen Wehen erfolgte. Unmittelbar vor und nach der Geburt war Margarethe äußerst aufgeregt. – ‚Betet, rief sie uns zu, betet ein Vaterunser für mich!' und als ihr die Hebamme das Kind brachte, segnete sie das Neugeborene mit einer Inbrunst und Feierlichkeit, daß ich nur mit Mühe der Tränen mich erwehrte. Gegen Mittag reichte ich ihr eines jener Moschuspulver, das sie bisher, seines entsetzlichen Geruches und widrigen Geschmackes ungeachtet, mit heldenmütiger Selbstüberwindung genommen hatte. Diesmal aber verweigerte sie die Annahme, und als sie sich auf mein Zureden dazu verstand, brach sie in die Worte aus, und diese sind ihre letzten gewesen: ‚Nun denn, ich muß doch sterben!' Sodann verlor sie das Bewußtsein. – Vor dem Eintritt der Agonie verklärte ein wahrhaft seliges Lächeln wie ein Abglanz des himmlischen Friedens, dessen sie sich bald getrösten sollte, ihre Züge, und mit einem unbeschreiblichen Ausdrucke hafteten ihre Blicke an dem Euch bekannten Marienbilde, das über ihrem Schmerzenslager hing."
Nun ließ Vater eine Stiefschwester kommen, die für uns Kinder sorgen sollte. An leiblichem Wohl fehlte es uns nicht, auch hielt sie die Zügel etwas lockerer als unsere Mutter, die immer so sehr um uns besorgt war, aber der Tante fehlte so ganz und gar die Milde der edlen Mutter. Eine Freude hatte der Vater noch, als er mit achtundvierzig Jahren sein fünfundzwanzigjähriges Dienstjubiläum feiern konnte. Von weit und breit kamen frühere Schüler und ehrten ihn mit einem großartigen Fackelzug. Wir Kinder waren ins Rathaus eingeladen, wo der Vater in der Nähe, auf

einem freien Platz, seine Dankesrede hielt. Wir konnten mit Recht stolz auf unseren Vater sein.
Aber dann folgte Unglück auf Unglück! Die Revolution hatte meinen Vater begeistert und seine Wünsche nach einem einzigen Deutschen Reich angeregt. Er wurde von den Bürgern der Stadt als Vertreter gewählt und hielt abends große Reden in feuchten Gärten und rauchigen Sälen. Er erkältete sich dabei und zog sich ein Lungenleiden zu, dem er erlag. Es war vielleicht gut so, denn die Veränderungen der politischen Verhältnisse hätten ihn wohl seine Stellung gekostet, was sich der empfindsame Mann allzusehr zu Herzen genommen hätte.
Aber nun waren wir Geschwister vollends verwaist, und ich war kaum fünfzehn Jahre alt. Noch lebten meine Schwestern und ich ein Jahr lang mit der Stieftante zusammen. Susanne hatte von ihrem Vater die Sprachbegabung geerbt und bekam eine Freistelle im Max-Joseph-Stift in München. Sie verdiente sich später als Erzieherin, Sprachlehrerin und Reisebegleiterin reicher Familien so viel, daß sie mit vierzig Jahren in Zürich studieren konnte. Fortan lebte sie ganz den Wissenschaften und schrieb ein Buch über alte griechische Handschriften.
Brigitte, die durch eine Rückgratverkrümmung körperlich behindert war, machte sich im Haushalt angesehener Familien nützlich. Ihren Lebensabend beschloß sie in einem Heim. Ein ernsthaftes Zerwürfnis mit der Tante veranlaßte die Brüder meiner verstorbenen Mutter uns zu sich in die Hauptstadt zu holen und den ohnehin ärmlichen Haushalt aufzulösen.
Bei aller Liebe, die Onkel und Tante mir zu geben sich bemühten, waren sie mit den eigenen Kindern doch so befaßt, daß mir nur ein Teil ihrer Fürsorge zugute kommen konnte. Wenn ich auch mein ganzes Leben ihnen gegenüber von Dankbarkeit erfüllt war, so sehnte ich mich doch danach, sie von ihren Verpflichtungen für ein Waisenkind, das ich ja war, zu entbinden und sie ganz ihren eigenen Kindern zurückzugeben.
Da trat eines Tages die Frage an mich heran, ob ich bei einer Familie *Euler* in Hoynhausen, die ihr einziges Kind verloren hatte, als Pflegetochter eintreten möchte. Das war wieder eine Schicksalsstunde für mich und da ich eine Veränderung ersehnte, die mich aus meiner unbefriedigenden Lage befreien würde, sagte ich mit Freuden zu.
Meine zukünftigen Pflegeeltern wollten mich ungesehen nehmen, nachdem ich ihrem verwitweten Schwiegersohn und dessen Eltern vorgestellt worden war und diese anscheinend vorteilhaft über mich ausgesagt hatten.

Mein Onkel Ludwig brachte mich selbst nach Hoynhausen, aber die Mama Euler gefiel ihm nicht. Sie war in seinen Augen keine feine Frau. Der gute Onkel nahm daher sehr bewegt von mir Abschied.
Da stand ich nun in ganz fremder Umgebung und war mir selbst überlassen. Es lag allein bei mir, mit allem fertig zu werden und das Beste aus der Lage herauszuholen.
Schon am ersten Abend ereignete sich etwas sehr Peinliches. Als sie mich fragten, wie alt ich sei und ich antwortete: achtzehn Jahre, waren sie sehr überrascht, da sie sich eine jüngere Pflegetochter gewünscht hatten. Die mich empfohlen hatten, hielten mich für jünger. Jetzt kam es so heraus, als seien sie hintergangen worden.
Frau Euler war sehr eifersüchtig veranlagt, sie hätte lieber ein jüngeres Mädchen um sich gehabt. Darunter litt unser Zusammenleben. So war es Mama Euler nicht recht, daß ihr Mann eine gewisse Zuneigung für mich empfand, mir Zärtlichkeiten erwies und mir manche Wünsche, wie man so sagt, „an den Augen absah". Das war allerdings völlig harmlos, denn er betrachtete mich eben als seine Tochter und als Ersatz für die verstorbene. Als es deswegen wieder einmal zu einer Verstimmung zwischen Mama und mir kam, faßte ich Mut und sagte: „Wir können uns ja wieder trennen, ich kann jederzeit wieder zu Verwandten gehen," doch das wollten sie keineswegs, sie baten mich sogar eindringlich zu bleiben. Auch die Mutter von Mama, Frau Fromm, war sehr gütig zu mir und wollte mich selbst behalten. Herr Euler wurde gar nicht in das Gespräch verwickelt, er hätte mich sicher nicht mehr ziehen lassen. So blieb ich, und wir gaben uns alle Mühe, friedlich miteinander auszukommen.
Freilich beschlich mich immer mehr das Gefühl, sie betrachteten mich als ihr Eigentum, das sie nicht mehr aus der Hand geben wollten. Als ihr eigenes Kind hätten sie sich viel eher mit den Gedanken abfinden können, mich einmal verheiratet zu sehen. Bei mir, so hatte ich den Eindruck, würden sie das nicht zulassen, ich sollte ihr Alter verschönern und sie pflegen, wenn es einmal notwendig werden sollte. Meine Vermutung bewahrheitete sich in nicht allzuweiter Ferne.
Wenn der Schwiegersohn auf Besuch kam, war ich sehr zurückhaltend, um ja die Mama nicht auf den Gedanken zu bringen ich würde um ihn werben. Dazu war ich viel zu stolz, auch empfand ich keinerlei Zuneigung für ihn.
Papa Euler war Gerant der Hoynhauser Baumwoll-Spinnerei- und Webe-

rei und lebte in sehr guten wirtschaftlichen Verhältnissen. Er hatte einen Pferdestall mit schönen Equipagen, Kutscher und reichliches Dienstpersonal. Von Zeit zu Zeit machte das Ehepaar längeren Urlaub und schöne Reisen, auf denen ich mitgenommen wurde.
Bei einer dieser Gelegenheiten sagten mir meine Pflegeeltern, daß sie mich in ihrem Testament neben ihrem Schwiegersohn reichlich bedacht hatten, damit ich nach ihrem Tod versorgt sei. Ich war ihnen sehr dankbar dafür, denn nicht nur mein zukünftiges Leben wurde dadurch gesichert, sondern auch mein Selbstbewußtsein gehoben. Das stärkte mich auch nach außen, ich trat freier und ungezwungener auf und wurde in Hoynhausen bald gesucht und gefeiert. Meine Pflegeeltern führten ein gastliches Haus, und ihre Freundschaften mit den angesehensten Familien der Stadt, zogen auch viele junge Leute aus diesen Kreisen zu allen möglichen Veranstaltungen ins Eulersche Haus. Eng waren die Beziehungen zu den Familien Fromm, zu Bürgermeister Georg und dessen Bruder Martin Sellmayer. Letzterer war als Mitbesitzer der Fabrik mit meinem Pflegevater befreundet und geschäftlich eng verbunden. Seine Gattin, eine geborene Mark, war sehr liebenswürdig zu mir, und ich verehrte sie aufrichtig. Ihre beiden Söhne, die Zwillingsbrüder *Wilhelm* und *Jakob*, etwas älter als ich, kamen oft zu uns ins Eulersche Haus. Zu gleicher Zeit verkehrte dort auch der angehende Arzt *Kurt Weiser*, der seine Medizinalpraktikantenzeit im Hoynhauser Krankenhaus verbrachte. Er hatte dunkle schwärmerische Augen, braune Haare und einen kurz geschnittenen Schnurrbart. Doch wurde mir das erst bewußt, nachdem wir uns einige Zeit nach der Vorstellung durch meinen Papa unterhielten. Vom ersten Augenblick an empfand ich einen Strom von Sympathie für ihn, der mich ganz erfüllte. Er erzählte mir über seine Tätigkeit im Krankenhaus und seine Absicht, später seine Kenntnisse als Assistenzarzt an einer Klinik in der Hauptstadt zu erweitern. Am meisten beschäftige ihn das Gebiet der Psychiatrie. Es biete noch soviel Unerforschtes, und es reize ihn, gerade den Ärmsten und Hilfsbedürftigsten unter den Kranken zu helfen. Ich fand ihn sehr nett und glaubte zum ersten Mal in meinem Leben richtig verliebt zu sein.
Was ist Liebe? Ich dachte an meine Mutter, an meinen Vater, an meine kleine Schwester, die so kurz vor dem Tod meiner Mutter das Licht der Welt erblickte. Ich vertrat Mutterstelle an ihr, pflegte und hegte sie mit heißer Liebe und war untröstlich, als sie, kaum ein Jahr alt, uns wieder verließ. Freilich war mir bewußt, daß es nur ein Mann sein wird, der mich

die wahre Liebe erfühlen lassen kann. Viele junge Männer habe ich kennengelernt, hübsche, kluge, liebenswürdige – aber hätte ich mir auch nur einen vorstellen können, mit dem ich mein Leben teilen möchte? Da waren die beiden Brüder Wilhelm und Jakob Sellmayer. Ich fühlte wohl, sie liebten und begehrten mich, sie gefielen mir beide, doch genügt das? Der göttliche Funke, der von einem Liebenden zum anderen überspringen muß, fehlte. Freilich wäre es töricht zu glauben, es gäbe nur einen im Weltenraum, der zu mir paßt. Ich weiß wohl, daß er aus meinem Bekanntenkreis kommen oder mir zufällig begegnen muß. Es wird einer unter vielen sein, mit dem mich das Schicksal einmal zusammenbringt. –
Man sagt:
„Der Mann heiratet, wen er liebt – die Frau liebt, wen sie heiratet." Ist es das Los der Frau zu warten, bis der Mann wirbt? Ist es ihr verwehrt, die Initiative zu ergreifen? Ich glaube ja! So bedrückend diese Tatsache auch sein mag. Nein! Es ist nicht Aufgabe der Frau, um den Mann zu buhlen, nur wenige werden es tun. Allein, wenn er mich begehren sollte – ich weiß ja gar nicht, ob dies zutrifft, ob er mich wiederliebt –, so werde ich ihm zu verstehen geben, daß ich auf ein Wort von ihm warte. Schlaflose Nächte suchten mich nach meiner ersten Bekanntschaft mit Kurt Weiser heim.
Was beunruhigte mich? Vorallem das bedrückende Gefühl, daß meine Liebe, die mich so plötzlich und so ungestüm befallen hat, unerwidert bleiben könnte, dann die Frage, wie es meine Pflegeeltern aufnehmen würden, wenn ich mit der Absicht an sie heranträte, sie zu verlassen, um zu heiraten. Sorgen um die Zukunft, falls es dazu kommen sollte, beängstigten mich weniger. Freilich müßte ich warten, bis er genug verdiente, eine Familie zu ernähren. Aber die notwendige Aussteuer, um einen bescheidenen Hausstand zu gründen, wäre wohl aus dem kleinen Erbteil, den mir meine Eltern hinterließen, zu bestreiten.
Wilhelm und Jakob Sellmayer benützten jede Gelegenheit, um sich mir zu nähern. Wir trafen uns häufig auf festlichen Veranstaltungen und Tanzereien, sei es bei meinen Pflegeeltern, sei es bei Einladungen in anderen Hoynhauser Familien. Oft war ich bei Bürgermeister Martin Sellmayer und seiner mir sehr gewogenen Gattin eingeladen.
Ich hatte manchmal Mühe mich bei der Annäherung der beiden Söhne richtig zu verhalten. Wilhelm war sehr ungeniert, dabei jedoch ein netter Junge, so daß es mir nicht leicht fiel, mich seinen Intimitäten zu entziehen.

So ganz konnte ich ihm nicht vertrauen, und ich glaubte, daß er es gerne auch mit anderen Mädchen hielt.
Anders sein Bruder Jakob. Er war feinerer Art, ernster Natur, man mußte Vertrauen zu ihm haben. Seine Zuneigung zu mir war ehrlich und aufrichtig. Manchmal machte ich mir Vorwürfe, daß ich ihn im Zweifel ließ, ob ich seine Liebe erwidere oder nicht. Vielleicht war ich zu wenig deutlich, aber ich schätzte ihn ja und wollte ihn keinesfalls kränken. Das hätte ich wohl nicht tun sollen, denn nun machte er sich Hoffnungen. Ich mußte also deutlicher werden, denn seit ich Kurt Weiser kannte, war es mir klar, daß ich keinem anderen Mann so von ganzem Herzen zugetan sein könnte. Ich traf Kurt bei manchen Gelegenheiten, und ich spürte, wie er meine Nähe suchte. Das machte mich froh und glücklich. Einmal erzählte er mir, sein Vater besitze ein größeres Textilgeschäft in der Kreisstadt und stünde mit Herrn Euler in angenehmer geschäftlicher Verbindung. Er sollte das Geschäft einmal übernehmen, erklärte indessen seinem Vater, hierzu nicht bereit zu sein, da er den Naturwissenschaften verhaftet sei und Arzt werden wolle. Nach hartem Kampf willigte der Vater ein, machte ihm allerdings klar, daß er sich dann nach vollendetem Studium auf eigene Füße stellen müsse, keine weitere Hilfe von ihm erwarten könne. Sein fester Wille gefiel mir. Wenn nur alle jungen Söhne reicher Eltern sich dazu entschließen könnten, auf die elterlichen Fleischtöpfe zu verzichten, wenn sie sich zu anderm berufen fühlen, als in die gesicherten Fußtapfen ihres alten Herrn zu treten.
An einem schönen Maitag, die Bäume standen bereits im schönsten Grün, überall dufteten die Blüten, und die Blumen entfalteten ihre bunte Pracht, erhielt ich eine Einladung von Herrn und Frau Martin Sellmayer zu einem geselligen Zusammensein mit Bewirtung in ihrem Gartenhaus am Ufer der Seelach. Zugleich war es ein Abschiedsfest für die beiden Söhne des Ehepaares, die für längere Zeit ins Ausland fahren sollten, um ihre kaufmännischen, beziehungsweise wissenschaftlichen Kenntnisse zu erweitern.
Als erster empfing mich Jakob; er sagte, er sei untröstlich, mich solange vermissen zu müssen. Das war für den etwas kontaktschwachen und schüchternen jungen Mann schon etwas Außergewöhnliches, er mußte sich sehr dazu überwunden haben. Für mich war es eine ernste Mahnung, ich mußte ihm klar zeigen, wie es um mich bestellt war und daß ich schon längst eine Entscheidung getroffen hatte. Ich sagte zu ihm, es gebe sicher auch in England junge Mädchen, die ihm gefallen werden. Er zuckte etwas

zusammen, ich sah es seinem Gesicht an, daß ich ihn, der es doch ernst meinte, tief gekränkt hatte. Ich wollte es gerne wieder gutmachen, doch ich durfte es nicht. So drückte ich seine beiden Hände, wünschte ihm recht viel Glück und gab der Hoffnung Ausdruck, ihn übers Jahr wiederzusehen. Vielleicht war das schon zuviel. Seine Züge verklärten sich, doch zog er sich alsbald zurück und ließ sich an diesem Abend nicht mehr in meiner Nähe blicken.
Zu meiner Überraschung und Freude wurde mir zum Essen ein Platz neben Kurt *Weiser* angewiesen. Er sah blendend aus und schien bester Laune zu sein. Wir unterhielten uns ausgezeichnet, und er war aufmerksam bemüht, mich mit Speis und Trank zu versorgen. Tat er nicht des Guten etwas zuviel? Sein Glas wurde nie leer, und fast meinte ich, er wolle sich Mut antrinken. Bald herrschte an den Tischen festliche Stimmung. Wilhelm saß mir gegenüber zwischen zwei jungen attraktiven Damen, war ausgelassen und sparte nicht mit diskreten Zärtlichkeiten.
Nach Beendigung des Mahles und der letzten Trinksprüche leerten sich die Tische, und die Gäste spazierten paarweise durch die schönen Anlagen des Sellmayerschen Anwesens. Ich ging beglückt an Kurt Weisers Arm und merkte, wie er sich bemühte, immer größerwerdenden Abstand von den anderen Paaren zu gewinnen, bis wir schließlich außer Gesichtsweite gelangten. Es dämmerte, hohe Bäume umgaben uns, der Weg führte an blühenden Sträuchern und duftenden Hecken vorbei. Er drückte mich enger an sich, ich folgte willenlos, dann nahm er meinen Kopf in die Hände und küßte mich leidenschaftlich.
Eine Schicksalsstunde, wie schon so manchmal in meinem Leben! – Weiterer Worte bedurfte es nicht, wir fühlten uns erlöst von einem Druck, der auf uns lag, uns beunruhigte und quälte. Bevor wir uns verabschiedeten, wurde ein Treffpunkt nach Beendigung meiner zweimal wöchentlich stattfindenden Musikstunden verabredet. Nun folgten schöne Tage und Wochen. Wir verstanden uns so gut und wurden immer vertrauter. Kurt und ich waren uns klar, daß wir zusammengehörten und es keine andere Wahl gab, als unser Leben gemeinsam zu führen.
So beglückt wir auch waren, es konnte auf die Dauer nicht so weitergehen, denn es fiel meinen Pflegeeltern schon auf, daß sich meine Musikstunden immer länger hinauszogen, auch hielt ich diesen Zustand für unwürdig. Ich wollte unbeschwert vor meinen Pflegeeltern stehen und haßte alle Heimlichkeiten. Da beschlossen wir, offen an meine Pflegeeltern heran-

zutreten. Kurt wollte ganz offiziell bei ihnen um meine Hand bitten. Nun kamen uns auf einmal Bedenken, die bisher nicht aufgetaucht waren: Ich war noch nicht mündig, Kurt hatte noch keine Lebensstellung, es hing ganz von dem guten Willen meiner Pflegeeltern ab, ihre Zustimmung zu geben. Gerade hier hatte ich schwere Zweifel, sie betrachteten mich nach wie vor als ihr Eigentum, über das sie nach Belieben verfügen konnten. Aber derartige Gedanken mußten zurücktreten, wir waren uns einig und gedachten alle Schwierigkeiten zu überwinden.

Wir sollten uns bitter täuschen! Eines Abends nach Beendigung meiner Musikstunde war der Entschluß gefaßt. Wir traten vor meine Pflegeeltern, die sich nur schwer beherrschen konnten, als sie unser Anliegen zur Kenntnis nahmen. Mein sonst so liebenswürdiger Papa rang nach Worten, um schließlich gerade noch unter Wahrung der Höflichkeit hervorzubringen, er sei außerordentlich überrascht und könne sein Einverständnis keinesfalls erklären. Meine Mama mußte sich erst fassen, doch dann ergoß sich eine Flut von Vorwürfen über ihre Lippen, die hauptsächlich mich betrafen: Ich sei eine undankbare Person und würdige anscheinend nicht die Wohltaten, die mir als armem Waisenkind erwiesen worden waren. Daß sie keine feine Frau war, wie schon mein guter Onkel behauptet hatte, wurde mir in diesem Augenblick klar. Ich war tief gekränkt und empört, zugleich entschlossen, so bald wie möglich meine eigenen Wege zu gehen, so schwer dies auch sein möge. Nun war Kurt an der Reihe. Frau Euler behandelte ihn voller Ironie und Tücke, als sei er noch ein Schulbub. Was blieb ihm anderes übrig, als seinen Zorn zu unterdrücken! Es wurde uns vom Ehepaar Euler jegliches Zusammentreffen und ein etwaiger Briefwechsel verboten. Kurt wurde die Gastfreundschaft gekündigt und das Haus verboten. Seine Verabschiedung glich einem Hinauswurf. An diesem Abend konnte ich keinen Bissen hinunterwürgen, ich saß schweigend und apathisch am Tisch, und auch meine Pflegeeltern versuchten keine Unterhaltung, zeigten aber durch ihr Gehabe nur allzudeutlich, wie sehr ich sie enttäuscht hatte.

Kurt verließ kurz darauf Hoynhausen, um sich weiter ärztlich auszubilden. Ob er mir schrieb, weiß ich nicht, wenn er es getan hat, so wurden seine Briefe, davon war ich fest überzeugt, von meinen Pflegeeltern abgefangen. Der Zustand normalisierte sich nur allmählich, ich gebe aber zu, meine Pflegeeltern waren bestrebt, die Vorkommnisse in Vergessenheit geraten zu lassen.

Ich führte ein freudloses Leben, zumal ich auf Schritt und Tritt von meiner mißtrauischen Mama bewacht wurde. Besondere Aufgaben hatte ich nicht zu erfüllen, zwar machte ich mich so gut wie möglich im Haushalt nützlich, aber neben einer Köchin, zwei Dienstmädchen, einer Büglerin, einer Wäscherin, einem Kutscher und dessen Frau, blieb für mich nicht viel übrig. So mußte ich mich um meine Pflegeeltern bemühen, handarbeiten, lesen und musizieren. Freilich fehlte es nicht an Zerstreuungen bei Einladungen und festlichen Veranstaltungen, doch ich war unbefriedigt und sehnte mich nach einem eigenen Hausstand, es schmerzte mich, diese Hoffnung entschwinden zu sehen, und alles in mir sträubte sich dagegen. Das Schicksal sollte mich nicht unterkriegen, ich wollte es bezwingen. Mit meinen schwachen Kräften? Trotzdem, es mußte gelingen, ich würde die Gelegenheit beim Schopfe fassen! So sagte ich mir damals. Die Zeit verging, keinesfalls ließ ich den Kopf hängen, ich war beliebt und angesehen in den besten Familien der Stadt. Oft besuchte ich Frau Bürgermeister Sellmayer, die Mutter der Zwillingsbrüder Wilhelm und Jakob, die mich verehrten, jedoch nur Freundschaft, keine Liebe bei mir erwecken konnten. Frau Sellmayer litt seit einiger Zeit an Lungenbeschwerden, die sich schnell verschlimmerten. Sie war mir sehr dankbar, als ich ihr meine Pflege anbot. So kam ich oft ins Sellmayersche Haus am Marktplatz, wo die Familie wohnte. Herr Sellmayer war äußerst besorgt um seine Frau und weilte meist bei ihr. Wenn ich nach Hause mußte, lösten wir uns in der Pflege ab. Er war mir wirklich dankbar und ließ dies durch allerhand Freundlichkeiten und Geschenke erkennen. Leider wurde der Zustand der Patientin immer besorgniserregender. Als noch hohes Fieber hinzutrat, mußte in der Universitätsstadt eine Operation vorgenommen werden, die das Leben aber nicht mehr retten konnte. Die sterblichen Reste wurden nach Hoynhausen überführt, wo die Beerdigung unter großer Beteiligung stattfand. Bei dieser Gelegenheit traf ich nochmals mit den beiden Söhnen der Verstorbenen zusammen, die von auswärts herbeigeeilt waren, bald indes wieder dorthin zurückfuhren.
Sehr lieb zu mir war Frau Studienrat Seefried, sie hatte ein Spielkränzchen mit der Mama Euler, dadurch kamen wir viel zusammen. Sie war die Mutter des bekannten Dichters Seefried. Von ihr wurde ich geradezu verwöhnt, sie warf mir durch das offene Fenster Blumen in mein Zimmer, auch sang sie mir Liebeslieder vor. Ihr Sohn hat in seinen Lebenserinnerungen mit freundlichen Worten meiner gedacht.

Herr Sellmayer war als Witwer nun völlig allein und litt sehr darunter. Mama Euler lud ihn liebenswürdig ein, die Abende bei uns zuzubringen, was er auch gerne annahm. Ich saß harmlos, still mit einer Handarbeit beschäftigt, dabei. Später verteilte er Andenken von seiner Frau. Leider kam er auf den unglücklichen Gedanken, mir ihren Lieblingspapagei zu schikken. Ich war ganz erschrocken, und Mama darüber verärgert, sie hätte es für schicklicher gehalten, wenn sie ihn bekommen hätte. Herr Sellmayer versprach, nach Tisch zu einem Besuch herüberzukommen, um mir Anweisungen zu geben, wie ich das Tierchen pflegen sollte. Die Mama nahm mich in den oberen Stock hinauf, und der Papa mußte Sellmayer allein empfangen und die Anweisungen von ihm entgegennehmen. Zugleich wollte er sich von uns verabschieden, weil er mit der Familie eines seiner Brüder für längere Zeit ins Gebirge reisen wollte. So beruhigten sich die Gemüter allmählich wieder.
Ich machte mir natürlich Gedanken über die Absichten von Herrn Sellmayer und sah mit gemischten Gefühlen seiner Rückkehr im Herbst des Jahres entgegen. Er besuchte uns bereits am nächsten Tag und wurde vom Ehepaar Euler zwar freundlich, jedoch betont zurückhaltend empfangen. Unsere Blicke begegneten sich nicht mehr unbefangen wie früher, sondern fragend und unsicher, wie bei zwei Menschen, die ein Geheimnis zu bewahren haben, von dem nur sie wissen. Dann nahm ihn Mama Euler mit einer Reihe von Fragen über sein Ergehen in Beschlag, so daß er keine Gelegenheit hatte, sich mir zuzuwenden. Um so mehr konnte ich ihn beobachten. Er war eine stattliche, sympathische Erscheinung, etwa fünfundzwanzig Jahre älter als ich, aber gut erhalten bis auf die gelichteten, an der Schläfe leicht ergrauten, dunklen Haare. Seine Zähne waren makellos, nach schwäbischer Art geizte er nicht, sie zu zeigen. Ohne Zweifel war er eine hervorstechende Persönlichkeit, gewinnenden Wesens, voll Überlegenheit, kultiviert, mit großem Charme.
Ich überlegte: – wenn –, doch nein, Liebe konnte bei mir nicht sein, mein Herz gehörte einem anderen. Nur – wo war er? Jegliche Verbindung war abgerissen; hatte er nicht schon längst Trost in einer anderen Liebe gefunden? Hier dagegen schien mir eine sichere Verbindung in Aussicht zu stehen. Er begehrte mich, wenn nicht alles täuschen sollte, er konnte und wollte mir eine sichere Zukunft, Familienglück und Wohlhabenheit bieten. Sellmayer verabschiedete sich schnell, es wurde auch kein Versuch unternommen, ihn zurückzuhalten. Ein Händedruck war alles, was er für

mich hatte, allein ich merkte deutlich, daß er einige Augenblicke länger währte und inniger ausfiel als üblich.
Ich hatte mich nicht geirrt, es war Sellmayers feste Absicht, mich zur Frau zu gewinnen. Da ein anderer Weg kaum möglich war, bat er einen Freund, mir Briefe zuzustecken. Ich wollte sie zuerst nicht annehmen und hätte es auch nicht tun sollen, ich wäre vor meinen Pflegeeltern reiner dagestanden. Aber eine innere Stimme sagte mir: Tu es, ergreife die Gelegenheit, deine Zukunft zu schmieden! Wer weiß, ob sie jemals wiederkehrt.
Er berichtete über seine erste Frau, wie sie mich geliebt hätte und wie auch er mich dadurch schätze und wünsche, mir seine Dankbarkeit zum Ausdruck zu bringen. Später sprach er von seiner Einsamkeit, die kaum mehr zu ertragen sei, und der Sehnsucht nach einer neuen Lebensgefährtin. Daß nur ich dies sein könne, versicherte er mir in weiteren Briefen. Ich antwortete ihm nicht, doch er wußte, daß ich seine Briefe angenommen hatte und dem Überbringer meinen Dank sagte.
Gewissensfragen, die ich mir stellte, waren schwer zu verarbeiten und brachten mich manchmal schier zur Verzweiflung. Hatte ich doch niemand, den ich zu Rate ziehen und dem ich mich anvertrauen konnte. Ich dachte an meinen Onkel, an meinen Bruder, sie waren weit entfernt und würden mich nicht verstehen. Wie noch nie in meinem Leben vermißte ich meine Eltern, warum mußte ich sie so früh verlieren? Dann sagte ich mir freilich: Nur bei dir selbst liegt die Entscheidung, niemand kann sie dir abnehmen! Die Frage: Darf ich einen Mann heiraten, den ich zwar schätze und verehre, aber nicht liebe? beunruhigte mich tief. War es nicht Verrat an einem anderen, den ich wirklich liebte? Aber wo ist er? Denkt er noch ernsthaft an mich? Es ist ja doch alles vergeblich! Dann überlegte ich: Ist es recht, einen soviel älteren Mann zu heiraten, Mutter seiner beiden Söhne zu werden, die mich selbst zur Frau begehrten? So viele Fragen, die ich nicht beantworten konnte, lasteten fast zu schwer auf mir, einem doch noch unerfahrenen Mädchen, das kaum den Kinderschuhen entwachsen war.
Als ich nach einer unruhig verbrachten Nacht ins Frühstückszimmer kam, zeigte sich Mama Euler sehr ärgerlich über die Verspätung und erinnerte mich mit barschen Worten an eine Besorgung, die ich schon am vorhergehenden Tag in der Stadt erledigt haben sollte.
Ich machte mich gekränkt auf den Weg. Am Marktplatz stand plötzlich Herr Sellmayer vor mir, er wollte gerade sein Haus verlassen. Ich erschrak

und fühlte, wie mir das Blut in den Kopf stieg. Herr Sellmayer war der Überraschung viel besser gewachsen, er zog mich behutsam in den Hausgang. Da standen wir, er als überlegener Grandseigneur, ich als schüchternes, noch etwas unbeholfenes Mädchen. Er sah mich mit seinen gütigen Augen fragend an und richtete einige Worte an mich, an deren Sinn ich mich nicht mehr erinnere. Ich weiß nur noch, wie ich das Gefühl hatte, meinen geliebten Vater vor mir zu haben, seine Hand ergriff und mit Küssen bedeckte. Das war mein Jawort!

Schließlich hielt er bei Eulers um mich an. Ein Riesenkampf entwickelte sich nun, ich wurde ganz krank dabei. Der wahre Charakter von Mama Euler trat wieder deutlich hervor. Sie hätte jetzt eine gute Gelegenheit gehabt, mich billig loszuwerden, aber nein! War es Eigensinn oder Überlegung? Wie es schien, wäre es ihr Wunsch gewesen, mich bis zu ihrem Tod als Pflegerin zu haben. Nachher hätte ich ihren Schwiegersohn heiraten sollen. Das befürchtete auch mein Mann, wie er mir später sagte. Mama Euler quälte mich in der Folgezeit unerträglich, warf mir wieder Undankbarkeit, Koketterie, ja sogar Geilheit vor. Obwohl sie wußte, daß es nicht der Wahrheit entsprach, behauptete sie, ich hätte dem soviel älteren Mann den Kopf verdreht, sei viel zu jung für ihn und wolle aus rein spekulativen Gründen eine Ehe eingehen, die über kurz oder lang zu einer Katastrophe führen müsse. Solche Vorwürfe kränkten mich zwar, sie waren aber so gegenstandslos, daß sie mich innerlich nicht treffen konnten. Aber nun waren meine Pflegeeltern machtlos, und es gereichte mir zur Genugtuung, mich an Mama, die mich die ganze Zeit sinnlos gequält hatte, zu rächen.

Dann jedoch hielt ich mich selbst für undankbar und erinnerte mich an viel Gutes, das Mama an mir getan hatte. Der Kummer um den Verlust ihres einzigen Kindes verließ sie nie, er führte manchmal zu Depressionen. Ich mußte selbst einsehen: Ich war ihr nur ein unvollkommener, schlechter Ersatz gewesen. So lebten wir zwei Menschen aneinander vorbei, beide bemüht, das Beste zu geben, ohne dazu fähig zu sein. Was gemeinsamem Blut leicht möglich gewesen wäre, versagte hier durch die Verschiedenheit unserer Naturen, die nicht zusammenfanden.

So blieb meinen Pflegeeltern nichts anderes übrig, als gute Miene zum bösen Spiel zu machen, denn mit einer Persönlichkeit wie Bürgermeister Sellmayer durften sie es nicht verderben. Meine kurze Verlobungszeit beglückte mich, ich spürte die große Liebe Martins, was mich befähigte, sie

zu erwidern. Ich war mit meinem Schicksal zufrieden und nahm mir vor, meinem Mann eine gute, liebende Frau zu sein.
Wir mußten einen Ehevertrag schließen, was erhebliche Schwierigkeiten bereitete. Papa Euler vertrat mich, die Interessen der beiden Söhne meines Mannes nahm deren Onkel Mark, der Bruder ihrer verstorbenen Mutter, wahr. Das Ergebnis war für mich unvorteilhaft, Herr Euler wollte durchaus, ich sollte zurücktreten. Das kam für mich selbstverständlich nicht in Betracht. Hätte ich so gehandelt, so wäre ich später mit Eulers das Opfer der Mordtat geworden.

Eheschließung mit Martin Sellmayer

Unsere Hochzeit wurde in kleinstem Kreise gefeiert, nur die nächsten Verwandten und einige wenige Geschäftsfreunde aus der Fabrik waren anwesend. Nicht einmal die beiden Söhne meines Mannes, Jakob und Wilhelm, die sich im Ausland befanden, konnten kommen.

Jakob schrieb mir folgenden Brief:
„Liebe Ursula! oder wie soll ich Dich nennen? Wenn wir es richtig sagen, so bist Du nun meine Mutter, wenn mein Herz sprechen soll, so möchte ich ausrufen: Geliebte! Du bleibst es, solange ich lebe, doch heute muß es das letzte Mal sein, es zu bekennen, denn jetzt steht mein verehrter Vater zwischen uns. Noch kommt mir alles wie ein Spuk vor, wenn ich auch schon wußte, daß mein Bemühen, mein Hoffen umsonst sein wird. Nun bleibt mir noch die nimmerversiegende Liebe zu Dir, wer wollte sie mir verbieten? Aber ich muß sie tief im Herzen verbergen. Glaube nicht, dies sei mir unmöglich.
Der Traum meiner Jugend ist endgültig vorbei.
Wenn ich eine Bitte an Dich richten darf: Vergiß mich nicht, bleibe um mich, schließe mich in Dein Herz, wie eine Mutter ihren großen Sohn! Ich will mich auch als solcher erweisen, Dich beschützen und Dir jederzeit zur Seite stehen, wann immer Du meiner Hilfe bedürfen solltest.
Dein Jakob“

Ich war gerührt und gelobte mir, ihm so viel Liebe zu geben, wie es nur eine Mutter vermag.
Wir machten keine Hochzeitsreise, sondern bezogen gleich, die alte, aber neu ausgestattete Wohnung meines Mannes im Sellmayerschen Haus am Marktplatz. Es war mir recht bänglich zumute, er ein Mann in den besten Jahren, der bereits eine fünfundzwanzigjährige Ehe hinter sich hatte, in jeder Hinsicht erfahren, im Vollgefühl seiner männlichen Stärke und Überlegenheit. Dagegen war ich noch völlig unerfahren und stand ihm hilflos gegenüber wie ein Kind. Wer sollte mich auch in die intimen Beziehungen zwischen Mann und Weib eingeweiht haben? Meine Eltern lebten schon lange nicht mehr, und Mama Euler wäre es im Traum nicht eingefallen, über solche Dinge mit mir zu sprechen. Ich glaubte überhaupt, daß zu

dieser Zeit alle jungen Mädchen höheren Standes gänzlich unwissend und unvorbereitet ins Ehebett gelegt wurden. Als völlig Unerfahrene hätte ich ein Spielball in den Händen meines Mannes sein können, aber er nahm mich mit großer Vorsicht, voll Güte und Zärtlichkeit in seine Arme. Das danke ich ihm noch heute, denn es war der Beginn schöner und harmonischer Ehejahre. So liebevoll er auch sein konnte, war die Nacht verrauscht, war er nur noch der höfliche und rücksichtsvolle Gatte, der es sich zum Grundsatz machte, keinerlei Gemütsregungen zu verraten, vor allem nicht vor anderen Menschen. Das hätte er nicht mit seiner Stellung als Herr und Ehrenbürger der Stadt vereinbaren können.

Unsere Ehe verlief nicht ohne äußere Erschütterungen. Für die Fabrik kamen schlechte Zeiten, kriegerische Verwicklungen und Großspekulationen drückten auf die Aktien. Da mein Mann seinen Söhnen pflichtgemäß das mütterliche Erbe ausbezahlt hatte, mußten wir Aktien zu schlechten Bedingungen verkaufen, um unseren hohen Lebensstandard aufrechtzuerhalten. Das große Haus mit vielen Dienstboten, die Equipage mit Kutscher, verschluckten hohe Summen. Mein Mann hatte sich den reichen Roland Müller in der Hauptstadt ausgesucht und verkaufte ihm viele Aktien weit unter Wert. Später hat dieser Herr ein ganzes Vermögen daran gewonnen, sich in bester Lage ein Warenhaus errichtet und eine feudale Villa im vornehmsten Viertel erbaut. Nun drängte ich darauf, uns einzuschränken, wir vermieteten Läden in unserem Stadthaus und gaben die Equipage auf. Darunter litt ich nicht, denn ich war sparsam erzogen. Die geschäftliche Lage besserte sich auch bald wieder, es kamen Zeiten, in denen die Fabrik reichlichen Gewinn abwarf und wir wieder im Wohlstand leben konnten.

Kurz nach meiner Verheiratung trat Herr Euler, wie vorher schon Georg, der ältere Bruder meines Mannes, als Gerant der Fabrik zurück. Mein Mann, immer noch der größte Aktienbesitzer neben seinem Bruder, meldete sich nun dazu. Nachdem er eine zweite Familie gegründet hatte, wäre ihm eine dauernde Beschäftigung doch wertvoll gewesen, zumal die Textilgroßhandlung der Gebrüder Sellmayer aufgelöst worden war. Sie hatte vielen Generationen der Familie Arbeit gegeben und guten Verdienst abgeworfen. Ihr Ruf drang weit über Schwaben hinaus in alle Welt. Nun rächte es sich, daß sie den Inhabern nach Gründung der Fabrik überflüssig erschien.

Der Bruder und sein Anhang wiesen das Ansuchen meines Mannes schroff zurück. Die Gründe hierfür waren nach meiner Ansicht nicht stichhaltig, denn Martin war ein gewiegter Fachmann hohen Ansehens in den Handelskreisen und als ehemaliger Bürgermeister der Stadt geachtet und beliebt. Freilich war mir als jüngstem Mitglied der Familie vieles nicht bekannt, erst später gewann ich Einblick in manche dunklen Zusammenhänge. Mit beigetragen hatte ohne Zweifel die Animosität meines Schwagers gegenüber meinem Mann. Sie ist darauf zurückzuführen, daß mein Mann vor seinem älteren Bruder zum Bürgermeister gewählt wurde, was diesen schwer kränkte und in Opposition zu ihn trieb. Mein Mann sollte sogar ein zweites Mal Bürgermeister werden, lehnte aber ab; nur dadurch wurde nun Georg sein Nachfolger.

Für mich war dies alles sehr peinlich, veranlaßte mich indessen, mir Einblick in die Führung der Fabrik zu verschaffen. Das war auch im Hinblick darauf zweckmäßig, daß mein viel älterer Mann nach menschlichem Ermessen lange vor mir sterben würde und ich dann die geschäftlichen Zusammenhänge einigermaßen beurteilen können müsse. Mein Mann hatte nichts dagegen einzuwenden, sondern unterstützte meine Absicht.

Es gab allerlei Aufregungen in der Fabrik, die ich nun verfolgen konnte: Die Hauptaktionäre waren nach wie vor Mitglieder der Familie Sellmayer. Sie beteiligten sich jedoch nicht mehr aktiv an der Geschäftsführung, die in den Händen des Direktors *Hartmann* lag. Dieser Herr war mir durchaus sympathisch, wenn wir zusammentrafen, wo immer es auch gewesen sein mag, bei Besuchen in der Fabrik oder auf Gesellschaften, kam er mir mit großer Höflichkeit entgegen. Ich bezweifelte aber, daß er auch in der Lage wäre, die Fabrik mit starker Hand zu steuern, wenn einmal eine ernsthafte Krise entstehen, oder es gar zu Katastrophen kommen sollte. Vielleicht war er skrupellosen Menschen gegenüber – und solche gab es leider zur Genüge –, zu weich, zu aufrichtig und zu wenig robust. Er war wohl nicht gewohnt, seine Ellenbogen mit Nachdruck zu gebrauchen. Doch es heißt mit Recht: „Auf einen groben Klotz gehört ein grober Keil“.

Diese groben Klötze verstanden es indessen oft, in der Gestalt eines Schleichers, Schwätzers oder Betörers aufzutreten. Dies gleich zu erkennen lag unserem ehrenwerten Herrn Hartmann sicher nicht. So kam es, daß er zum Schaden der Fabrik das Opfer des trefflichen Herrn *Pomuffel,* des geschickten und erfolgreichen Leiters der Verkaufsorganisation „Eschenberg & Schulze“, wurde.

Herrn Pomuffels Erwartungen nach dem tragischen Tod seiner Chefs, erfüllten sich. Er machte sich bald so unentbehrlich, daß er in den zwischen der Fabrik und der Firma „Eschenberg & Schulze" geschlossenen Vertrag eintreten konnte. Damit hatte er seine Selbständigkeit, und was ihn besonders reizte, einen guten Verdienst und das damit verbundene Ansehen. Er besuchte meinen Mann bei allen sich bietenden Gelegenheiten, sei es der Geburtstag, das nahende Weihnachtsfest oder dergleichen. Stets erschien er mit freundlich lächelndem Gesicht, die Liebenswürdigkeit selbst. Nie kam er ohne ein schönes, persönliches Geschenk, und man muß sagen, er hatte Geschmack und war nicht kleinlich. Jedesmal fiel auch ein prächtiger Blumenstrauß für mich ab. Selbstverständlich machte er es bei den anderen einflußreichen Aufsichtsräten der Fabrik nicht anders. Mein Mann war Menschenkenner und ließ sich von Herrn Pomuffel nicht täuschen, aber er konnte ihn leiden, wenn er so unbeschwert vor ihn trat und im echtesten „Schwäbisch" zu plaudern begann. Mir ging es nicht anders, der junge Mann sah so ehrlich, offen und menschenfreundlich aus, wer hätte ihm mißtrauen sollen? Auch war er doch so tüchtig und immer voll neuer Ideen, die er auch mit Initiative und Hartnäckigkeit in die Tat umzusetzen verstand. Dabei war er vorsichtig beim Eingehen eines eigenen Risikos, lieber ließ er andere „das Eisen aus dem Feuer holen", aber man muß gestehen, er überblickte die Marktlage mit großer Sicherheit und täuschte sich selten. Einmal trat er mit einem ganz persönlichen Anliegen an meinen Mann heran:
Er sollte ihm durch seine Empfehlung dazu verhelfen, seiner Tochter Eintritt in die Gesellschaft zu verschaffen. Mein Mann wollte ihm diesen Wunsch nicht abschlagen und es fiel ihm nicht schwer, ihn zu erfüllen. Viel Dank erntete er allerdings nicht, denn Herrn Pomuffels Töchterchen war zwar ein nettes Menschenkind, zeichnete sich aber weder durch Schönheit noch durch Klugheit aus. So kam es, daß sie trotz großen Aufwandes an wertvoller Toilette und prächtigem Haarschmuck kaum Beachtung fand. Doch auch für sie fand sich schließlich der passende Ehemann, der mit Schwiegervaters Finanzspritze ein einträgliches Geschäft aufmachen konnte. Herr Pomuffel imponierte mir, mein Instinkt hingegen gebot mir, Vorsicht vor allzu glatten Charakteren walten zu lassen. Zu dieser Zeit befaßte ich mich interessehalber mit Graphologie. Ich gab ein und dieselbe Schriftprobe von Herrn Pomuffel an verschiedene bekannte Graphologen. Die Urteile waren zwar voll des Lobes über die au-

ßergewöhnliche Tüchtigkeit des Schreibers, hoben jedoch seine Sucht nach Geld hervor und bezweifelten seine Ehrlichkeit. Wenn wir auch nicht von der Unfehlbarkeit der Schriftdeutung überzeugt waren, so machten uns die gleichlautenden Urteile, besonders im Hinblick auf die Ehrlichkeit, doch stutzig und mahnten uns zur Vorsicht.
Daß sich Herr Pomuffel auch an Herrn Direktor Hartmann heranmachte, lag auf der Hand. In ihm sah er ein Objekt für die Durchführung seiner Pläne, die den Anschein erwecken sollten, im Interesse der Fabrik zu liegen, tatsächlich indes nur ihm zu weiteren Einnahmen und zur Steigerung seines Einflussen dienten. Mit wertvollen Geschenken, Schmeicheleien und anderen Aufmerksamkeiten begann er und erreichte durch seine Beredsamkeit und Überzeugungskraft eine immer enger werdende Umgarnung Herrn Hartmanns, der schließlich zum Unglück der Firma in seine völlige Abhängigkeit geriet.
Herr Pomuffel erhielt das ausschließliche Recht zum Verkauf der in der Fabrik hergestellten Stoffe, wobei ihm ein fester Preis vertraglich zugesichert wurde; er verpflichtete sich dafür, eine gewisse Menge abzusetzen. Herr Hartmann war so angetan von der Geschäftstüchtigkeit seines Partners, daß er mit noch weit größeren Bezügen rechnete. Aber schon die vereinbarten Mengen sicherten eine regelmäßige, lohnende Fabrikation.
Alles ging ganz gut, das Geschäft florierte, allein Herr Pomuffel wollte noch mehr verdienen. Er versuchte Herrn Hartmann zu veranlassen, die Preise herabzusetzen, um die Konkurrenz allmählich auszuschalten. Die Gegenvorstellung Herrn Hartmanns, die Verdienste seien doch gut und es bestehe eigentlich kein Grund, eine Änderung vorzunehmen, ließ Herr Pomuffel nicht gelten. Nein, der Konkurrenz müsse ein Schlag versetzt werden, von dem sie sich nicht so bald erholte! Schon durch eine geringe Reduzierung könne der Absatz gewaltig erhöht werden. Der Fabrik werde es ein leichtes sein, die Produktion durch bessere Ausnützung der Maschinen erheblich zu erweitern. Herr Hartmann ließ sich endlich überzeugen und schloß einen neuen Vertrag mit Herrn Pomuffel. Dieser mußte sich verpflichten, die Preise den Kunden gegenüber einzuhalten. Wieviel mehr er verkaufen müsse, damit der Verdienst der Fabrik auch wirklich steige und nicht etwa durch die geringeren Preise stagniere, wurde leider nicht festgelegt.
Die neuen Vereinbarungen schienen sich zu bewähren, doch glaubte Herr

Hartmann feststellen zu müssen, der ohne Zweifel einsetzende Mehrabsatz genüge nicht ganz, um die niedrigeren Preise zu rechtfertigen.
Eines Tages erschien bei ihm, übrigens nicht unerwartet, Herrn Pomuffels Mitarbeiter, Herr Geipel. Er müsse ihm eine peinliche Eröffnung machen, aber sein Gewissen zwinge ihn dazu: Herr Pomuffel liefere nach wie vor einem Teil seiner Kunden die Stoffe zu den alten, höheren Preisen, rechne dagegen der Fabrik gegenüber zu den neuen, billigeren Preisen ab. Nun war die Bombe geplatzt!
Die Angelegenheit hatte folgende Vorgeschichte: Geipel war seit einigen Jahren bei Pomuffel angestellt. Da er Einblick in die Buchhaltung hatte, fielen ihm die Unregelmäßigkeiten seines Chefs bald auf. Dieses Wissen wollte er für seine Zwecke auswerten. Er sagte sich, wenn Pomuffel faule Geschäfte mache, so müsse er wenigstens auch etwas davon bekommen. Er ließ auf diplomatische Weise Pomuffel merken, was er wisse und trat kurz darauf mit der Bitte um eine Gehaltserhöhung an ihn heran. Sie wurde ihm bewilligt, doch dabei blieb es nicht, er wiederholte seine Forderungen in regelmäßigen Abständen. Als Pomuffel Schwierigkeiten machte, wurde er deutlicher und ging schließlich zu Drohungen über. Pomuffel griff tief in die Tasche, um seinen Mitarbeiter zum Schweigen zu bringen. Das ging einige Zeit, dann fing das Spiel von vorne an. Am Ende blieb Pomuffel, um nicht noch Verluste zu erleiden, nichts anderes übrig, als weitere Forderungen kategorisch abzulehnen. Geipel spielte nun den Beleidigten und erklärte, er werde sowohl Herrn Hartmann als auch das Gericht verständigen.
Das war für Pomuffel ein schwerer Schlag! Nun mußte dieser gewiegte Geschäftsmann, der natürlich überall als streng seriös galt, überlegen, wie er sich aus der Schlinge um den Hals befreien könne. Es fiel ihm so ziemlich das Dümmste ein, seine sonstige Schläue hatte diesmal versagt. Er ging zu Herrn Hartmann, klagte über die Unredlichkeit seines Mitarbeiters und bat ihn, Herrn Geipel nicht zu empfangen, wenn er demnächst zu ihm kommen werde, sondern an ihn, Herrn Pomuffel, zurückzuverweisen. Nun wurde auch Herr Hartmann hellwach!
Die Gerichte wurden verständigt, Herr Pomuffel wegen Betrugs angeklagt. Er kam mit einer Geldstrafe von 5000 Mark und einer Gefängnisstrafe von drei Monaten, allerdings mit Bewährung, davon. Die Gefängnisstrafe versuchte er bei den nun folgenden Unterredungen mit Herrn Hartmann zu verheimlichen.

Die Lage war einigermaßen schwierig. An und für sich wäre eine Aufhebung des Vertrages gerechtfertigt gewesen. Herr Pomuffel versuchte klarzumachen, nicht er, sondern einige Mitarbeiter, denen er vertraut und weitgehende Vollmachten eingeräumt hatte, trügen die Schuld. Herrn Hartmann fiel es schwer, das zu glauben, er meinte auch herauszuhören, daß Herrn Pomuffels Frau eher Gelegenheit hatte, solche Manipulationen, die nur ihr und ihrem Manne zugute gekommen wären, vorzunehmen. Immerhin war Herr Pomuffel so anständig, zu versuchen, seine Frau von der gemeinsamen Schuld zu entlasten. Als Herr Pomuffel im Laufe des Gespräches reumütig in Tränen ausbrach, war es um die strengen Vorsätze Herrn Hartmanns geschehen. Er war geneigt „Gnade vor Recht zu üben" und zu verzeihen.
Herr Hartmann hatte aber noch andere Gründe, keine weiteren Konsequenzen zu ziehen. Eine Trennung von Pomuffel hätte eine völlige Umstellung der ganzen Verkaufsorganisation nach sich ziehen müssen. Die verschiedenen Absatzkanäle waren ihm nicht so vertraut, und schließlich hätte Herr Pomuffel mit seinem ganzen Vertreterstab zur Konkurrenz übergehen können. Es wäre sehr schwer gewesen, eine Persönlichkeit zu finden, die auch nur einigermaßen über seine Qualitäten als Verkäufer verfügt und in allen einschlägigen Kreisen so beliebt und angesehen gewesen wäre. Über seine negativen Eigenschaften, vor allem seine Unehrlichkeit, konnten sie ja nichts wissen.
Herr Pomuffel mußte den entstandenen Schaden, der eine gehörige Summe ausmachte, nachbezahlen und gewisse regelmäßige Kontrollen über sich ergehen lassen. Damit wurde eine Wiederholung seiner Unterschlagungen für immer unmöglich. So dachte wenigsten Herr Hartmann. Nun nahm alles wieder seinen gewohnten Gang, und die Umsätze stiegen.

Mein Mann wurde von dieser Affäre unterrichtet. Ich hielt die Art und Weise, wie sie beigelegt wurde, nicht für richtig, konnte aber auch keine bessere Lösung vorschlagen. Mein Inneres sträubte sich dagegen, einem auf der Tat Ertappten, der das in ihn gesetzte Vertrauen schmählich verraten hatte, neues Vertrauen zu schenken, nur weil das für die Aufrechterhaltung des Geschäftsablaufes für vorteilhaft erachtet wurde. Andererseits gibt es unzählige einmalige Vergehen, und man sollte jedem einmal Gestrauchelten eine Chance geben.
„Gelegenheit macht Diebe", und „Führe mich nicht in Versuchung."

Wurde es Pomuffel nicht zu leicht gemacht, uns zu betrügen? Unzählige Diebstähle sind unaufgeklärt geblieben, neue kommen täglich hinzu. Ist jemand ganz sicher, etwas stehlen zu können, ohne daß es jemals aufkommen wird, das Risiko für ihn also gleich null ist, so kann nur Charakterstärke einen solchen Diebstahl verhindern. Darf man diese Charakterstärke bei allen Menschen voraussetzen? Bestimmt nicht, denn Gewissensbisse sind vielen Menschen unbekannt, ganz gleich, welchem Stande sie angehören mögen. Es erwies sich später, daß wir Herrn Pomuffel zu gut beurteilt hatten und es besser gewesen wäre, uns völlig von ihm zu trennen.

Seine Verkaufsorganisation machte gute Fortschritte, der Umsatz stieg von Jahr zu Jahr. Die Hoynhausener Stoffe waren bester Qualität und erfreuten sich im In- und Ausland wachsender Beliebtheit, dabei waren sie billig im Preis. Herr Direktor Hartmann hatte allerdings keinen leichten Stand. Dauernd wurde er von Pomuffel bedrängt und veranlaßt, die Qualität der Stoffe weiter zu verbessern und das Sortiment zu vergrößern. Dann kamen verschiedene Rückschläge: Ein Brand in der Spinnerei vernichtete mehrere Säle. Durch die Versicherung konnte nur ein Teil des Schadens gedeckt werden. Hierauf führte ein Bruch der alten Dampfmaschine zu einer schweren Betriebsstörung mit Fabrikationsausfall. Der notwendig gewordene Bau einer neuen Dampfmaschinenanlage und der Ersatz der verbrannten Spindeln durch modernere erforderte hohe Summen. Die Reserven mußten aufgebraucht, eine Bankhypothek aufgenommen und das Aktienkapital erhöht werden.

Aber ein Unglück kommt selten allein. Streikdrohungen führten zu höheren Löhnen, die Herstellungskosten stiegen, eine schleichende Inflation machte sich bemerkbar. Die Differenz zwischen den Fabrikationskosten und den erzielten Erträgen verminderte sich zunehmend. So ging es nicht mehr weiter. Das Nächstliegende wäre eine Erhöhung der Stoffpreise gewesen, selbst auf die Gefahr eines gewissen Rückgangs des Verkaufes. Da bestand jedoch die Schwierigkeit, daß Herr Pomuffel laut Vertrag noch für mehrere Jahre ein fester Preis zugesichert war. Für ihn bedeutete der billige Preis durch die Steigerung des Verkaufes einen Vorteil, den er sich nicht nehmen lassen wollte. In Verhandlungen zwischen Herrn Hartmann und ihm zeigte er sich völlig unnachgiebig, alle Bemühungen Direktor Hartmanns, ihm klarzumachen, die Existenz der Fabrik sei gefährdet, wenn die Preise nicht angeglichen würden, rührten Herrn Pomuffel nicht im geringsten, er bestand auf seinem Recht, zeigte sich störrisch, ja, er gab jetzt selbst seine frühere Höflichkeit und Unterwürfigkeit auf und wurde so anmaßend, daß er es sogar ablehnte zu neuen Verhandlungen, wie früher, zu Direktor Hartmann zu kommen, sondern diesem zumutete, sich zu ihm zu begeben.

Konkurrenzunternehmungen, die höhere, marktgerechte Preise erzielten, verbesserten ihre Fabrikationsanlagen durch die in Gang gekommene Automatisierung, was den Hoynhausenern wegen starker Geldverknappung einfach unmöglich war. Doch das rächte sich, denn es verminderte ihre Konkurrenzfähigkeit. Anderen Fabriken gelang es nun, mit Hilfe ihrer moderneren Anlagen ihrerseits billiger und doch rentabel zu liefern. Tiefe Niedergeschlagenheit machte sich in den Kreisen der Hoynhausener Fabrik bemerkbar. Die Aktionäre verkauften Aktien zu schlechten Kursen, und Direktor Hartmann wußte sich nicht mehr zu helfen. Nur Herrn Pomuffel berührte das alles nicht, er verdiente nach wie vor gut und legte sein Geld in sicheren Unternehmungen an, kaufte Häuser in der Hauptstadt, betrieb eine große Jagd und kümmerte sich nicht um die Sorgen der Fabrik. Wie sich später herausstellte, beteiligte er sich sogar an einem Konkurrenzunternehmen. Seine großzügigen Geschenke, die entsprechend dem Einflusse der Beschenkten wohl abgewogen waren, wurden immer kleiner, bis sie schließlich ganz ausblieben. Das ließ die Herren zwar kalt, aber die Überheblichkeit gegenüber seinen bisherigen Gönnern, denen er alles verdankte, kränkte diese.

Es ging noch einige Zeit so weiter, doch schließlich wurde die Verschuldung der Fabrik so hoch, daß Hartmann keinen anderen Ausweg mehr fand, als die Generalversammlung einzuberufen. Noch bestanden der Aufsichtsrat und die Hauptaktionäre der Fabrik vorwiegend aus Mitgliedern der Familie Sellmayer. Die alten Herren waren durch die Enthüllungen Hartmanns erschüttert, schwere Vorwürfe wurden gegen ihn wegen seines unglücklichen Vertrages mit Pomuffel erhoben. Allein das nützte nichts mehr, die Lage war so katastrophal, daß eine Liquidation unumgänglich erschien.

Es wurde eine auswärtige aufstrebende Baumwollspinnerei- und Weberei gefunden, die bereit war, die Hoynhauser Werke zu übernehmen. Die Aktien wurden gegen solche der neuen Firma unter beträchtlichen Verlusten umgetauscht. Damit endete die lange ruhmreiche Tradition der Familie Sellmayer. Die ganze Stadt trauerte mit, als fremde Leute in die Fabrik

Einzug hielten. Zum Glück erlebte mein Mann den Verfall seines Werkes nicht mehr!
Herr Pomuffel überstand die Liquidation mit dem geringsten Schaden, obwohl er sie herbeigeführt hatte. Doch auch seinem Wirken wurde ein Ende gesetzt. Ich habe nichts mehr von ihm gehört, ich zweifle aber nicht an seinem weiteren Wohlergehen. Ich selbst habe schweren Herzens Abschied von einer Epoche meines Lebens genommen. Die wirtschaftlichen Verluste konnte ich ertragen, denn ich stellte keine großen Ansprüche und hatte noch genug, um sorglos, soweit es ums Geld ging, zu leben.
Das Kapitel: Hoynhauser Fabrik, mit der mein Mann so eng verbunden war, möchte ich hiermit abschließen, ich habe ohnehin schon weit vorgegriffen.

Meine Ehe nahm trotz des großen Altersunterschiedes zwischen meinem Mann und mir einen normalen Verlauf. Martin verehrte mich sehr, erfüllte alle meine bescheidenen Wünsche und kümmerte sich in jeder Hinsicht um mich, denn außer an den Abenden im Kreise der Honoratioren der Stadt, wo es meist heiter und ungezwungen zuging, hatte er viel Zeit. Er langweilte sich jedoch niemals, hatte großes Interesse für Kunst und Musik, versäumte es daher nie, gute Veranstaltungen zu besuchen. Nicht zuletzt mit Rücksicht auf mich mietete er in der Hauptstadt eine kleine Wohnung, die uns als Absteigquartier beim Besuch von Theater und Oper dienen sollte. Das regte uns beide an und war ein guter Ausgleich zu dem immerhin kleinstädtischen Leben zu Hause.
Übers Jahr wurde mir eine Tochter geboren, die uns beide sehr beglückte. Ich hätte wohl mit meinem Schicksal zufrieden sein können, allein von Zeit zu Zeit kamen mir Gedanken, die ich gerne verscheucht hätte. – War es undankbar gegen meinen Mann, daß ich ihm seine große Liebe, die ich täglich empfinden durfte, nicht in gleicher Weise erwidern konnte, so gerne ich es auch getan hätte?
Warum mußte Kurt Weisers Antlitz immer wieder vor mir erscheinen? Manchmal vorwurfsvoll, dann traurig, aber immer liebevoll. Wo mochte er sein? Dachte er noch an mich?
Oder hatte er sich längst mit einer anderen getröstet? Ich hätte das wünschen müssen, doch ich konnte es nicht. Was hinderte mich daran? Dann wiederum fühlte ich mich so zufrieden und geborgen an der Seite meines Mannes.

An meine Stiefsöhne in weiter Ferne dachte ich oft. Wilhelm machte uns Sorgen, denn wir hörten nur selten etwas von ihm. Mein Mann hatte von seinem geliebten Sohn leider keine gute Meinung mehr, seitdem er ihn so schwer enttäuscht hatte. Der Gedanke, was er in Paris treibe, wie er sein mütterliches Erbe verwende, beunruhigte ihn sehr. Anders stand es mit Jakob: Er schrieb regelmäßig, machte große Fortschritte in seiner Firma. Auch mir wurde seine große Anhänglichkeit zuteil. Zur Geburt meiner Tochter schrieb er mir mit folgenden Worten:

,,Liebe Ursula! Liebes kleines Mamachen! Also eine kleine Schwester hast Du mir beschert, wie freue ich mich darüber! Viel Glück der neuen Erdenbürgerin! Die mir angebotene Patenschaft übernehme ich gerne und hoffe, die Kleine recht bald einmal zu sehen. In Deinem letzten Brief meinst Du, es wäre auch für mich an der Zeit, eine Frau zu suchen und eine Familie zu gründen. Dieses Problem beschäftigt mich dauernd, soweit mir der durch Geschäfte und wissenschaftliche Studien voll ausgenützte Tag Zeit dafür läßt. Auch mein inniger Wunsch ist es, eine Frau zu finden, die meinen Vorstellungen entspricht. Gelegenheiten bestehen eigentlich, aber wenn mir eine gut gefällt und ich glaube, sie wäre für mich geeignet, überfällt mich die Angst, ich könnte mir einen Korb holen. Alle Voraussetzungen für eine Werbung fehlen mir, ich fühle mich außerstande, Liebe zu erwecken, ich bin wohl zu einsiedlerisch, es fehlt mir die nötige Kontaktfähigkeit, oder ist es, einfach ausgedrückt, Schüchternheit? Nein, das stimmt auch nicht, doch oft kommt es mir so vor, als ginge eine Welle von Kälte von mir aus, die andere Leute abstößt, warum setzen sie sich lieber nicht neben mich? Bin ich ein schlechter Unterhalter oder zu unbedeutend, um in eine Unterhaltung gezogen zu werden? Auch das stimmt nicht, denn ich bin in den hiesigen Kreisen immerhin als erfolgreicher Unternehmer und Wissenschaftler bekannt. Das ist übrigens mein ganzer Trost, denn auf meinem ureigensten Gebiet fühle ich mich glücklich und zufrieden. Manchmal denke ich ernsthaft, mir eine kleine Mitarbeiterin aus der Fabrik zur Frau zu nehmen. Es gibt wirklich sehr nette und hübsche darunter. Hier wäre ich meiner Sache sicher und würde nicht schlecht fahren. Wenn ich mir jedoch vorstelle, im Bett zwar alle Wünsche erfüllt zu sehen, aber eine Lebensgefährtin zu haben, die geistig, bildungsmäßig und gesellschaftlich weit unter mir steht, so vergeht mir die Lust, mich auf

diese Weise zu binden. – Ach, Ursula, gibt es keine Frau, die Dir gleicht?
Dein getreuer Jakob"

Ich machte mir Gedanken darüber, warum uns Jakob so selten besuchte. Liebte er mich immer noch so sehr und scheute deswegen ein öfteres Zusammentreffen? Wenn ich an Kurt dachte, so verstand ich das, denn ich würde mich fürchten, ihm nochmals unter die Augen zu treten.

Wir bemühten uns sehr, wieder in ein gutes Verhältnis zu Herrn und Frau Euler zu gelangen. Das war nicht einfach, nach der Mitteilung meiner Pflegeeltern, daß sie mich als Erbin ihres Vermögens in ihrem Testament gestrichten hatten. Ebenso erging es ihrem Schwiegersohn. Der Nachlaß sollte für eine Stiftung zugunsten der Stadt Hoynhausen verwendet werden und war vor allem für den Bau einer Schule gedacht. Testamentsvollstrecker wurde der Freund der Familie, Bürgermeister Georg Sellmayer, der Bruder meines Mannes. Die Familie Euler behielt sich indessen Änderungen vor, diese sollten in einem Vermächtnisse und Änderungen enthaltenden Schriftstück (Kodizill) festgelegt worden sein. Es sickerte durch, daß nachträglich eine beträchtliche Summe doch an mich als Pflegetochter fallen sollte. Das dürfte darauf zurückzuführen sein, daß sie ihren ersten Beschluß, mich zu enterben, bereuten und wieder gutmachen wollten.

Mein Mann und ich taten auch alles, um ihnen entgegenzukommen. Wir besuchten das etwas vereinsamte Ehepaar so oft wie möglich und wurden auch immer dankbar aufgenommen. Herr Euler nahm übrigens gerne die zweite Patenstelle bei unserer Tochter *Eva* an und kümmerte sich in rührender Weise um das aufgeweckte, stets freundliche Mädchen. Er betrachtete es immer mehr als sein Enkelkind, und auch Mama Euler erlebte an ihm nie geahnte Großmutterfreuden. Bürgermeister Georg Sellmayer sah das ungern, er war zwar mit Eulers befreundet und verkehrte viel in ihrem Hause, aber solche Freuden konnte er ihnen nicht bieten. Zu meinem Leidwesen trug dies neuerdings dazu bei, die ohnehin gespannten Beziehungen zwischen ihm und meinem Mann zu verschlechtern. Georg spielte uns gegenüber den Gekränkten und Zurückgesetzten. Er wollte sich gern in den Vordergrund schieben, doch das gelang ihm nicht, weil mein Mann angesehener und beliebter war. Das Eulersche Erbe sollte Georg in der Öffentlichkeit endlich zu Ansehen verhelfen, darum beabsichtigte er mit dessen Hilfe der Stadt eine Schule zu bauen. Aus diesem Grunde wollte er

es unbedingt verhindern, daß Teile des Erbes an die Familie seines Bruders fallen würden.
Mit meinem Mann verlebte ich zufriedene Jahre. Er war ein treuer Anhänger seiner Heimat, die er nur ungern verließ. Er schätzte die schöne Gegend und die gute Luft ungemein, und bei gemeinsamen Spaziergängen freute er sich, wenn ich seine Empfindungen teilte. Die lichten schlanken Birken mit ihrer weißen Rinde waren unsere Lieblingsbäume. In seinen Garten, den der Hofgärtner Ebert angelegt hatte, war er ganz verliebt. Er beachtete jeden Baum, und wenn eine Rose aufging und ich noch im Hause war, holte er mich am Arme herunter, um mir die neue Erscheinung zu zeigen.
Mein Mann lebte nach wie vor sehr gesellig, liebte das Zusammensein mit alten Freunden und spielte gerne Tarock mit ihnen. Es waren tolerante Zeiten, evangelische und katholische Geistliche verkehrten gerne gemeinsam in den historischen Gaststätten in und vor der Stadt. Der Vertreter der katholischen Kirche war ein guter, leutseliger Mann, nur leider vertrug er das starke Bier schlecht. So kam es vor, daß er, von zwei protestantischen Pfarrern in die Mitte genommen, bis an die Pforte seines Pfarrhauses geführt wurde.
Unser wunderschöner Garten grenzte an die Gärtnerei Ebert. Der alte Herr hatte noch eine unverheiratete Schwester, Jungfer Anna genannt, die ihn in der Gärtnerei unterstützte. Sie war früher Faktotum der Familie meines Schwiegervaters Karl Eugen Sellmayer und betätigte sich oft aushilfsweise oder bei Festlichkeiten in seiner Familie. Jeden Monat half sie mehrere Tage bei der großen Wäsche und beim Bügeln.
Über alle Angehörigen der Familie wußte sie bestens Bescheid, viel besser als ich, die erst viel später in den Familienverband aufgenommen wurde. Jungfer Anna war ausnehmend intelligent. Sicher wäre sie Lehrerin oder etwas ähnliches geworden, wenn die damaligen Verhältnisse das zugelassen hätten. Ich unterhielt mich gerne mit ihr und muß gestehen auch aus Neugierde, denn so vieles hatte sie über die Eltern und Geschwister meines Mannes zu erzählen. Die Zeit reute mich nicht, die ich mit ihr verplauderte. Meine Schwiegereltern hatte ich nie kennengelernt, sie waren schon lange tot, als ich meinen Mann heiratete. Sie wurden mir als liebenswürdige, hoch ehrbare Persönlichkeiten geschildert, an die sie mit großem Respekt zurückdachte. Jungfer Anna lüftete auch das Geheimnis, das um Johanna, die Halbschwester Martins schwebte.

Wenn aber die Rede auf seine Großmutter kam, die sein Großvater aus Italien als Ehegattin nach Hoynhausen gebracht hatte, dann verdüsterte sich ihr Gesicht, und nur widerwillig beantwortete sie meine Fragen. Man möge mir meinen Wissensdurst verzeihen, doch Martin hätte nie etwas Abfälliges über seine Großmutter gesagt. Für Jungfer Anna war sie nur die Italienerin mit ihrem unheilvollen Einfluß auf die ganze Familie, was sich insbesondere bei Georg, ihrem ältesten Enkelsohn, bemerkbar machte, der unglücklicherweise wiederum eine Nenni aus der Verwandtschaft seiner Großmutter zur Frau nahm. Wie sie das meine, wollte ich wissen. Nur zögernd erzählte sie von dem außergewöhnlichen Benehmen der Frau und ihrer Unbeherrschtheit, die bei vielen Gelegenheiten in peinlichen Szenen zum Ausbruch kam. Außerdem habe ihre Schwester ein Kind ertränkt, sie habe manchmal davor gezittert, Frau Isabella könnte dies auch einmal tun. Ich war offengestanden entsetzt über diese Enthüllungen, allein was habe dies mit meinem Schwager Georg zu tun? „Sie zwingen mich, noch mehr zu sagen", meinte Jungfer Anna, „ich tue das sehr ungern, denn ich möchte nicht für geschwätzig gehalten werden, aber es wird gut sein, wenn sie auch das wissen: Herr Georg hat krankhafte Anlagen von seiner Großmutter geerbt. Ich kenne ihn doch seit seiner Kindheit. Er war immer ein kluger Bub und hat es auch später zu etwas gebracht, doch Sie werden es kaum glauben, was ich mit ihm erleben mußte. Ich war selbst dabei, wie er als junger Bursch auf einen Nachbarsohn im gleichen Alter, nachdem sie ein Herz und eine Seele geworden waren, aufgrund eines Streites, der aus heiterem Himmel entstanden sein mag, mit einem dicken Knüppel eingeschlagen hat. Der Junge wälzte sich blutüberströmt am Boden und versuchte mit den Händen die immer wieder heruntersausenden Schläge abzuwehren. Im Augenblick der ärgsten Gefahr konnte ich durch mein Hinzutreten das Leben des hilflosen, völlig überraschten Buben retten.
Georg warf sich nun wie von Sinnen auf den Boden, weinte und schrie bitterlich. Tagelang litt er unter diesem Vorfall, den er selbst aufs tiefste bedauerte. Ich konnte Georg gut leiden, und da ich seine Heftigkeitsausbrüche kannte, die diesmal allerdings jegliches Maß überschritten hatten, wollte ich davon absehen, seine Eltern zu unterrichten, um ihm eine schwere Strafe zu ersparen. Den Nachbarsbuben versorgte ich und sprach mit seiner Mutter, die keine große Szene machen wollte und die Sache auf sich beruhen ließ. Vielleicht war das falsch, denn es lag ohne Zweifel eine

schwere Tätlichkeit vor, die man nicht hätte verschweigen sollen. Später habe ich mich oftmals gefragt, ob das Hinzuziehen der Eltern die Sache nicht noch viel schlimmer gemacht hätte!“
Mich beunruhigte das Gehörte sehr, denn nur zu häufig werden schlechte Eigenschaften auf die Kinder und Kindeskinder übertragen. Außerdem mochten die vielen Heiraten innerhalb der Hoynhausener Familien nicht gut gewesen sein, weil sich manche unerwünschte Eigenschaften in vermehrtem Maße häuften. Freilich auch die guten, und davon legt die Familie Sellmayer ebenso Zeugnis ab: Viele Unternehmer, gewiegte Kaufleute, Politiker, hohe Beamte, aber auch Künstler, Architekten, Ärzte und Wissenschaftler gingen aus ihr hervor.
Mein Mann und ich fuhren wieder für einige Zeit in unsere Wohnung in der Hauptstadt. Beide hatten wir Verlangen nach der Beschaulichkeit in Hoynhausen etwas Anregung durch Theater, Opern, Konzerte und Vorträge zu sammeln. Sosehr mein Mann seine Heimatstadt liebte, so schätzte er doch zur Abwechslung solche Genüsse. Ich freute mich, bei dieser Gelegenheit meine Verwandten besuchen zu können, meine Tante, die Schwester meines Mütterleins und die Familien ihrer beiden Brüder. In Hoynhausen verkehrte ich vor allem in den Kreisen der Familie Sellmayer mit ihrer großen Verwandtschaft. Ihren Angehörigen konnte man in der Stadt auf Schritt und Tritt begegnen. Das Schwäbische herrschte vor, und selbst die vornehmsten Persönlichkeiten hielten es für selbstverständlich, sich dieses Dialektes zu bedienen. Es war keinesfalls die Sprache der unteren Bevölkerungsschicht, was man den Dialekten in manch anderen Ländern nachsagt. Da ich das Schwäbische nicht beherrschte, fühlte ich mich manchmal etwas ausgeschlossen. Wenn die Unterhaltung allzulebhaft wurde, hatte ich Mühe, ihr zu folgen. Bei meinen Verwandten in der Hauptstadt genoß ich es, typisch pfälzische Heimatlaute zu hören. Im allgemeinen herrschte jedoch hier das Hochdeutsche vor.
Diesmal fuhren wir mit dem Eulerschen Wagen zum Bahnhof. Er wurde uns freundlicherweise zur Verfügung gestellt. Ich winkte meinen Pflegeeltern im Vorbeifahren noch einen Abschiedsgruß zu.

Der Mord

Was war geschehen? Die Schreckenskunde hatte sich bereits in der ganzen Stadt herumgesprochen, als sie auch zu uns drang. Fassungslos standen und diskutierten die Bewohner vor den Häusern, auf den Straßen und Gassen. Etwas Unerhörtes, noch nie Dagewesenes hatte sich ereignet. In dem friedlichen Städtchen wurden drei Menschen meuchlings niedergemetzelt: Der reiche Fabrikant Emanuel Euler, ehemals Gerant der Hoynhausener Baumwoll-Spinnerei und -Weberei, dessen Gattin Emilie, geb. Fromm, meine Pflegeeltern, und die Haushälterin Elisabeth Hummel. Als eines Morgens dem Bäcker, der wie alle Tage seine Brötchen abgeben wollte, nicht geöffnet wurde und der Briefträger vergebens versuchte, eine Depesche abzugeben und sich auch gegen Mittag nichts rührte, war die Nachbarschaft so beunruhigt, daß sie die beiden Neffen des Ehepaares Euler verständigten, die alsbald die offene Wohnung betraten und entsetzt zurückprallten: Auf dem Flur lagen Frau Euler, aus mehreren Wunden an Kopf und Händen blutend, Axthiebe hatten sie auf den Kopf und über dem Auge getroffen, das tief heraushing. Die Lippen waren blau gefärbt und die blutigen Hände ließen darauf schließen, daß sie am Boden liegend noch Abwehrbewegungen gemacht hatte, bis ein weiterer Hieb sie traf. Ihrem Gatten war der Schädel gespalten, der sofortige Tod dürfte eingetreten sein. Die Haushälterin hatte mehrere stumpfe Verletzungen am Kopf, die auch sofort tödlich gewirkt haben mußten. Die Diele war voller Blut. Die Leichen wurden in die Nachbarschaft gebracht, wobei alle Spuren, die vielleicht Aufklärung hätten bringen können, verwischt wurden. Das Rathaus wurde verständigt, die Polizei sollte die ersten Erhebungen an Ort und Stelle vornehmen. Bürgermeister Georg Sellmayer war nicht erreichbar, so daß die Aktion erst am späten Nachmittag erfolgen konnte. Er lag krank im Bett, und es hieß, er sei nicht ansprechbar. Sein späterer Bericht über die Ergebnisse der Durchsuchung der Eulerschen Wohnung hatte folgendes ergeben: Die Leichen lagen direkt nebeneinander, mehrere Schränke waren erbrochen und ausgeraubt. Merkwürdigerweise fand man erst nach einigen Tagen den Eulerschen Hund im oberen Stockwerk erschlagen vor, ein Beweis für die zu wenig gründlich und sachgemäß vorgenommenen Ermittlungen. Falsch war die Behauptung, die Schränke seien ausgeraubt worden, denn nach Feststellung waren weder Gold, Silber, Schmuck noch Wertpapiere entwendet worden. Den Schreibtisch und den eisernen Kassenschrank fand man aber geöffnet vor, was darauf schließen ließ, daß dem Mörder oder den Mördern nur an den Akten gelegen war. Wenn die Polizei behauptete, die Leichen nebeneinanderliegend vorgefunden zu haben, so war auch das irreführend, denn sie wurden fortgeschafft und erst später wieder in das Eulersche Haus zurückgebracht.

Die Beweggründe der Tat gaben Rätsel auf. Man hielt es für möglich, daß ein ehemaliger entlassener Kutscher meiner Pflegeeltern für den Mord verantwortlich sei. Sollte er trotz des geöffneten Kassenschrankes nur Rache verübt haben, ohne etwas von den Wertsachen mitzunehmen? Das war unwahrscheinlich.

Ein anderer Verdacht fiel auf Eulers Schwiegersohn, der vom Ehepaar Euler zugunsten der Stadt enterbt worden war. Er kam erst vierundzwanzig Stunden nach Empfang der Todesnachricht in Hoynhausen an und betrieb mit Übereile die Versteigerung des ihm zugefallenen Inventars des Eulerschen Haushaltes, ohne auch nur ein Andenken zu behalten. Aber gerade er setzte eine ansehnliche Summe als Belohnung für die Aufdeckung des Verbrechens aus.

Auch mein Mann und ich hätten unter Umständen verdächtigt werden können, denn auch ich wurde von der Familie Euler enterbt, als ich heiratete. Aber mein Mann saß zu Hause, und auch ich kam nach einer kurzen Besorgung zu ihm, wofür Zeugen vorhanden waren. Wir hätten also Meuchelmörder dingen müssen, aber auf einen solchen Gedanken dürfte wohl niemand gekommen sein.

Ein politischer Mord kam kaum in Betracht, selbst wenn Euler von ultramontaner Seite angefeindet wurde. Auch ein Akt der Rache von Arbeitern der Textilfabrik, an ihm, als reichen Fabrikherrn, ist unwahrscheinlich, denn gerade er war ein Wohltäter der Armen und hatte weder Neider noch Feinde. Je mehr ich darüber nachdachte, desto stärker wurde ich davon überzeugt: Es mußten mit den Verhältnissen vertraute Leute die Tat begangen haben. Auch der in Hoynhausen geborene Dichter Seefried, der sich aus seiner Kindheit an das freundliche Ehepaar Euler erinnerte, bezeichnet in seinen Lebenserinnerungen die Ursache des Verbrechens als völlig rätselhaft. Merkwürdig war es, daß der Täter, allem Anschein nach war es nur einer, den Kücheneingang vom Garten her benützte, den nur Eingeweihte kannten, und zu einer Zeit als damit zu rechnen war, alle Be-

wohner anzutreffen. Auch fiel es mir auf, daß der Mörder das in der Küche liegende Beil benützte, also selbst keine Waffe bei sich führte, was bei einem geplanten Verbrechen nicht denkbar gewesen wäre. Immer mehr drängte sich mir die Vermutung auf, es müßten seltsame Umstände zu der Tat geführt haben. Es konnten keine gewöhnlichen Verbrecher gewesen sein, irgendein Rätsel mußte gelöst werden. Alles deutete darauf hin, daß der Täter den Mord nicht gewollt und nicht damit gerechnet hatte. Es lag ihm ja nichts an Schmuck oder Geld. Schreibtisch und Kassenschrank waren geöffnet, ohne daß eine Gewaltanwendung stattgefunden hatte, Akten lagen am Boden verstreut herum.
Auf einmal durchzuckte mich der Gedanke, der Täter habe nach einem bestimmtem Schriftstück gesucht und war darüber mit Euler in Streit geraten. Entweder wollte er es ihm entreißen oder ihn dazu zwingen, es zu ändern. Konnte es nicht vielleicht ein Vertrauter oder ein Freund Eulers gewesen sein? Der Täter mußte schließlich außer Rand und Band geraten sein und blindlings auf Euler eingeschlagen haben. Als seine Frau und die Hausgehilfin auf sein Schreien herbeigeeilt waren, traf auch sie das Schicksal.
Zur großen Überraschung war in den Akten kein Kodizill zu finden. Alles wurde sorgfältig durchsucht, aber vergebens! Diese Tatsache war deshalb unerklärlich, weil meine Pflegeeltern mir als der Hauptbetroffenen erst in letzter Zeit wieder versicherten, an mich gedacht zu haben. Auch an beider Neffen Wolf, den einzigen näheren Verwandten, konnten sie unmöglich vorübergegangen sein. Wer konnte ein Interesse daran haben, das Kodizill an sich zu bringen? Der in Betracht kommende Kreis konnte gar nicht groß sein, doch wer könnte dabei eine so abscheuliche Tat begehen? Mußte es sich nicht um einen Wahnsinnigen handeln, der zumindest zum Zeitpunkt der Tat völlig unzurechnungsfähig war?
Da kam mir ein fürchterlicher Verdacht: Sollte es mein Schwager Georg gewesen sein, der ein Interesse daran hatte, daß der ganze Eulersche Nachlaß einmal ihm als Vertreter der Stadt zufallen sollte und nichts davon an mich und damit auch an seinen Bruder, mit dem er in Feindschaft lebte? Was erzählte mir Jungfer Anna über seine Unbeherrschtheit und zeitweise Unberechenbarkeit? Ein kalter Schauer lief mir über den Rükken.
Dann kam es mir plötzlich wieder zu Bewußtsein, daß ich kurz vor der Tat noch bis sieben Uhr bei Frau Euler zu Besuch war. Als ich das Haus ver-

ließ, dunkelte es bereits, und es fiel mir kaum auf, daß an der anderen Straßenseite Bürgermeister Sellmayer vorüberging. Als ich mich kurz darauf umschaute, war er verschwunden. Er mußte in den Eulerschen Garten eingebogen sein. Mein Verdacht, ein nächster Verwandter könnte die Tat begangen haben, bedrückte mich schwer. Ich konnte mit niemandem darüber sprechen, um mich zu erleichtern, jeder hätte auch nur den leisesten Verdacht abgelehnt. Aber wenn sie wüßten, was mir bekannt war?
Meinem Schwager ging ich nach Möglichkeit aus dem Wege. Sollte er mich doch vor Eulers Haus erkannt haben? Ich fürchtete mich vor ihm und glaubte zu erkennen, daß er eine Mitwisserin in mir vermutete. Die ganze Familie, ja die ganze Stadt litt unter der Schreckenstat, man sagte sogar, seit dieser Nacht sehe jeder Bewohner unter sein Bett, bevor er sich zur Ruhe begab. Nur ganz allmählich brachte die Zeit auch mir eine Erleichterung.
Niemand wollte mehr in dem Mordhaus wohnen. Schließlich wurde es von der Stadt abgerissen. Auf dem drei Tagwerk großen Garten wurde die Schule errichtet. Mein Schwager hatte noch den Triumph, die mit der Eulerschen Hinterlassenschaft errichtete Schule zu eröffnen. Dann aber mied er die Menschen immer mehr, und seine Gesundheit nahm schnell ab, wenig später starb er. Erst nach mehreren Jahren wurde am Ort der Mordtat, an einer nach ihm benannten Straße, Eulers Büste aufgestellt, unweit der Schule, die ihm ihr Entstehen verdankte. So wurde die Erinnerung an ihn als großen Wohltäter der Stadt wachgehalten.
Oft noch denke ich an das traute Eulersche Haus, rückwärts im Park standen vier Kastanienbäume, eine Altane war angebracht, auf der ich gerne mit einer Arbeit saß, den Blick auf das nahe Gebirge gewandt. Mein Wissen verschloß ich tief im Innern, und ich halte es für ein Glück, daß bis heute ein undurchdringlicher Schleier über den Täter und seine Motive ausgebreitet ist.

Krankheit, Tod und neue Hoffnung

Es freute mich, meinen Stiefsohn Jakob nun öfters zu sehen, nachdem er seine Zurückhaltung abgelegt hatte. Seine ersten Besuche in seinem Elternhaus fielen noch etwas steif aus, aber ich half nach Kräften, ihm den Aufenthalt angenehm zu machen und eine vertraute Atmosphäre herbeizuführen. Bald schüttete er mir sein Herz aus. Ich erfuhr, wie einsam und wie unglücklich er sich trotz seiner guten geschäftlichen Erfolge fühlte. ,,Ja – wenn ich nicht meine Fabrik hätte, wäre mein Leben sinnlos". – Er arbeitete täglich zwölf Stunden und war viel unterwegs, oft auch samstags und sonntags, wenn er die Zeit auf diese Weise besser einteilen konnte. Ich wollte ihm klar machen, er dürfe mit seinen Kräften nicht so verschwenderisch umgehen, das müsse sich an seiner Gesundheit rächen. Da ihm auch keine Zeit mehr für ein Privatleben blieb, würde er nie eine Frau finden und eine Familie gründen können. Zufrieden, meinte er, sei er nur im Kreise seiner Mitarbeiter, da gelte er etwas und alle liebten und verehrten ihn. Auch zu Hause in seinen vier Wänden fehlte ihm nichts, die Zeit sei viel zu kurz bemessen und reiche kaum, um die wichtigsten Fachbücher und Zeitschriften zu lesen, denn er müsse sich mit den Fortschritten in seinem Fachgebiet auf dem laufenden halten. Gelegentlich ein gutes Buch zu lesen sei für ihn ein Hochgenuß, leider ein seltener.

Müsse er eine Gesellschaft mitmachen, so fühle er sich einsam und verlassen. – Ich bemühte mich, ihm darzulegen, daß es bei einem solchen Leben kein Wunder sei, wenn er zeitlebens Junggeselle bliebe.

Mit seinem Vater war er sehr vertraut, auf langen Spaziergängen sprachen sie meist über geschäftliche Dinge, das lag beiden im Blute.

Mein Mann hatte noch vielseitige Interessen. In Textilfragen galt er nach wie vor als Autorität. Zum Besuch auswärtiger Messen wurde er noch des öfteren als Vertreter Hoynhausens abgeordnet. Langeweile kannte er nicht, aber ich bedauerte es doch, ihn ohne festen Beruf zu sehen, nachdem er seine Ämter in der Fabrik abgegeben hatte. Wenn wenigstens noch die Textilgroßhandlung der Gebrüder Sellmayer bestehen würde und damals nicht voreilig aufgegeben worden wäre! Für mich war es von Vorteil, daß er viel Zeit hatte und wir zusammen viele Wanderungen in die Umgebung, aber auch größere Reisen unternehmen konnten. Die Alpen lernten wir gründlich kennen, außerdem Österreich, die Schweiz, Italien und das

Elsaß. Unsere Tochter Eva war zu Hause in zuverlässiger Pflege, manchmal nahmen wir sie auch mit und hatten viel Freude an ihr.
So vergingen die ersten zehn Jahre unserer Ehe ohne weitere Aufregungen gut bürgerlich. Wir waren glücklich und zufrieden. Zu meinem dreißigsten Geburtstag wurde ein Gartenfest veranstaltet, viele Gäste kamen, auch mein Stiefsohn Jakob. Allgemein wurde mein jugendliches Aussehen gelobt, und am Abend war ich ganz gerührt ob der vielen Beweise der Freundschaft und der Verehrung. Als ich todmüde ins Bett sank, dachte ich: nun bist du dreißig Jahre alt, also noch eine junge Frau, und dein Mann schon über fünfundfünfzig, wenn auch noch rüstig und gesund. Wie wird es indessen in zehn Jahren sein? Dann bist du vierzig, noch eine Frau in den besten Jahren, aber dein Mann wird annähernd fünfundsechzig sein! Alles sollte anders werden, niemand konnte wissen, daß die besten Jahre unserer Ehe vorüber waren und uns nur noch eine kurze Spanne gemeinsamen Lebens beschieden sein sollte.
Jakob kam nun oft und gerne zu uns zu Besuch und ich freute mich, ihm Heimat und Familie bieten zu können. Sorgen bereitete uns dagegen Wilhelm, der andere Sohn meines Mannes aus erster Ehe. Wir hörten wenig von ihm, doch seine letzten Mitteilungen bestürzten uns: Er war ernsthaft erkrankt und schien auch beruflich gescheitert zu sein. Mein Mann mußte ihm sein mütterliches Erbe ausbezahlen, obwohl er kein Vertrauen mehr zu ihm hatte. Wilhelm wollte unbedingt wieder nach Frankreich und dort ein Geschäft gründen, man konnte es ihm nicht verwehren. Wie sich herausstellte, hatte er das Geld in Paris restlos durchgebracht und sogar noch Schulden gemacht. Da auch seine Gesundheit untergraben war, blieb ihm nichts anderes übrig, als in die Heimat zurückzukehren. Da ich befürchtete, mein Mann würde zu heftig mit ihm sein, empfing ich ihn in der Hauptstadt, während mein Mann in Hoynhausen blieb. Wilhelm war entkräftet, als ich ihn am Bahnhof abholte. Auch sein Äußeres, der Anzug, die Wäsche und alles war heruntergekommen. Ich richtete ihn so gut wie möglich wieder her. Er war voll Dankbarkeit und Ehrerbietung gegen mich, was mich veranlaßte, ihm soviel Liebe wie möglich entgegenzubringen. Nachdem er einigermaßen gesundet war, übernahm ich es, ihm in aller Ruhe zu sagen, er möge sich doch um eine Beschäftigung umsehen, was er auch bereitwillig tat.
Es war sehr traurig für mich zu sehen, wie dieser einst zu den besten Hoffnungen berechtigende junge Mann ins Elend gekommen war. Hatte er

doch, in einem liebevollen Elternhaus behütet, die beste Erziehung und eine gute Ausbildung genossen. Vielleicht wurde ihm zuviel Geld in die Hand gegeben, bevor er die nötige Reife und Erfahrung besaß, damit umzugehen. – Da er kaufmännisch tätig war, perfekt französisch sprach und die nötige Gewandtheit besaß, bekam er bald eine Stellung in Wien. Er nahm mit Rührung Abschied von mir und reiste ab. Zwei Jahre ging es gut, dann kam die Nachricht, er sei schwer erkrankt, man möge ihn holen. Jakob machte sich auf den Weg, um ihn nach Hause zu bringen. Frühmorgens holte ich die Brüder am Bahnhof ab und fuhr mit ihnen im Wagen in das neue Asyl, wo Wilhelm sehr gut verpflegt und behandelt wurde. Ich besuchte ihn täglich. Erst schien es besser zu gehen, aber nach zwei Monaten öffnete sich ein Geschwür im Darm und brachte ihm den Tod. Sein letzter dankbarer Blick traf mich. Jakob und mein Mann fürchteten sich vor dem Tod, so war es meine Aufgabe, alles zu besorgen, einen Sarg zu kaufen und die Überführung nach Hoynhausen zu veranlassen, wo er im Familiengrab beigesetzt werden sollte. Ein gutes, treues Herz besaß er, leider war sein Leben wenig glücklich gewesen, eine traurige Folge seiner Jugendfehler. Mein Mann nahm sich alles sehr zu Herzen, ich glaubte mein Bestes getan zu haben, um ihm die Arbeit und die Aufregungen abzunehmen. Er machte mir aber den Vorwurf, einen viel zu teuren Sarg, er war aus Zink, gekauft zu haben. Das kränkte mich. Nachdem wir zu Hause waren, fiel er mir plötzlich in den Arm, ich hatte Mühe, ihn auf einen Stuhl zu setzen, dann wurde es wieder besser. Die dann auftretenden Veränderungen seines Wesens, eine kleine geistige Abnahme mit Nachlassen des Gedächtnisses ließen jedoch darauf schließen, daß es ein Schlaganfall gewesen sein mußte. Nach und nach wurde der Verfall der geistigen Kräfte fühlbarer.

Das war für mich nach zehnjähriger glücklicher Ehe eine folgenschwere Erkenntnis. Ich mußte mich nun völlig umstellen und alles selbst entscheiden. Unsere Wohnung wurde neu eingeteilt, meinem Mann ein eigenes Zimmer zugewiesen. Die Wohnung in der Hauptstadt wurde aufgegeben, denn mein Mann fühlte noch selbst, daß er nicht mehr allein im Sommer in Hoynhausen sein konnte, zumal zu seiner Krankheit noch Angstgefühle hinzukamen und er sich vor dem Alleinsein fürchtete.

Ich fand eine Begleiterin und Pflegerin für meinen Mann, eine Frau Feldberg, die mit ihrem verstorbenen Mann lange Jahre in der nahen Irrenanstalt Friedenheim lebte und einige Erfahrungen gesammelt hatte. Nun hätte alles leichter sein können, ich machte auch noch viele Spaziergänge mit meinem Mann, was ihn erfreute, er war körperlich noch leistungsfähig und ging ohne Mühe zu Fuß. Allein der geistige Verfall schritt weiter fort. Auch seine frühere vorbildliche Sauberkeit litt unter der Krankheit, so kam es oft zu peinlichen Vorfällen. Ohne Frau Feldberg wäre es überhaupt nicht mehr gegangen. Daß er noch sinnliche Regungen hatte, war für mich das Schwerste. Er konnte sich mit dem ihm zugewiesenen Zimmer nicht abfinden und versuchte zu mir zu gelangen. Ich mußte mein Zimmer absperren, wobei es bei ihm zu Zornesausbrüchen kam, statt der früheren Liebe erhielt ich jetzt Schmähungen. Bei anderen Leuten beschwerte er sich, er habe kein Weib mehr und ich entzöge mich ihm. Der betagte Direktor der nahegelegenen Irrenanstalt, Hofrat Gutmuts, besuchte meinen Mann jede Woche. Er bestätigte schriftlich, mein Mann sei für einen Anstaltsaufenthalt reif. Aber die Hoynhauser Verwandtschaft protestierte dagegen, so etwas ließe sich mit ihrem Ansehen nicht vereinbaren. Man denke nur: eine Persönlichkeit aus ihrem Kreise, die jahrzehntelang eine führende Rolle im Leben der Stadt gespielt hatte, im Irrenhaus! Das sei unmöglich! Ich ließ es also bei den jetzigen Verhältnissen. Frau Feldberg war eine geduldige, rührende Pflegerin, und mir selbst wäre es sehr schwer gefallen, meinen Mann aus dem Hause zu geben. Hatte ich doch während unserer Ehe nur Gutes von ihm erfahren und hing ich doch mit großer Verehrung an ihm. Gewiß würde Hofrat Gutmuts alles tun, um ihn gut unterzubringen, aber es wäre mir doch ein unerträglicher Gedanke gewesen, ihn ganz fremden Händen überlassen zu müssen, ohne die Möglichkeit zu haben, ihn zu umsorgen. Nachts in meinem Kämmerlein ließen mich trübe Gedanken oft nicht schlafen: War es recht gewesen, einen viel älteren Mann zu heiraten, obwohl mein Herz längst einem anderen gehörte? War es richtig, auf Kurt Weiser zu verzichten? Gab wirklich *er* den Anstoß hierzu? War es nicht leichtfertig und unrecht, von ihm zu lassen? Hätte ich noch einige Jahre gewartet, hätte es niemand vermocht, unsere Verbindung zu verhindern! War ich schuld, daß es nicht so gekommen ist, oder er? Diese Frage stellte ich mir immer wieder und ich mußte mir sagen, es war seine Anständigkeit, nicht weiter in mich zu dringen, um mir keine Schwierigkeiten zu bereiten und mir nicht zuzumuten, auf ihn zu warten. Liebte ich meinen Mann wirklich? War es nicht vielmehr der Wunsch, dem Eulerschen Hause zu entfliehen? Hatte ich nicht sichere Verhältnisse einem ungewissen Schicksal vorgezogen? Dann warf ich mir vor, undankbar zu sein und die große Güte und Liebe, die mir mein Mann in seiner gesunden Zeit stets bewiesen hatte, nicht zu würdigen. Seine Krankheit nahm nun rapide zu, und er konnte schließlich seinen eigenen Namen nicht mehr schreiben, obwohl er sich die größte Mühe gab und ganze Papierbögen mit Schreibversuchen bedeckte. Es war für mich eine sehr traurige Zeit, ich wollte helfen und machte alle Anstrengungen meinen Mann aufzuheitern und ihn zu beruhigen. Alle Versuche nutzten nichts, ich erntete nur Unfreundlichkeiten. Am besten verstand es Eva, ihren Vater zu erfreuen, ihm Lieder vorzusingen und ihm damit ein Lächeln abzugewinnen. Er sang oft und sie begleitete ihn. Seine Stimme hat sich so gut und edel erhalten, sie war wie ein höherer Hauch aus vergangenen schönereren Zeiten, wie ein letzter Abglanz von ungetrübtem Geist und klarem Verstand. ,,Die letzte Rose" und ,,Durch die Wälder, durch die Auen", waren seine Lieblingsarien, die mit ihr zu singen er nie müde wurde. Trat Eva ins Zimmer, so leuchteten seine Augen auf, man konnte meinen, das Verständnis für seine Umgebung sei nochmals erwacht. Der Anfang des neuen Jahres brachte mir manche Kämpfe mit meinem Schwager Mark, der die geschäftlichen Angelegenheiten für meinen Mann wahrnehmen sollte. Er hatte mit Rücksicht zuzudecken, was nicht in Ordnung war und auch ich schwieg darüber, zu ändern war doch nichts mehr. Mein Mann hatte seinem Schwager die Hausbücher erst übergeben, als er nicht mehr lesen konnte, sie waren ungeordnet und sie blieben so, was nicht hätte sein sollen. Erst nachdem ich erfuhr, daß eine große Summe verlorenging, nahm ich einen Advokaten. Er sprach mit Mark darüber und redete ihm ins Gewissen, auch veranlaßte er, die Verbindung mit dem bisherigen Bankier, der unwürdig war und mit dem Vermögen meines Mannes spekulierte, zu lösen. Da mein Mann nicht entmündigt war, kaufte ich einen Geldschrank und nahm das aus Wertpapieren bestehende Vermögen wohlgeordnet hinein. Es war ein Glück, noch soviel vom Vermögen zu retten, es hätte auch anders gehen können. So war ich doch wirtschaftlich gut gesichert und brauchte mir keine Beschränkungen aufzuerlegen, zumal ich auf Sparsamkeit schon immer Wert legte.

Jakob kam nun öfters nach Hoynhausen, nachdem die Bahnverbindungen beträchtlich besser geworden waren. Wir saßen dann gemütlich am Kamin im Wohnzimmer oder im Garten. Ich wußte um seine Einsamkeit und bemühte mich, ihm im alten Elternhaus ein Heim und die Gelegenheit zu

bieten, sich auszusprechen. Er vertraute mir wie sonst wohl keinem Menschen, seit sein Vater erkrankt war. Dann taute er auf, nannte mich spaßeshalber sein geliebtes Mütterlein, aber ich vermied es geflissentlich, jemals auf unsere Jugendzeit, die ja noch gar nicht so lange hinter uns lag, anzuspielen, eben weil ich glaubte, daß er mir immer noch in Liebe anhing. Auch er hielt sich an diese stillschweigende Vereinbarung.
Am meisten machte es ihm Freude mir von seinen Mitarbeitern und Mitarbeiterinnen zu erzählen. Ich ließ ihn gewähren weil ich wußte, er hing mit ganzem Herzen an seinem Betrieb, er war sein ein und alles, und für die Menschen, die ihn täglich umgaben fühlte er sich verantwortlich, als wären es seine Kinder. Er lud damit so manche zusätzliche Last auf sich, denn manch schwere Schicksale mußte er miterleben.
Hofrat Gutsmut besuchte trotz seinem Alter und den damit zusammenhängenden Beschwerden, meinen Mann regelmäßig. Er klagte aber manchmal über zunehmende Altersbeschwerden und erklärte mir, bald aufhören zu wollen, um sich in den Ruhestand zu begeben. Vorher jedoch werde er mir seinen Nachfolger vorstellen, der dann an seiner Statt die Besuche machen werde. Es stünden mehrere Bewerber zur Wahl. Eines Tages war es soweit, der alte Hofrat kündigte mir seinen Besuch mit dem neuen Direktor der Irrenanstalt an. Das Mädchen meldete den Besuch und ich ließ bitten. Es verschlug mir die Sprache, ich konnte vor Überraschung zunächst kein Wort herausbringen, und ich fühlte, wie mir das Blut zu Kopfe stieg – vor mir stand *Kurt Weiser!* Auch ihm war die Überraschung deutlich anzusehen, denn er hatte erst kurz vorher von Hofrat Gutmuts erfahren, daß auch Herr Bürgermeister Martin Sellmayer besucht werden sollte, wobei er ihn über die schwere Erkrankung ins Bild gesetzt hatte. Kurt faßte sich sofort, begrüßte mich ebenso höflich wie freundlich und versicherte, er freue sich, eine alte Bekannte aus seiner Hoynhausener Medizinal-Praktikantenzeit wiederzusehen. Das klang durchaus korrekt. Nach seinem Besuch bei meinem Mann wurde vereinbart, die wöchentlichen Besuche wie bisher auch in Zukunft abzustatten.
Erst nach Verabschiedung der beiden Herren, konnte ich wieder klare Gedanken fassen. Wie sollte es weitergehen? Ich mußte mit Kurts regelmäßigen Besuchen rechnen. Er war, ich fühlte es, derselbe geblieben, das machte mich froh, beunruhigte mich indes gleichzeitig. Würde ich es fertig bringen, ihn beherrscht und persönlich unbeteiligt zu empfangen, wenn er in Zukunft regelmäßig ins Haus kommen würde? Nun, ich war

eine verheiratete Frau und würde mich entsprechend benehmen, vielleicht hatte er auch schon lange Frau und Kinder und betrachtete unsere Bekanntschaft und Liebe nur noch als Episode in seinem Leben. Übel hätte ich es ihm bestimmt nicht nehmen können, nein, ich mußte sogar hoffen, daß es so sein möge.

Dem nächsten Besuch fieberte ich geradezu entgegen. Schon die vorhergehende Nacht schlief ich schlecht und den ganzen Vormittag über war ich zu keiner Arbeit und zu keinem vernünftigen Gedanken fähig. Den alltäglichen Besuch bei meinem Mann nach dem Frühstück, dehnte ich nach Möglichkeit aus und bemühte mich mehr als sonst um ihn. Freilich erkannte ich, daß die Krankheit dauernd weitere Fortschritte machte und nur noch ein Schatten seiner früheren Persönlichkeit verblieben war. Dann mußte jeden Augenblick die Glocke ertönen und der Besuch herein geführt werden. Kaum gedacht, war es schon soweit. Ich brachte ihn nach einem kurzen förmlichen Händedruck ins Krankenzimmer.

Hinterher gebot es schon die Höflichkeit, ihn zu bitten, Platz zu nehmen. Er folgte der Aufforderung ohne Zögern, und so saßen wir uns nach Jahren der Trennung wieder gegenüber. Er sah gut aus, die Zeit hatte in seinem Gesicht kaum Spuren hinterlassen, wenn es auch gereift war, und das, so schien es mir, zu seinem Vorteil. Ich spürte es, auch er musterte mich. Was mochte er sich denken, sollten die letzten schweren Jahre nicht Spuren bei mir hinterlassen haben? Aber da sagte er bereits: ,,Du siehst gut aus, Ursula, fast ganz unverändert." Das ,,Du" traf mich irgendwie, doch ich hielt es für selbstverständlich, denn wer es einmal angewandt hat, der sollte dabei bleiben. Tut er es nicht, so könnte das beinahe als Vertrauensbruch betrachtet werden. Trifft man eine alte Schulkameradin, selbst wenn man sie viele Jahre nicht mehr gesehen haben sollte, so klopft man ihr auf die Schulter und begrüßt sie als alte Freundin. Wir sprachen dann über meinen Mann. Er war zwar über die Krankengeschichte schon unterrichtet, bat mich indessen, ihm nochmals alles zu sagen, was ich über die Entstehung der Krankheit und ihren bisherigen Verlauf wußte. Seine Diagnose lautete: Gehirnerweichung. Auf meine Frage antwortete er, eine Erblichkeit sei nicht gegeben. Mit einer Besserung sei aber nicht zu rechnen, darüber waren wir uns schon vollkommen im klaren. Über die noch verbliebenen Lebenschancen wollte er sich nicht äußern, es konnte sehr schnell zu Ende gehen, aber auch noch Jahre dauern. Kurt verabschiedete sich und kündigte den nächsten Besuch für die kommende Woche an, falls

keine Verschlechterung im Befinden des Patienten eintreten sollte. Sein Händedruck dauerte vielleicht einige Sekunden länger, als es sonst beim Weggehen eines Arztes üblich sein dürfte. Das spürte ich bis in die äußersten Fingerspitzen, und mein Herz schlug stärker. Oder bildete ich mir das ein?
War es nicht vielmehr ich, die ihm die Hand zu lange ließ, anstatt sie rechtzeitig zurückzuziehen?
Er sagte, die Krankheit meines Mannes sei nicht erblich. Das beruhigte mich im Hinblick auf meine Tochter Eva. Alsbald kamen mir aber Zweifel. Wie waren dann die in der Familie meines Mannes gehäuft auftretenden psychischen Störungen zu erklären! Und wenn die Krankheit nicht erblich war, mußte sie ja erworben worden sein. Mit Schaudern dachte ich an das traurige Schicksal Wilhelms. Ich konnte die Befürchtung nicht ganz von der Hand weisen, es bestünde eine krankhafte Veranlagung in der Familie meines Mannes, die sich auf irgendeine Weise bei einem Teil ihrer Mitglieder mehr oder weniger äußerte.
Voll Unruhe erwartete ich den nächsten Besuch Kurts. Warum, was versprach ich mir von ihm? Ich war verheiratet und trug die Schuld an der Beendigung unserer Freundschaft. Was fühlte er heute noch für mich, eine verheiratete Frau? Wußte ich überhaupt, ob er noch frei war? Einen Ehering hatte er allerdings nicht, allein was hat das bei einem Arzt zu sagen?
Schließlich war es wieder soweit. Nach dem Krankenbesuch forderte ich Kurt auf, im Wohnzimmer Platz zu nehmen. Ich fragte ihn, ob er sich schon häuslich niedergelassen habe, in der Anstalt wohne oder wie sonst seine Pläne seien. Als Junggeselle, sagte er, sei es für ihn am bequemsten in der Anstalt zu wohnen, seine zwei Zimmer genügten ihm, und sonst habe er alles, was er brauche: Eine große Bibliothek, ein Arbeitszimmer stehe ihm zur Verfügung, und für Verpflegung und Betreuung sei bestens gesorgt. „Du bist noch immer unverheiratet, Kurt", entschlüpfte es mir. „Ja" meinte er, „ich lernte viele Frauen kennen und stellte mir oft vor, wie schön es sein könnte, eine zu haben, die ganz mir gehört, mit der ich das Leben teilen könnte. Manche sagten mir zu, allein es fehlte die große Liebe, ohne die ich keine Bindung eingehen wollte". Er sah mich dabei mit einer Mischung von inniger Zuneigung und Hoffnungslosigkeit an. Ich war tief betroffen bei dem Gedanken, er spiele auf unsere alte Liebe an, die ihm verschlossen war. Bevor ich etwas sagen konnte, stand er auf, ent-

schuldigte sich mit weiteren Berufsverpflichtungen und wollte sich verabschieden.
Wieder fühlte ich eine Schicksalsstunde nahen. An mir lag es jetzt einzugreifen. Wirf alle Bedenken zur Seite, sprich ein Wort, das ihm Mut gibt, liebt er mich noch, so ist es gut, und alles weitere wird sich zeigen, sollte er aber mein Verhalten mißverstehen, so kann ich es nicht ändern!
Also faßte ich Mut: „Kurt, du hast den ganzen Tag zu tun, willst du nicht einmal abends zu mir kommen? Wir können dann das Abendessen gemeinsam einnehmen und uns in Ruhe unterhalten."
Ein kurzes Aufleuchten ging über sein Gesicht, nur einen Augenblick, dann sagte er: „Gerne Ursula, ich danke dir". Wir vereinbarten gleich den nächsten Tag.
Das Mädchen öffnete, es war eine ungewohnte Zeit, der Besuch konnte nicht Herrn Sellmayer gelten, dachte es sich. Ich sah ihr die Überraschung am Gesicht an, fast konnte man einen Vorwurf daraus lesen. Wir aßen und machten es uns dann im Salon bei einer Flasche Wein bequem. Bald kamen wir ins Gespräch. Über mein Leben konnte ich wenig Neues berichten, es war ihm bekannt, vollzog es sich doch im engen Kreise einer Kleinstadt. Höhepunkt war die Geburt meiner Tochter Eva. Der Eulersche Mord kam wie ein furchtbares Naturereignis über mich und wirkte nach. Sonst war wenig erwähnenswert, außer einigen geschäftlichen Schwierigkeiten, die sich meist wieder in Wohlgefallen auflösten, bis dann die Krankheit meines Mannes alles aus der Bahn warf.
Kurt sagte, sein Leben, von dem ich nach seinem Weggang von Hoynhausen nichts mehr gehört hatte, sei Arbeit und wieder Arbeit gewesen. Er habe gute wissenschaftliche Beiträge geschrieben, die schließlich zu seiner Berufung nach Friedenheim führten. Viele Menschen habe er kennengelernt, mehr kranke als gesunde. Die Kranken betrachte er als seine Schutzbefohlenen, ohne sie wäre sein Leben schal und unbefriedigend gewesen. Aber man müsse sich als Arzt davor hüten, ganz im Kreise seiner Patienten, zumal der psychisch Kranken, aufzugehen. So zog es auch ihn zur Geselligkeit, zu schönen Frauen, ohne die das Leben nicht lebenswert ist. Zum Mann gehört eine Frau, allerdings nicht irgendeine, sie muß ihn verstehen und er muß sie lieben. Er hatte kein Glück, denn wenn eine Entscheidung bevorstand, dachte er an eine andere, zwar nicht erreichbare, aber einzig geliebte. Er konnte keinen Verrat an ihr üben, es wäre auch ein Verrat an jeder anderen gewesen!

Die letzten Sätze sprach er mit sichtbarer innerer Erregung. – Wir schwiegen lange, bis es geradezu peinlich wurde, dann rückte ich etwas näher an ihn heran und sagte kaum hörbar: „Und wer ist es?"
Da zog er mich an sich, und wir umarmten uns leidenschaftlich. Nachdem ich ihn glückstrahlend hinausbegleitet hatte, befielen mich alsbald schwere Gewissensbisse: „Du bist eine verheiratete Frau, und nebenan liegt dein schwerkranker Mann! Was soll Kurt von dir denken, wenn er das Geschehen in Ruhe leidenschaftslos überdenkt? Wird er sich nicht selbst Vorwürfe machen? Aber bist letzten Endes nicht du schuld? Das hätte nicht sein dürfen, es geht wider Sitte und Anstand. Du mußt ihn bitten, nicht mehr ins Haus zu kommen, sondern einen Kollegen zu deinem Mann zu schicken."
Bei diesen Vorsätzen blieb es jedoch, denn schon das nächste Zusammentreffen zeigte, daß unsere Liebe stärker war als alle Bedenken. Wir sahen uns nun wöchentlich mehrmals, sei es bei mir zu Hause im Anschluß an den Krankenbesuch, oder an anderer Stelle, wo wir uns freier und unbeschwerter fühlen konnten.
Dessenungeachtet machte ich mir immer wieder Vorwürfe, nicht nur weil ich unsere Liebe für unerlaubt hielt, sondern auch in der Erkenntnis, daß Kurt unter den obliegenden Verhältnissen bei seiner grundanständigen Gesinnung niemals die letzte Erfüllung zweier Liebender von mir erwarten, geschweige denn verlangen würde. Wenn ich auch selbst darauf verzichten konnte, so fiel es mir doch ungemein schwer es auch bei ihm vorauszusetzen. Jahrelang hatte er sich nach mir gesehnt und nur meinetwegen sich mit keiner anderen Frau eingelassen; konnte ich ihm das weiterhin zumuten? Gewiß, er würde mich immer lieben, aber mußte denn der bei jedem Mann vorhandene Trieb zur körperlichen Vereinigung für ihn unbefriedigt bleiben?
Er würde diesem Wunsche nie nachgeben, selbst wenn ich ihn dazu ermuntern würde, wozu ich vielleicht imstande wäre, ihm zuliebe. Je öfter wir uns trafen und je vertrauter wir wurden, desto klarer wurde es mir, daß er in mir bei aller Liebe die verheiratete Frau sah, die ihm unüberschreitbare Grenzen setzte. Ich schämte mich, je daran gezweifelt zu haben und fühlte mich als die charakterlich schwächere, haltlosere und unterlegene. Mehr als bisher bemühte ich mich, meinem Mann eine geduldige Pflegerin zu sein. Frau Feldberg forderte ich immer wieder auf, einmal auszuspannen, ich würde sie gerne vertreten und nach dem Rechten

sehen. Nachdem ich abends das Zimmer meiner Tochter aufgesucht hatte, um mit ihr zu plaudern und eine gute Nacht zu wünschen, war der nächste Gang zu meinem Mann. Er war sehr unruhig und merkte es kaum, wenn ich ihm über die Stirne strich. Seine Kräfte nahmen zusehends ab.
Ohne Worte zu verlieren, waren Kurt und ich uns darüber einig zu heiraten, wenn – ja, das war das große Problem, es ließ uns keine Ruhe und führte zu Selbstanklagen. Wir warteten auf das Hinscheiden des armen Kranken um glücklich zu werden. Wir wünschten im geheimen, es möge bald dazu kommen. Man könnte sagen, das war böse und niederträchtig. Tatsächlich warfen wir uns das selbst vor. Das Problem der Euthanasie beschäftigte uns, doch wir sprachen aus naheliegenden Gründen nie darüber. – Da lag nun der Kranke in seinem Zimmer, seiner Sinne nicht mehr mächtig, unbeholfen wie ein Kind. Aber so gerne man ein Kind pflegt und umhegt, es mit Liebe umgibt, seine Fortschritte beobachtet, jedes Lächeln registriert, so schwer ist es, einem Alten und Kranken beizustehen und ihm dieselben Dienste zu erweisen wie einem Kleinkind. Ja, wenn er selbst noch etwas davon hätte und dankbar und zufrieden die Sorge um sich empfinden könnte, aber Stumpfheit und Lebensüberdruß füllen nur zu oft das Ende aus.
Könnte man dieses Ende mit Schrecken nicht abkürzen zum Wohle der Kranken und ihrer Betreuer? Und kommen noch Schmerzen hinzu, dann ist das Elend noch größer. Wenn man einen einst geliebten Menschen dahinsiechen sieht, unfähig, ihm die Schmerzen zu lindern und abzukürzen, dann ist es noch trostloser als dem langsamen Tod entgegenzusehen. Ich dachte mir oft, so möchte ich nicht sterben, lieber vorher, wenn ich noch über alle meine Sinne verfüge und die Fähigkeit besitze, Schluß zu machen. Aber wie? Soll ich mir einmal eine Kugel durch den Kopf schießen, obwohl ich keine Schußwaffe habe und nicht damit umgehen kann? Soll ich ins Wasser springen, um als gute Schwimmerin noch um mein Leben zu kämpfen? Oder soll ich mich von Bergeshöhe herabstürzen? Ich würde mir das nie trauen. Gift wäre vielleicht ein besseres Mittel, um ein Leben zu beenden und einen sanften Tod herbeizuführen. Doch woher ein sicher und schnell wirkendes Gift beschaffen? Nur zu oft sind Versuche mit Schlaftabletten fehlgeschlagen, zum Entsetzen aller Mitmenschen, die davon erfuhren. – Und wenn es einmal heißen sollte: Sie beging Selbstmord! Furchtbar, sich dies auszudenken, nein, das möchte ich meiner Verwandtschaft nicht zumuten! Der Makel des Selbstmordes müßte genommen

werden, unbeschwert sollte man sterben dürfen, wenn das Leben nicht mehr lebenswert ist.

Ich habe mir ausgedacht, wie es sein könnte, wenn es soweit ist: Um Mißbräuchen vorzubeugen, müßte man mit einer amtlichen Bestätigung versehen sein, die auf Grund eigener Wünsche oder, wenn man dazu nicht mehr in der Lage sein sollte, auf Ersuchen der nächsten Verwandten ausgestellt wird. Eine offizielle Überprüfung durch Ärzte und Juristen führt zur Ausstellung einer solchen Sterbeerlaubnis. Mit diesem Dokument versehen begibt man sich allein oder in Begleitung der nächsten Angehörigen in ein freundliches Heim im Grünen, etwa in einem Park in schöner Umgebung. Man wird von freundlichen Leuten empfangen, auf Wunsch erhält man ein Abendessen nach freier Wahl und zum Nachtisch ein Glas Wein oder ein anderes Getränk nach Belieben. Mit einem Schlafmittel versehen übt es bald seine Wirkung aus, man wird müde und sehnt sich nach Ruhe. Vor dem Einschlafen erhält man noch ein stärkeres Getränk, das nur noch bei halbem Bewußtsein getrunken wird und zur ewigen Ruhe führt.

Kann diese Todesart zu Mißbräuchen führen? Etwa wenn sich ein Verbrecher seiner Strafe entziehen will? Das ist nicht zu befürchten, denn zunächst werden junge Todeskandidaten einer besonderen Überprüfung unterzogen, und schließlich könnte es nur ein Glück für die Menschheit sein, wenn sich Verbrecher ohne Verhandlung selbst richten und die Allgemeinheit von ihrer Anwesenheit und einem drohendem Rückfall für immer befreien. Die Aussicht, auf Wunsch mit dem Leben abschließen zu können, wird viele alte Menschen von einem Alpdruck befreien. Sie leben solange es ihnen Lust bereitet und brauchen nicht mehr um ihre Zukunft zu bangen und in der Ungewißheit zu leben, was einmal wird, wenn die physischen und psychischen Kräfte immer mehr schwinden und das Leben zur Qual wird. Sollte es vorkommen, daß plötzlich eine Erkrankung eigene Entscheidung nicht mehr möglich macht, so könnte eine schriftliche, notariell beglaubigte Weisung einer ärztlichen Kommission dazu ermächtigen, das gewünschte Ende herbeizuführen. Vieles müßte bedacht und gesetzlich verankert werden, um Mißbräuche zu vermeiden. Doch das ließe sich alles regeln und der Aufwand wäre gering im Vergleich zu der unendlichen Wohltat, die Furcht vor einem leidvollen Ende zu bannen und damit den Alten möglichst lange die Freude an ihrem Dasein zu bewahren.

An einem sonnigen Septembertag lag mein Mann ganz teilnahmslos darnieder, und ich fühlte, er würde sich nicht mehr erholen. Kurt kam an sein Krankenbett und bemühte sich, ihm allerlei Erleichterungen zu bieten. Ich öffnete das Fenster, und die schon herbstlichen Sonnenstrahlen erhellten das Zimmer und berührten das Gesicht des Kranken, das bereits wie leblos auf dem Kissen lag. Es dauerte nicht lange, dann glitten die Sonnenstrahlen über seine Hände, gerade als er sein armes Leben aushauchte.

Die Beerdigung fand unter großer Anteilnahme der Bevölkerung statt, wurde doch einer der angesehensten Hoynhausener Herren zu Grabe getragen. Alle waren herbeigeeilt, Bürger, Handwerker, Handelsleute, Angestellte und Arbeiter der Fabrik und die ganze Verwandtschaft aus nah und fern. Mein Mann hatte bestimmt, daß seine beiden Frauen links und rechts von seinem eigenen Grab bestattet werden sollten. Seine erste Frau lag schon zu seiner Rechten, die linke Seite war für mich bestimmt. Ein leichtes Frösteln überlief mich bei diesem Gedanken.
Jakob blieb einige Tage bei mir, um mich bei den folgenden Formalitäten zu unterstützen und den Nachlaß zu ordnen. Mit Kurt stand er auf freundschaftlichem Fuß, und auch meine Tochter Eva war ihm zugetan. Ich fühlte wie Jakob das Verlangen hatte, sich in vertrauten Gesprächen mit mir das Herz zu erleichtern, das wohl allzusehr mit Problemen belastet war, die er anderen gegenüber nicht darlegen wollte. Dazu war er zu verschlossen. Er konnte, wie er mir gestand, mit den meisten Menschen nicht warm werden, eine unsichtbare Wand stand dazwischen, nur den alten Freunden erlaubte er einen Blick in sein Inneres, wie er es in frühester Kindheit mit seiner Mutter getan hatte. Aber das Schicksal hatte sie in alle Winde verweht, nur selten führte der Weg den einen oder anderen einmal zu ihm. Auch besaßen sie Familien, die ihr Interesse in andere Bahnen lenkte, sie bedurften keiner Freundschaften mehr. So kam es auf ganz natürliche Weise zu einer gewissen Entfremdung. Zu Geschäftsfreunden konnte er sehr herzlich und freundschaftlich sein, um ihr Vertrauen zu gewinnen, aber das war nicht echt. Hier zeigte sich sein kaufmännisches Geschick, hier war er kalter Rechner, um seinen Partner für sich einzunehmen und geschäftliche Verhandlungen zu erleichtern. Er hatte keine Scheu, mit Nachdruck seinen Vorteil zu vertreten. Nur dünkte ihm manchmal, als sei das alles Strohfeuer und falle ihm das Anknüpfen dauernder geschäftlicher Bindungen doch recht schwer.

Wenn auch geschäftlich alles in bester Ordnung war, so beschäftigte ihn doch der Gedanke an eine glückliche Ehe nicht weniger als mich. Als wir an einem Abend wieder einmal gemütlich beisammensaßen und ich dieses Thema anschnitt, erzählte er mir, mit etwas Selbstironie, sein letztes Erlebnis:

Anita, ein Mädchen aus gutem Hause, deren Vater, ein Studienrat, gestorben war, mußte sich um einen Lebensunterhalt umsehen. Welche Wahl hatten schon junge Mädchen in unserer Zeit: Ein Studium kam noch kaum in Betracht, Erzieherin oder Kinderfräulein in einem fremden Hause zu werden war nicht nach dem Geschmack einer jeden höheren Tochter, so lernte sie, wie es gerade Mode war, in einer Handelsschule alles Nötige, um sich in einem kaufmännischen Betrieb nützlich zu machen. Dazu gehörten neben buchhalterischen Kenntnissen Fertigkeiten in Stenographie und im Schreiben. Doch Jakob kam zur Sache:

„Ich suchte ein junges Mädchen, das solche Voraussetzungen erfüllte, zur Unterstützung meiner alten Sekretärin, Fräulein Miller, die dringend einer Entlastung bedurfte. Die Wahl aus mehreren Bewerberinnen überließ ich ihr. So betrat denn Anita eines Tages mein Zimmer, und ich erklärte mich alsbald bereit, sie einzustellen, denn sie gefiel mir.

Hinterher fragte ich mich, welche Gründe für einen Chef maßgebend sein sollten, eine neue Kraft anzustellen, dürfen nettes Aussehen und Anziehungskraft eine Rolle spielen oder gar ausschlaggebend sein? Nein, eigentlich nicht, aber man kann es keinem Chef verübeln, wenn er sich unter gleichwertigen Bewerberinnen für die hübscheste entscheidet. Oder doch? – Wird es keine Ablenkung bei der Arbeit bedeuten, wenn ein junges, nettes Menschenkind einem gegenübersitzt und bewußt oder unbewußt seine Reize spielen läßt? Noch dazu bei einem Junggesellen! Dann dachte ich an Fräulein Miller, die mir vertraut war, wie wenige andere, jedoch ihre besten Jahre längst hinter sich hatte und weiß Gott keine Reize mehr besaß. Manchmal ödete sie mich an, und ich hatte einfach das Bedürfnis nach einer etwas freundlicheren Umgebung.

Anita ist zwanzig Jahre alt, gut gewachsen, mittelgroß, graue Augen, braunes Haar. An weiblichen Vorzügen fehlt es nicht, dabei ist sie natürlich, nicht künstlich aufgemacht, was sie nicht nötig hat. Bei der Arbeit ist sie tüchtig, intelligent, aber wie sich später zeigte, nicht ausreichend.

Ich hatte sehr viel zu tun, die Tage waren reichlich mit Arbeit ausgefüllt. Zum Diktat bevorzugte ich Anita, man möge mir das verzeihen, doch es

war mir immer eine Freude, wenn mir Anita am Schreibtisch gegenübersaß. Sie hatte so etwas einfaches, weiblich Anziehendes an sich, sie strömte einen dezenten, angenehmen Geruch aus. Meine Augen verfolgten ihre Hand beim Schreiben und glitten dann über ihr Gesicht ihren Hals und Körper. Kein Fehler war an ihr zu bemerken, ich fing an, sie zu lieben, stellte mir vor, wie es wäre, mit ihr verheiratet zu sein. – So vergingen Wochen und Monate, ich hatte mich so an sie gewöhnt, daß ich sie nicht mehr missen wollte. Saß sie mir nicht gegenüber, so fehlte mir etwas. Allmählich ging ich dazu über, sie nicht nur still zu betrachten, sondern – sie wissen zu lassen, wie sehr ich von ihr eingenommen bin. Ich bemühte mich, Gespräche anzuknüpfen, mich über allerlei zu erkundigen, Berührungen herbeizuführen, wo immer sie sich ergaben, wie beim Vorlegen der Briefe zur Unterschrift oder beim Einholen von Erkundigungen. Manchmal frage ich mich, ob ich denn zu schüchtern sei, um etwas deutlicher zu werden.
Bei der Geburtstagsfeier meines ältesten Mitarbeiters, zu der ich auch sie eingeladen hatte, ergab sich beim anschließenden Tanz endlich die Gelegenheit, ihr unmißverständlich zu zeigen, wie sehr ich ihr zugetan bin. Die folgenden Wochen waren ein Katz- und Mausspiel. Sie mußte nach menschlichem Ermessen gemerkt haben, wie ich um sie werbe, trotzdem blieb sie immer die gleiche. Schließlich bin ich keine schlechte Partie, wenn auch älter als sie, aber keinesfalls zu alt, warum konnte die Schranke nicht überwunden werden? Habe ich zuwenig Anziehungskraft? Diese Ungewißheit währte längere Zeit, Anita war immer gleich liebenswürdig. Ich hatte den Eindruck, als gefiele es ihr sehr gut bei uns, sie blühte auf, wurde noch weiblicher, doch wie mir schien, noch zurückhaltender.
Eines Tages kam Fräulein Miller mit etwas geheimnisvoller, aber keinesfalls bedrückter Miene zu mir ins Zimmer. Sie habe ein Geständnis abzulegen. ‚Aber, liebes Fräulein Miller, was haben Sie denn angestellt?‘ ‚Nein, nicht ich, – Fräulein Anita bat mich, Ihnen mitzuteilen, daß sie ein Kind erwarte, sie dürfte so etwa im fünften Monat sein.‘
Ich war offen gestanden baff. ‚Wissen Sie denn, von wem?‘ ‚Ja,von Herrn *Pfeifer* in der Einkaufsabteilung, der bereits verheiratet ist.‘ Ich rechnete nach: Er konnte sie erst in meinem Betriebe kennengelernt haben. Was zum Teufel fand sie denn an ihm? Fräulein Miller meinte, Anita habe ihm aus Gutmütigkeit, oder anders ausgedrückt, aus Beschränktheit oder Naivität nachgegeben. Das hätte ich also auch unschwer erreichen kön-

nen, wenn ich nach seinem Vorbild etwas draufgängerischer vorgegangen wäre. Ich danke meinem Schicksal, daß es nicht so gekommen ist! Anita konnte bei uns bleiben, bis sie das Kind zur Welt gebracht hatte. Auf eine weitere Beschäftigung verzichtete sie jedoch und heiratete später einen etwas ältlichen Beamten mit Pensionsberechtigung. Die Ehe wurde nicht glücklich. Das Paar blieb zwar zusammen, vergällte sich aber das Leben durch fortwährende Zänkereien. Herrn Pfeifer entließ ich, da ich nicht gut beide im Betrieb belassen konnte. – Er ist der Typ des Ladenschwengels, hochaufgeschossen, nicht bedeutend, aber forsch in seinem Wesen. Da er kostspieligen Sport trieb, äußerlich sehr gepflegt war, seine Haare mit viel Pomade kunstvoll zurecht machte, Wert auf gute Kleider legte und etwas geziert auftrat, nannte man ihn immer nur den ‚Prinzen'. Die Folgen seines viel zu hohen Lebensstandards waren dauernde Geldnöte, die ihn oft zu Anleihen veranlaßten. Er war aber sehr kameradschaftlich und hilfsbereit, wo immer er Gelegenheit dazu hatte, und stets guter Laune. Bei den Betriebsangehörigen, namentlich bei den Damen, war er sehr beliebt. Sein Erfolg bei den Frauen war mir ein Rätsel, denn was konnte er ihnen schon bieten, außer einem freundlichen Gesicht?

Manche Menschen verfügen erstaunlicherweise bei sonst durchschnittlicher Begabung und mäßiger Bildung über hervorstechende Eigenschaften. Das fiel mir schon in der Schule auf und später oft im Leben. Wie konnte zum Beispiel ein einfacher Bauernbursche als Berufssoldat seine Mannschaft in so vorzüglicher Disziplin halten, während andere hochqualifizierte Dienstgrade schon Mühe hatten, eine kleine Gruppe in Ordnung zu halten? Warum hatten auf der Schule manche Lehrer so große Schwierigkeiten, sich durchzusetzen, während andere es spielend schafften? Das Durchsetzungsvermögen muß angeboren sein, doch braucht es nicht mit anderen hervorragenden Qualitäten einherzugehen. Das sieht man schon bei den kleinen Buben, meist beherrscht ein einzelner alle anderen, oft ist es ein Nichtsnutz, der aber die Eigenschaft hat, den anderen zu imponieren, ohne sich durch besondere Gaben auszuzeichnen. Mehrfach wird er seinesgleichen in ungünstigem Sinne beeinflussen, sei es in der Schule, als Bandenchef oder später im Leben, in der Politik oder im Geschäftsleben, zu eigenem Nutzen und zum Schaden seiner Mitmenschen. Führertum im guten Sinne ist selten und erfordert, frei von Eitelkeit und Beeinflußbarkeit, allerhöchste Qualitäten. Solche Gedanken kamen mir bei der Überlegung, welche Eigenschaften notwendig sind, um bei den

Frauen erfolgreich zu sein, und warum es manchen so leichtfällt, obwohl sie wenig äußere und innere Vorzüge besitzen. Oft hat man mit Verwunderung vernommen, wie es hochstehende Frauen zu Männern zog, die kaum etwas anderes als einen wohlgeformten Körper besaßen. Neger, besonders wenn sie Ringer oder Boxer sind, üben häufig eine starke Anziehungskraft auf weiße Frauen aus.

Unser Freund Pfeifer gehörte zwar nicht zu dieser Kategorie von Männern, aber Erfolg bei den Frauen schien ihm beschieden zu sein. Als er zu mir kam, hatte er bereits eine gescheiterte Ehe hinter sich. Im Geschäft war er ein flotter Arbeiter, der viel bewältigte, doch seine Freizeit galt den Frauen. Wo immer er Gelegenheit hatte, suchte er Anknüpfung, wobei er nicht wählerisch war, wenn er auch seinen Vorteil nicht aus dem Auge verlor. Schließlich blieb er an einer geschiedenen, freilich sehr reichen Frau mit zwei Kindern hängen, besser gesagt, sie blieb an ihm hängen, denn nach einiger Zeit wurde sie schwanger und eine Eheschließung war unumgänglich.

Nun konnte er ganz nach eigenem Belieben ein flottes Leben führen. Seine Stellung gab er allerdings nicht auf, denn er hing an seiner Arbeit und wollte seine Selbständigkeit bewahren. Seiner Ehe mit der reichen Kaufmannstochter entsprangen noch zwei Kinder. Nun wurde ein Kindermädchen angestellt, mit dem er bald ein Verhältnis begann, was zur Zerrüttung der Ehe mit seiner feinfühligen, etwas lebensfremden Frau führte. Als das Kinderfräulein ein Baby von ihm erwartete, nahm sich das seine Frau so zu Herzen, daß sie freiwillig aus dem Leben schied.

Nach tagelangem Suchen fand man sie vergiftet im Walde liegen.

Unser ‚Prinz' empfand dies als schweren Schicksalsschlag, tagelange Depressionen waren die Folge, schließlich ging auch das vorüber. Er heiratete das Kinderfräulein nach angemessener Zeit und erfreute sich an seinen eigenen und den übernommenen Kindern. Rechnet man nach, so haben ihm seine Frauen eine stattliche Zahl von Kindern beschert.

Da schlug das Schicksal nochmals zu: Ganz unvermittelt, aus heiterem Himmel, verunglückte seine Frau bei einem nicht selbst verschuldeten Verkehrsunfall tödlich.

Vielleicht war es gut, daß ihn nun die Sorge um seine Kinder ganz in Anspruch nahm. Wirtschaftliche Schwierigkeiten drückten ihn nicht, denn von der einen Frau übernahm er ein ansehnliches Vermögen, für die andere bekam er eine hohe Lebensversicherung ausbezahlt.

Er heiratete nochmals, dann kam es zum Zwischenspiel ‚Anita'.
Ich verlor ihn aus den Augen. Möge er mit zunehmendem Alter vernünftiger geworden sein, hatte er doch neben seinen leichtfertigen, auch gute Eigenschaften."

Was wird das kommende Jahr bringen? Vorerst ist mir ein freudloses Witwendasein beschieden, schwarz in schwarz vom Kopf bis zu den Füßen bin ich gekleidet, so will es der Brauch.

Ja, wenn ich Kurt nicht hätte, wüßte ich nicht, wie ich diese Zeit ertragen sollte. Aber wir konnten uns nur selten und dann nur kurz treffen, alles andere würde sich nicht schicken. In einer kleinen Stadt wird scharf beobachtet, und an Lästerzungen fehlt es nicht. Zum Glück konnte mir niemand meine Zukunftsgedanken rauben. Ich hatte eine klare Vorstellung, wie sich mein künftiges Leben gestalten würde, das half mir über trübe Stunden hinweg und machte mich zuversichtlich.

Jakob lud mich zu sich in seine komfortable Junggesellenwohnung in der Hauptstadt ein, damit ich in der völlig neuen Umgebung auf andere Gedanken käme. Das nahm ich gerne an und verließ Hoynhausen für einige Wochen. Eva brachte ich bei guten Bekannten unter, sie war dort gerne gesehen, hatte gleichaltrige Spielgefährten, was ihr sehr zusagte, und fühlte sich auf diese Art nicht unglücklich über die Trennung von ihrer Mutter. Jakob bemühte sich rührend, mir die Tage in der Hauptstadt so angenehm und abwechslungsreich wie möglich zu machen. Er zeigte mir auch seine Fabrik mit allen ihren Einrichtungen. Ich war sehr angetan von dem, was er in mühsamer Arbeit geschaffen hatte. Bei den Leuten herrschte ein guter Ton, man konnte merken, daß sie zufrieden waren und ihrem Chef Achtung und Verehrung entgegenbrachten. Alle Maschinen ließ ich mir zeigen und ihren Zweck erklären.

Als wir in die Kellerräume gelangten, war ich erstaunt über ein riesiges Weinlager. „Du verkaufst doch Farben und keine Weine", vermerkte ich.
„Sehr richtig, aber der Wein ist für die Vorarbeiter und Einkäufer meiner Kunden bestimmt. Kleine Geschenke erhalten die Freundschaft, darum kommen sie auch immer wieder und ich brauche um den Absatz keine Sorge zu haben."

Leider mußte ich feststellen, daß Jakob über seine Kräfte arbeitete und sein Gesundheitszustand darunter litt. Wenn er vom Dienst in der Fabrik nach Hause kam, hatte er eben niemanden, der sich um ihn kümmerte. Die alte Köchin bereitete ihm zwar die Mahlzeiten und hielt ihm die Wohnung instand, das war indes auch alles, was er von ihr erwarten konnte. Theater und Konzerte besuchte er nur selten, und da ihm seine vier Wände keinerlei Behaglichkeiten boten, flüchtete er sich zu den Büchern, die ihm reichlich zur Verfügung standen. Ich bemühte mich sehr, ihm wenigstens für einige Zeit eine angenehme Atmosphäre zu schaffen und ihn vor allem auch hinaus in die Natur zu locken.

Wenn es auch müßig war, so dachte ich doch manchmal, wie anders es wohl gekommen wäre, wenn ich damals fähig gewesen wäre, seine Werbung anzunehmen. Daß es ihm ernst war, davon bin ich überzeugt. War ich es also, die ihn in ein trübseliges Junggesellenleben trieb? Ja, wenn Kurt nicht gewesen wäre; aber ist das nicht eine Lüge, da ich doch meinem Manne folgte? Man darf sich nicht über alles Rechenschaft geben, das Leben befiehlt, seine Wege sind oft geheimnisvoll verschlungen, oft werden sie gekreuzt: Soll man rechts oder links oder geradeaus gehen? Es hat keinen Zweck, immer wieder zurückzublicken und zu überlegen, wie es vielleicht besser gewesen wäre.

Jeden Tag ging ein Brief an Kurt zur Post. Was ich ihm nicht sagen konnte, schrieb ich mir vom Herzen, da durfte ich zum Ausdruck bringen, wie mich Liebe und Sehnsucht erfüllten. Ich fühlte so richtig, wie sehr wir schon zusammengehörten und uns die gemeinsame Zukunft selbstverständlich war.

Als die Zeit vorüber war, verließ ich gestärkt und erfrischt die Hauptstadt, wenn auch etwas in Sorge um Jakobs Gesundheit.

Leider war dies nicht unberechtigt, denn nicht lange nach meiner Rückkehr schrieb mir Jakob, er leide an Herzbeschwerden, und sein Arzt habe ihm dringend geraten, die Arbeit für längere Zeit ganz niederzulegen und einen Kuraufenthalt am Bieler-See in der Schweiz anzutreten; schon in den nächsten Tagen wolle er abreisen.

Das Schicksal schlug nochmals unbarmherzig zu. Wenige Tage später erhielt ich einen Brief aus Biel, ich solle sofort kommen, Jakob sei ernstlich erkrankt und wünsche dringend meine Gegenwart. In großer Unruhe packte ich das Wichtigste ein und reiste ab. Jakob aber war am selben Tag gestorben. Er lag friedlich aufgebahrt, und der Chef des Hauses sagte mir, ein unerwartet erfolgter Herzschlag habe Jakob ganz schnell und schmerzlos dahingerafft. –

Er mußte in seine Heimatstadt Hoynhausen überführt werden, um seine letzte Ruhe im Sellmayerschen Familiengrab zu finden. Alles hing nun an mir: Ich besorgte einen Sarg und bereitete den Transport vor. Es ergab sich, daß ich nachts mit dem Toten über den Bodensee fahren mußte. Es war mir unheimlich zumute, und ich mußte alle Energie aufwenden, um nicht zusammenzubrechen. Wie sehr fehlten mir ein männlicher Schutz und eine starke, behütende Hand! In Hoynhausen nahm mich Kurt in Empfang. Ich warf mich weinend an seine Brust und war wie erlöst. Er veranlaßte alles weitere und tat sein Bestes, mir über die schweren Tage hinwegzuhelfen. In seiner Obhut fühlte ich mich endlich geborgen.

AUSKLANG

Mit Hoynhausen, der ehemaligen Freien Deutschen Reichsstadt, zu Füßen der Berge, verbinden mich geheimnisvolle Fäden. Es zieht mich stets aufs neue dorthin, wann immer sich eine Gelegenheit dazu bietet. Auf dem Wege zu dem großen See oder in die Schweiz habe ich es früher nie versäumt, einen kurzen Aufenthalt in dem kleinen gemütlichen Städtchen zu nehmen. Gleich am Anfang des Marktplatzes liegt ein schönes, altes, stattliches Haus, hier wohnte meine Großmutter, Frau Ursula Weiser, verwitwete Sellmayer, während ihrer ersten Ehe mit dem Bürgermeister, Großhändler und Fabrikbesitzer Martin Sellmayer. Nach dessen Tod heiratete sie den Chefarzt der dortigen Irren-Heilanstalt, mit dem sie, gesegnet mit mehreren Kindern, eine glückliche Ehe führte.
Oft durften wir die Ferien bei ihr verbringen, da gab es ausgedehnte Wanderungen in die Umgebung und Spaziergänge durchs Städtchen, das soviel Vergangenheit in seinen Gassen und Winkeln festhält. Da war die ehrwürdige Kirche, wo Frau Ursula getraut und ihre Kinder getauft wurden. Dann die alte Stadtmauer auf der Höhe mit spitzen Türmchen und vom Zahn der Zeit gezeichneten Häusern dazwischen. Am Marktplatz neben dem Sellmayerschen Anwesen das ehemalige Eulersche Stadthaus und gegenüber ehrwürdige jahrhundertealte Herrenhäuser, deren Besitzer fast alle mit der Familie Sellmayer verwandt, verschwägert oder befreundet waren. Ganz besonders vertraut war uns das schöne Gartenhaus am Ufer der Seelach, das Frau Ursula Weiser gehörte, wo wir bei ihr wohnten. Ganz in der Nähe stand noch das Häuschen des Gärtners Ebert. Zwischen ihm und der Familie Sellmayer bestanden etwas rätselhafte Verbindungen, über die man aber mit uns Kindern nicht sprach.
Frau Ursula hatte damals sehr viele Verwandte in der Stadt: Die Besitzer der beiden Mühlen an der Seelach, der beiden Brauereien hinterm Marktplatz und hoch oben über der Stadt, die wohlhabenden Ladenbesitzer am Marktplatz, den Direktor der Druckerei und den alten evangelischen Kirchenrat. Sie zeigte uns auch die von ihrem ermordeten Pflegevater der Stadt gestiftete Schule und daneben den Platz, wo die abgerissene Villa stand, in der sie vor ihrer Verheiratung lebte und in der die Mordtat geschah. Stets ging sie mit uns Kindern vor die Stadt zu den Fabrikgebäuden der Hoynhausener Baumwoll-Spinnerei und Weberei, deren Entstehen das Werk ihres ersten Mannes und seiner Brüder war. Viele Erinnerungen, glückliche und stolze, aber auch tragische verbanden sie mit der Fabrik. Ihr verdankte sie den Wohlstand, allein ich merkte, daß sie mit der Lei-

tung des Werkes nicht zufrieden war und mit manchem Tadel ihren Unmut darüber zum Ausdruck brachte.
Ich genoß ihr besonderes Vertrauen und erfuhr damals viel über ihr Leben in Hoynhausen und das Schicksal, das sie eng mit dieser Stadt und ihren Bewohnern verband.
Viele Jahre habe ich Hoynhausen nicht mehr besucht. Kriege und Revolutionen kamen dazwischen, was ich erarbeitet hatte, ging verloren und mußte neu geschaffen werden. Nur selten dachte ich an die kleine Stadt und an die unternehmungslustigen Bürger, die sie im Laufe der Jahrhunderte erbaut hatten.
Nun, da auch ich schon auf ein reiches Leben zurückblicken kann, das mir Arbeit und Mühe, aber auch Zufriedenheit und Glück in Familie und Beruf brachte, zog es mich wieder in die geliebte Stadt.
Diesmal fuhr ich nicht mit der Eisenbahn, die mich so oft zu dem alten gemütlichen Bahnhof brachte, von dem aus ein kurzer Weg durch grüne Anlagen in den Mittelpunkt der Stadt führte. Moderne Autobahnen verbinden heute Hoynhausen mit den süddeutschen Städten. Seine Bevölkerung hat sich in den letzten Jahrzehnten vervielfacht. Ein Strom von Fahrzeugen zieht sich durch eine breite Straße am Rande der Stadt. Autobusse warten an den Haltestellen auf die auswärts wohnenden Arbeiter und Angestellten. An Parkplätzen und Tankstellen vorbei flutet der Verkehr.
Doch ich biege in kleine winkelige Straßen ein und komme direkt zum Marktplatz, der nahezu unverändert ist. Noch grüßen die Türme der Stadtkirche, noch steht das alte Sellmayersche Haus, und viele andere Herrenhäuser zeugen von den Zeiten stolzen Bürgertums. Der alte Brunnen inmitten des Platzes plätschert wie zu meiner Jugendzeit. Die Türme und Mauern hoch oben über der Stadt haben sich in all der Zeit, wie Jahrhunderte vorher, nicht verändert. Jede Gasse, jeden Winkel suche ich auf, an der, allerdings vom Alter gezeichneten, Eulerschen Schule und an Eulers Denkmal gehe ich vorbei zur alten Brauerei der Familie Mark, die verlassen dasteht und aus deren Fenstern und Türen Modergeruch dringt. Neubauten haben sie überflüssig gemacht und ein Abbruch scheint sich nicht zu lohnen. Manchen Herrenhäusern sieht man an, daß ihre Besitzer längst verzogen sind und die heutigen Bewohner weder Beziehungen zu ihnen haben, noch sich zu ihrer Erhaltung verpflichtet fühlen.
So führen alte, kunstvolle, eisenbeschlagene, mit Wappen versehene Türen in dunkle, dumpfige Gänge und öde Höfe mit verfallenen Ställen und

Remisen. Die Zeiten sind eben vorbei, als würdige Handelsherren hier mit ihren Equipagen, einem Kutscher auf dem Bock, ein- und ausfuhren, um ihre Geschäfte zu tätigen oder Ratsversammlungen zu besuchen.
Das „Hotel zum Weber", wo ich absteige, steht noch unverändert, doch ein Neubau dient dem gewachsenen Fremdenverkehr Hoynhausens.
Nun ist noch ein Besuch der Textilfabrik fällig. Der Weg führt mich an der alten Hagmüllerschen Mühle vorbei. Wo früher auf einem großen Lagerplatz die Holzstöße aufgestapelt waren, befinden sich heute neue Straßen und ein Parkplatz, die Mühle als solche ist stillgelegt, eine jahrhundertlange Familientradition ist zu Ende gegangen!
Die alte Mechanische Baumwollspinnerei und -weberei am Stadtrand steht noch heute nach 140 Jahren als Zeuge des Unternehmungsgeistes ihrer Gründer. Die damaligen Anlagen sind zum größten Teil noch in Betrieb, wurden aber im Laufe der Zeit durch umfangreiche Neubauten erweitert. Andere Teile freilich sind öde und leer und dem Verfall geweiht.
Dreimal seit Abtreten der Gründer hat das Werk den Besitzer gewechselt.
Ein großer auswärtiger Konzern gibt heute den Ton an und leitet die Geschicke der Fabrik.
Nach der Gründung waren es vor allem ehemalige selbständige Weber, die dort Arbeit und Brot fanden, dann Generationen Hoynhausener Bürger, in neuester Zeit aber auch Hunderte ausländischer Gastarbeiterinnen.
Die Familie Sellmayer blühte und gedieh noch im neunzehnten Jahrhundert in Hoynhausen, heute ist sie dort ausgestorben. Nur noch steinerne Zeugen erinnern an ihre erfolgreiche Lebensarbeit in ihrer Geburtsstadt.
Und noch etwas: Die Sellmayerstraße, die ich nun hinunterschreite, sie mündet direkt im Friedhof, der mein Ziel ist.
Erquickende Kühle umfängt mich, als ich die Reihen der Gräber entlanggehe. Viele bekannte Namen, die in diesem Buche eine Rolle spielen, tauchen wieder auf. Am Schluß halte ich zufällig vor einem anspruchslosen Grab und erstaune über den Namen: *Anna Wurst,* mit dem die Geschichte der Sellmayer begann, als sie den Hans Sebastian heiratete. Das war vor vierhundert Jahren, die Inschrift ist keine fünfzig Jahre alt. So gehen sie dahin, so tauchen sie wieder auf! Bestehen Zusammenhänge und weiß jemand davon?
Der Tag neigt sich dem Ende zu, ich steige den steilen Pfad zur Stadtmauer hinauf. Hier mag der erste Sellmayer gestanden sein, als er beschloß, in dieser Stadt zu bleiben.

Blutrot färbt sich der Horizont, die Sonne neigt sich immer tiefer und scheint in den Häusern der Hoynhausener langsam zu versinken.
Da dachte ich an den beliebten Ausspruch einer von ihnen: Frau Ursula Weiser:

„Was vergangen, kehrt nicht wieder,
aber ging es leuchtend nieder,
leuchtet's lange noch zurück."

Auszug aus dem Stammbaum der Familie Sellmayer in Hoynhausen:

Hans Sebastian Sellmayer
Webermeister

Anna Barbara Wurst
Färbermeisterstochter

Johannes
Webermeister

David
Hofprediger

Andreas
Webermeister,
Weberzunftobmann

Michael
Tuchhändler

Andreas
Tuchhändler

Maximilian
Tuchhändler

Samuel
Textilgroßhändler

Andreas Simon
Textilgroßhändler,
Senator

Isabella Nenni

Karl Eugen
Handelsherr,
Bürgermeister

Anna Kohlschmidt

1.) Georg – Annette v. Nenni
Fabrikbesitzer,
Bürgermeister

2.) Albert – Sophie Sellmayer
Fabrikbesitzer

3.) Johanna (unehelich)

4.) Clothilde – Ernst Roselius
Professor

5.) Martin
Fabrikbesitzer,
Bürgermeister

6.) Heinrich
Arzt

1. Ehe – Caroline Mark

Wilhelm
Kaufmann

Jakob
Chemiker
Fabrikbesitzer

2. Ehe – Ursula Bergen *(später verheiratet mit Kurt Weiser, Chefarzt)*

Eva